FRANCÊS
VOCABULÁRIO

PALAVRAS MAIS ÚTEIS

PORTUGUÊS
FRANCÊS

Para alargar o seu léxico e apurar
as suas competências linguísticas

9000 palavras

Vocabulário Português-Francês - 9000 palavras

Por Andrey Taranov

Os vocabulários da T&P Books destinam-se a ajudar a aprender, a memorizar, e a rever palavras estrangeiras. O dicionário é dividido em temas, cobrindo todas as principais esferas de atividades quotidianas, negócios, ciência, cultura, etc.

O processo de aprendizagem, utilizando os dicionários baseados em temáticas da T&P Books dá-lhe as seguintes vantagens:

- Informação de origem corretamente agrupada predetermina o sucesso em fases subsequentes da memorização de palavras
- Disponibilização de palavras derivadas da mesma raiz, o que permite a memorização de unidades de texto (em vez de palavras separadas)
- Pequenas unidades de palavras facilitam o processo de estabelecimento de vínculos associativos necessários para a consolidação do vocabulário
- O nível de conhecimento da língua pode ser estimado pelo número de palavras aprendidas

T&P Books Publishing
www.tpbooks.com

ISBN: 978-1-78400-868-0

Este livro também está disponível em formato E-book.
Por favor visite www.tpbooks.com ou as principais livrarias on-line.

VOCABULÁRIO FRANCÊS
palavras mais úteis

Os vocabulários da T&P Books destinam-se a ajudar a aprender, a memorizar, e a rever palavras estrangeiras. O vocabulário contém mais de 9000 palavras de uso comum organizadas tematicamente.

O vocabulário contém as palavras mais comummente usadas
Recomendado como adicional para qualquer curso de línguas
Satisfaz as necessidades dos iniciados e dos alunos avançados de línguas estrangeiras
Conveniente para o uso diário, sessões de revisão e atividades de auto-teste
Permite avaliar o seu vocabulário

Características especias do vocabulário

- As palavras estão organizadas de acordo com o seu significado, e não por ordem alfabética
- As palavras são apresentadas em três colunas para facilitar os processos de revisão e auto-teste
- As palavras compostas são divididas em pequenos blocos para facilitar o processo de aprendizagem
- O vocabulário oferece uma transcrição simples e adequada de cada palavra estrangeira

O vocabulário contém 256 tópicos incluindo:

Conceitos básicos, Números, Cores, Meses, Estações do ano, Unidades de medida, Roupas & Acessórios, Alimentos & Nutrição, Restaurante, Membros da Família, Parentes, Caráter, Sentimentos, Emoções, Doenças, Cidade, Passeios, Compras, Dinheiro, Casa, Lar, Escritório, Trabalho no Escritório, Importação & Exportação, Marketing, Pesquisa de Emprego, Desportos, Educação, Computador, Internet, Ferramentas, Natureza, Países, Nacionalidades e muito mais ...

TABELA DE CONTEÚDOS

GUIA DE PRONUNCIAÇÃO

Letra	Exemplo Francês	Alfabeto fonético T&P	Exemplo Português

Vogais

Letra	Exemplo Francês	Alfabeto fonético T&P	Exemplo Português
A a	cravate	[a]	chamar
E e	mer	[ɛ]	mesquita
I i [1]	hier	[j]	géiser
I i [2]	musique	[i]	sinónimo
O o	porte	[o], [ɔ]	noite
U u	rue	[y]	questionar
Y y [3]	yacht	[j]	géiser
Y y [4]	type	[i]	sinónimo

Consoantes

Letra	Exemplo Francês	Alfabeto fonético T&P	Exemplo Português
B b	robe	[b]	barril
C c [5]	place	[s]	sanita
C c [6]	canard	[k]	kiwi
Ç ç	leçon	[s]	sanita
D d	disque	[d]	dentista
F f	femme	[f]	safári
G g [7]	page	[ʒ]	talvez
G g [8]	gare	[g]	gosto
H h	héros	[h]	[h] mudo
J j	jour	[ʒ]	talvez
K k	kilo	[k]	kiwi
L l	aller	[l]	libra
M m	maison	[m]	magnólia
N n	nom	[n]	natureza
P p	papier	[p]	presente
Q q	cinq	[k]	kiwi
R r	mars	[r]	[r] vibrante
S s [9]	raison	[z]	sésamo
S s [10]	sac	[s]	sanita
T t	table	[t]	tulipa
V v	verre	[v]	fava
W w	Taïwan	[w]	página web
X x [11]	expliquer	[ks]	perplexo
X x [12]	exact	[gz]	Yangtzé
X x [13]	dix	[s]	sanita

Letra	Exemplo Francês	Alfabeto fonético T&P	Exemplo Português
X x [14]	dixième	[z]	sésamo
Z z	zéro	[z]	sésamo

Combinações de letras

ai	faire	[ɛ]	mesquita
au	faute	[o], [o:]	noite
ay	payer	[eɪ]	seis
ei	treize	[ɛ]	mesquita
eau	eau	[o], [o:]	noite
eu	beurre	[ø]	orgulhoso
œ	œil	[ø]	orgulhoso
œu	cœur	[ø:]	orgulhoso
ou	nous	[u]	bonita
oi	noir	[wa]	Taiwan
oy	voyage	[wa]	Taiwan
qu	quartier	[k]	kiwi

ch	chat	[ʃ]	mês
th	thé	[t]	tulipa
ph	photo	[f]	safári
gu [15]	guerre	[g]	gosto
ge [16]	géographie	[ʒ]	talvez
gn	ligne	[ɲ]	ninhada
on, om	maison, nom	[ɔ̃]	anaconda

Comentários

[1] antes de vogais
[2] noutras situações
[3] antes de vogais
[4] noutras situações
[5] antes de **e, i, y**
[6] noutras situações
[7] antes de **e, i, y**
[8] noutras situações
[9] entre duas vogais
[10] noutras situações
[11] na maioria dos casos
[12] raramente
[13] em **dix, six, soixante**
[14] em **dixième, sixième**
[15] antes de **e, i, u**
[16] antes de **a, o, y**

ABREVIATURAS
usadas no vocabulário

Abreviaturas do Português

adj	-	adjetivo
adv	-	advérbio
anim.	-	animado
conj.	-	conjunção
desp.	-	desporto
etc.	-	etecetra
ex.	-	por exemplo
f	-	nome feminino
f pl	-	feminino plural
fem.	-	feminino
inanim.	-	inanimado
m	-	nome masculino
m pl	-	masculino plural
m, f	-	masculino, feminino
masc.	-	masculino
mat.	-	matemática
mil.	-	militar
pl	-	plural
prep.	-	preposição
pron.	-	pronome
sb.	-	sobre
sing.	-	singular
v aux	-	verbo auxiliar
vi	-	verbo intransitivo
vi, vt	-	verbo intransitivo, transitivo
vr	-	verbo reflexivo
vt	-	verbo transitivo

Abreviaturas do Francês

adj	-	adjetivo
adv	-	advérbio
conj	-	conjunção
etc.	-	etecetra
f	-	nome feminino
f pl	-	feminino plural
m	-	nome masculino
m pl	-	masculino plural

m, f	-	masculino, feminino
pl	-	plural
prep	-	preposição
pron	-	pronome
v aux	-	verbo auxiliar
v imp	-	verbo impessoal
vi	-	verbo intransitivo
vi, vt	-	verbo intransitivo, transitivo
vp	-	verbo pronominal
vt	-	verbo transitivo

CONCEITOS BÁSICOS

Conceitos básicos. Parte 1

1. Pronomes

eu	**je**	[ʒə]
tu	**tu**	[ty]
ele	**il**	[il]
ela	**elle**	[ɛl]
ele, ela (neutro)	**ça**	[sa]
nós	**nous**	[nu]
vocês	**vous**	[vu]
eles	**ils**	[il]
elas	**elles**	[ɛl]

2. Cumprimentos. Saudações. Despedidas

Olá!	**Bonjour!**	[bɔ̃ʒur]
Bom dia! (formal)	**Bonjour!**	[bɔ̃ʒur]
Bom dia! (de manhã)	**Bonjour!**	[bɔ̃ʒur]
Boa tarde!	**Bonjour!**	[bɔ̃ʒur]
Boa noite!	**Bonsoir!**	[bɔ̃swar]
cumprimentar (vt)	**dire bonjour**	[dir bɔ̃ʒur]
Olá!	**Salut!**	[saly]
saudação (f)	**salut** (m)	[saly]
saudar (vt)	**saluer** (vt)	[salɥe]
Como vai?	**Comment allez-vous?**	[kɔmɑ̃talevu]
Como vais?	**Comment ça va?**	[kɔmɑ̃ sa va]
O que há de novo?	**Quoi de neuf?**	[kwa də nœf]
Até à vista!	**Au revoir!**	[ɔrəvwar]
Até breve!	**À bientôt!**	[a bjɛ̃to]
Adeus!	**Adieu!**	[adjø]
despedir-se (vr)	**dire au revoir**	[dir ərəvwar]
Até logo!	**Salut!**	[saly]
Obrigado! -a!	**Merci!**	[mɛrsi]
Muito obrigado! -a!	**Merci beaucoup!**	[mɛrsi boku]
De nada	**Je vous en prie**	[ʒə vuzɑ̃pri]
Não tem de quê	**Il n'y a pas de quoi**	[il njapɑ də kwa]
De nada	**Pas de quoi**	[pɑ də kwa]
Desculpa!	**Excuse-moi!**	[ɛkskyz mwa]
Desculpe!	**Excusez-moi!**	[ɛkskyze mwa]

desculpar (vt)	excuser (vt)	[ɛkskyze]
desculpar-se (vr)	s'excuser (vp)	[sɛkskyze]
As minhas desculpas	Mes excuses	[me zɛkskyz]
Desculpe!	Pardonnez-moi!	[pardɔne mwa]
perdoar (vt)	pardonner (vt)	[pardɔne]
Não faz mal	C'est pas grave	[sepagrav]
por favor	s'il vous plaît	[silvuple]
Não se esqueça!	N'oubliez pas!	[nublije pɑ]
Certamente! Claro!	Bien sûr!	[bjɛ̃ syːr]
Claro que não!	Bien sûr que non!	[bjɛ̃ syr kə nɔ̃]
Está bem! De acordo!	D'accord!	[dakɔr]
Basta!	Ça suffit!	[sa syfi]

3. Como se dirigir a alguém

senhor	monsieur	[məsjø]
senhora	madame	[madam]
rapariga	mademoiselle	[madmwazɛl]
rapaz	jeune homme	[ʒœn ɔm]
menino	petit garçon	[pti garsɔ̃]
menina	petite fille	[ptit fij]

4. Números cardinais. Parte 1

zero	zéro	[zero]
um	un	[œ̃]
dois	deux	[dø]
três	trois	[trwa]
quatro	quatre	[katr]
cinco	cinq	[sɛ̃k]
seis	six	[sis]
sete	sept	[sɛt]
oito	huit	[ɥit]
nove	neuf	[nœf]
dez	dix	[dis]
onze	onze	[ɔ̃z]
doze	douze	[duz]
treze	treize	[trɛz]
catorze	quatorze	[katɔrz]
quinze	quinze	[kɛ̃z]
dezasseis	seize	[sɛz]
dezassete	dix-sept	[disɛt]
dezoito	dix-huit	[dizɥit]
dezanove	dix-neuf	[diznœf]
vinte	vingt	[vɛ̃]
vinte e um	vingt et un	[vɛ̃teœ̃]
vinte e dois	vingt-deux	[vɛ̃tdø]

vinte e três	vingt-trois	[vɛ̃trwa]
trinta	trente	[trɑ̃t]
trinta e um	trente et un	[trɑ̃tœ̃]
trinta e dois	trente-deux	[trɑ̃t dø]
trinta e três	trente-trois	[trɑ̃t trwa]
quarenta	quarante	[karɑ̃t]
quarenta e um	quarante et un	[karɑ̃tœ̃]
quarenta e dois	quarante-deux	[karɑ̃t dø]
quarenta e três	quarante-trois	[karɑ̃t trwa]
cinquenta	cinquante	[sɛ̃kɑ̃t]
cinquenta e um	cinquante et un	[sɛ̃kɑ̃tœ̃]
cinquenta e dois	cinquante-deux	[sɛ̃kɑ̃t dø]
cinquenta e três	cinquante-trois	[sɛ̃kɑ̃t trwa]
sessenta	soixante	[swasɑ̃t]
sessenta e um	soixante et un	[swasɑ̃tœ̃]
sessenta e dois	soixante-deux	[swasɑ̃t dø]
sessenta e três	soixante-trois	[swasɑ̃t trwa]
setenta	soixante-dix	[swasɑ̃tdis]
setenta e um	soixante et onze	[swasɑ̃te ɔ̃z]
setenta e dois	soixante-douze	[swasɑ̃t duz]
setenta e três	soixante-treize	[swasɑ̃t trɛz]
oitenta	quatre-vingts	[katrəvɛ̃]
oitenta e um	quatre-vingt et un	[katrəvɛ̃tœ̃]
oitenta e dois	quatre-vingt deux	[katrəvɛ̃ dø]
oitenta e três	quatre-vingt trois	[katrəvɛ̃ trwa]
noventa	quatre-vingt-dix	[katrəvɛ̃dis]
noventa e um	quatre-vingt et onze	[katrəvɛ̃ teɔ̃z]
noventa e dois	quatre-vingt-douze	[katrəvɛ̃ duz]
noventa e três	quatre-vingt-treize	[katrəvɛ̃ trɛz]

5. Números cardinais. Parte 2

cem	cent	[sɑ̃]
duzentos	deux cents	[dø sɑ̃]
trezentos	trois cents	[trwa sɑ̃]
quatrocentos	quatre cents	[katr sɑ̃]
quinhentos	cinq cents	[sɛ̃k sɑ̃]
seiscentos	six cents	[si sɑ̃]
setecentos	sept cents	[sɛt sɑ̃]
oitocentos	huit cents	[ɥi sɑ̃]
novecentos	neuf cents	[nœf sɑ̃]
mil	mille	[mil]
dois mil	deux mille	[dø mil]
De quem são ...?	trois mille	[trwa mil]
dez mil	dix mille	[di mil]
cem mil	cent mille	[sɑ̃ mil]

| um milhão | million (m) | [miljɔ̃] |
| mil milhões | milliard (m) | [miljar] |

6. Números ordinais

primeiro	premier (adj)	[prəmje]
segundo	deuxième (adj)	[døzjɛm]
terceiro	troisième (adj)	[trwazjɛm]
quarto	quatrième (adj)	[katrijɛm]
quinto	cinquième (adj)	[sɛ̃kjɛm]

sexto	sixième (adj)	[sizjɛm]
sétimo	septième (adj)	[sɛtjɛm]
oitavo	huitième (adj)	[ɥitjɛm]
nono	neuvième (adj)	[nœvjɛm]
décimo	dixième (adj)	[dizjɛm]

7. Números. Frações

fração (f)	fraction (f)	[fraksjɔ̃]
um meio	un demi	[œ̃ dəmi]
um terço	un tiers	[œ̃ tjɛr]
um quarto	un quart	[œ̃ kar]

um oitavo	un huitième	[œn ɥitjɛm]
um décimo	un dixième	[œ̃ dizjɛm]
dois terços	deux tiers	[dø tjɛr]
três quartos	trois quarts	[trwa kar]

8. Números. Operações básicas

subtração (f)	soustraction (f)	[sustraksjɔ̃]
subtrair (vi, vt)	soustraire (vt)	[sustrɛr]
divisão (f)	division (f)	[divizjɔ̃]
dividir (vt)	diviser (vt)	[divize]

adição (f)	addition (f)	[adisjɔ̃]
somar (vt)	additionner (vt)	[adisjɔne]
adicionar (vt)	additionner (vt)	[adisjɔne]
multiplicação (f)	multiplication (f)	[myltiplikasjɔ̃]
multiplicar (vt)	multiplier (vt)	[myltiplije]

9. Números. Diversos

algarismo, dígito (m)	chiffre (m)	[ʃifr]
número (m)	nombre (m)	[nɔ̃br]
numeral (m)	adjectif (m) numéral	[adʒɛktif nymeral]
menos (m)	moins (m)	[mwɛ̃]

mais (m)	plus (m)	[ply]
fórmula (f)	formule (f)	[fɔrmyl]

cálculo (m)	calcul (m)	[kalkyl]
contar (vt)	compter (vt)	[kɔ̃te]
calcular (vt)	calculer (vt)	[kalkyle]
comparar (vt)	comparer (vt)	[kɔ̃pare]

Quanto, -os, -as?	Combien?	[kɔ̃bjɛ̃]
soma (f)	somme (f)	[sɔm]
resultado (m)	résultat (m)	[rezylta]
resto (m)	reste (m)	[rɛst]

alguns, algumas ...	quelques ...	[kɛlkə]
um pouco de ...	peu de ...	[pø də]
resto (m)	reste (m)	[rɛst]
um e meio	un et demi	[œne dəmi]
dúzia (f)	douzaine (f)	[duzɛn]

ao meio	en deux	[ã dø]
em partes iguais	en parties égales	[ã parti egal]
metade (f)	moitié (f)	[mwatje]
vez (f)	fois (f)	[fwa]

10. Os verbos mais importantes. Parte 1

abrir (vt)	ouvrir (vt)	[uvrir]
acabar, terminar (vt)	finir (vt)	[finir]
aconselhar (vt)	conseiller (vt)	[kɔ̃seje]
adivinhar (vt)	deviner (vt)	[dəvine]
advertir (vt)	avertir (vt)	[avɛrtir]

ajudar (vt)	aider (vt)	[ede]
almoçar (vi)	déjeuner (vi)	[deʒœne]
alugar (~ um apartamento)	louer (vt)	[lwe]
amar (vt)	aimer (vt)	[eme]
ameaçar (vt)	menacer (vt)	[mənase]

anotar (escrever)	prendre en note	[prãdr ã nɔt]
apanhar (vt)	attraper (vt)	[atrape]
apressar-se (vr)	être pressé	[ɛtr prese]
arrepender-se (vr)	regretter (vt)	[rəgrɛte]
assinar (vt)	signer (vt)	[siɲe]

atirar, disparar (vi)	tirer (vi)	[tire]
brincar (vi)	plaisanter (vi)	[plɛzãte]
brincar, jogar (crianças)	jouer (vt)	[ʒwe]
buscar (vt)	chercher (vt)	[ʃɛrʃe]
caçar (vi)	chasser (vi, vt)	[ʃase]

cair (vi)	tomber (vi)	[tɔ̃be]
cavar (vt)	creuser (vt)	[krøze]
cessar (vt)	cesser (vt)	[sese]
chamar (~ por socorro)	appeler (vt)	[aple]

| chegar (vi) | venir (vi) | [vənir] |
| chorar (vi) | pleurer (vi) | [plœre] |

começar (vt)	commencer (vt)	[kɔmɑ̃se]
comparar (vt)	comparer (vt)	[kɔ̃pare]
compreender (vt)	comprendre (vt)	[kɔ̃prɑ̃dr]
concordar (vi)	être d'accord	[ɛtr dakɔr]
confiar (vt)	avoir confiance	[avwar kɔ̃fjɑ̃s]

confundir (equivocar-se)	confondre (vt)	[kɔ̃fɔ̃dr]
conhecer (vt)	connaître (vt)	[kɔnɛtr]
contar (fazer contas)	compter (vi, vt)	[kɔ̃te]
contar com (esperar)	compter sur ...	[kɔ̃te syr]
continuar (vt)	continuer (vt)	[kɔ̃tinɥe]

controlar (vt)	contrôler (vt)	[kɔ̃trole]
convidar (vt)	inviter (vt)	[ɛ̃vite]
correr (vi)	courir (vt)	[kurir]
criar (vt)	créer (vt)	[kree]
custar (vt)	coûter (vt)	[kute]

11. Os verbos mais importantes. Parte 2

dar (vt)	donner (vt)	[dɔne]
dar uma dica	donner un indice	[dɔne ynɛ̃dis]
decorar (enfeitar)	décorer (vt)	[dekɔre]
defender (vt)	défendre (vt)	[defɑ̃dr]
deixar cair (vt)	faire tomber	[fɛr tɔ̃be]
descer (para baixo)	descendre (vi)	[desɑ̃dr]
desculpar (vt)	excuser (vt)	[ɛkskyze]
desculpar-se (vr)	s'excuser (vp)	[sɛkskyze]
dirigir (~ uma empresa)	diriger (vt)	[diriʒe]
discutir (notícias, etc.)	discuter (vt)	[diskyte]
dizer (vt)	dire (vt)	[dir]

duvidar (vt)	douter (vt)	[dute]
encontrar (achar)	trouver (vt)	[truve]
enganar (vt)	tromper (vt)	[trɔ̃pe]
entrar (na sala, etc.)	entrer (vi)	[ɑ̃tre]
enviar (uma carta)	envoyer (vt)	[ɑ̃vwaje]

errar (equivocar-se)	se tromper (vp)	[sə trɔ̃pe]
escolher (vt)	choisir (vt)	[ʃwazir]
esconder (vt)	cacher (vt)	[kaʃe]
escrever (vt)	écrire (vt)	[ekrir]
esperar (o autocarro, etc.)	attendre (vt)	[atɑ̃dr]

esperar (ter esperança)	espérer (vi)	[ɛspere]
esquecer (vt)	oublier (vt)	[ublije]
estudar (vt)	étudier (vt)	[etydje]
exigir (vt)	exiger (vt)	[ɛgziʒe]
existir (vi)	exister (vi)	[ɛgziste]
explicar (vt)	expliquer (vt)	[ɛksplike]
falar (vi)	parler (vi, vt)	[parle]

faltar (clases, etc.)	**manquer** (vt)	[mɑ̃ke]
fazer (vt)	**faire** (vt)	[fɛr]
ficar em silêncio	**rester silencieux**	[rɛste silɑ̃sjø]
gabar-se, jactar-se (vr)	**se vanter** (vp)	[sə vɑ̃te]

gostar (apreciar)	**plaire** (vt)	[plɛr]
gritar (vi)	**crier** (vi)	[krije]
guardar (cartas, etc.)	**garder** (vt)	[garde]
informar (vt)	**informer** (vt)	[ɛ̃fɔrme]
insistir (vi)	**insister** (vi)	[ɛ̃siste]

insultar (vt)	**insulter** (vt)	[ɛ̃sylte]
interessar-se (vr)	**s'intéresser** (vp)	[sɛ̃terese]
ir (a pé)	**aller** (vi)	[ale]
ir nadar	**se baigner** (vp)	[sə beɲe]
jantar (vi)	**dîner** (vi)	[dine]

12. Os verbos mais importantes. Parte 3

ler (vt)	**lire** (vi, vt)	[lir]
libertar (cidade, etc.)	**libérer** (vt)	[libere]
matar (vt)	**tuer** (vt)	[tɥe]
mencionar (vt)	**mentionner** (vt)	[mɑ̃sjɔne]
mostrar (vt)	**montrer** (vt)	[mɔ̃tre]

mudar (modificar)	**changer** (vt)	[ʃɑ̃ʒe]
nadar (vi)	**nager** (vi)	[naʒe]
negar-se a ...	**se refuser** (vp)	[sə rəfyze]
objetar (vt)	**objecter** (vt)	[ɔbʒɛkte]

observar (vt)	**observer** (vt)	[ɔpsɛrve]
ordenar (mil.)	**ordonner** (vt)	[ɔrdɔne]
ouvir (vt)	**entendre** (vt)	[ɑ̃tɑ̃dr]
pagar (vt)	**payer** (vi, vt)	[peje]
parar (vi)	**s'arrêter** (vp)	[sarete]

participar (vi)	**participer à ...**	[partisipe a]
pedir (comida)	**commander** (vt)	[kɔmɑ̃de]
pedir (um favor, etc.)	**demander** (vt)	[dəmɑ̃de]
pegar (tomar)	**prendre** (vt)	[prɑ̃dr]
pensar (vt)	**penser** (vi, vt)	[pɑ̃se]

perceber (ver)	**apercevoir** (vt)	[apɛrsəvwar]
perdoar (vt)	**pardonner** (vt)	[pardɔne]
perguntar (vt)	**demander** (vt)	[dəmɑ̃de]
permitir (vt)	**permettre** (vt)	[pɛrmɛtr]
pertencer a ...	**appartenir à ...**	[apartənir a]

planear (vt)	**planifier** (vt)	[planifje]
poder (vi)	**pouvoir** (v aux)	[puvwar]
possuir (vt)	**posséder** (vt)	[pɔsede]
preferir (vt)	**préférer** (vt)	[prefere]
preparar (vt)	**préparer** (vt)	[prepare]
prever (vt)	**prévoir** (vt)	[prevwar]

prometer (vt)	**promettre** (vt)	[prɔmɛtr]
pronunciar (vt)	**prononcer** (vt)	[prɔnɔ̃se]
propor (vt)	**proposer** (vt)	[prɔpoze]
punir (castigar)	**punir** (vt)	[pynir]

13. Os verbos mais importantes. Parte 4

queixar-se (vr)	**se plaindre** (vp)	[sə plɛ̃dr]
querer (desejar)	**vouloir** (vt)	[vulwar]
recomendar (vt)	**recommander** (vt)	[rəkɔmɑ̃de]
repetir (dizer outra vez)	**répéter** (vt)	[repete]
repreender (vt)	**gronder** (vt), **réprimander** (vt)	[grɔ̃de], [reprimɑ̃de]
reservar (~ um quarto)	**réserver** (vt)	[rezɛrve]
responder (vt)	**répondre** (vi, vt)	[repɔ̃dr]
rezar, orar (vi)	**prier** (vt)	[prije]
rir (vi)	**rire** (vi)	[rir]
roubar (vt)	**voler** (vt)	[vɔle]
saber (vt)	**savoir** (vt)	[savwar]
sair (~ de casa)	**sortir** (vi)	[sɔrtir]
salvar (vt)	**sauver** (vt)	[sove]
seguir ...	**suivre** (vt)	[sɥivr]
sentar-se (vr)	**s'asseoir** (vp)	[saswar]
ser necessário	**être nécessaire**	[ɛtr nesesɛr]
ser, estar	**être** (vi)	[ɛtr]
significar (vt)	**signifier** (vt)	[siɲifje]
sorrir (vi)	**sourire** (vi)	[surir]
subestimar (vt)	**sous-estimer** (vt)	[suzɛstime]
surpreender-se (vr)	**s'étonner** (vp)	[setɔne]
tentar (vt)	**essayer** (vt)	[eseje]
ter (vt)	**avoir** (vt)	[avwar]
ter fome	**avoir faim**	[avwar fɛ̃]
ter medo	**avoir peur**	[avwar pœr]
ter sede	**avoir soif**	[avwar swaf]
tocar (com as mãos)	**toucher** (vt)	[tuʃe]
tomar o pequeno-almoço	**prendre le petit déjeuner**	[prɑ̃dr ləpti deʒœne]
trabalhar (vi)	**travailler** (vi)	[travaje]
traduzir (vt)	**traduire** (vt)	[tradɥir]
unir (vt)	**réunir** (vt)	[reynir]
vender (vt)	**vendre** (vt)	[vɑ̃dr]
ver (vt)	**voir** (vt)	[vwar]
virar (ex. ~ à direita)	**tourner** (vi)	[turne]
voar (vi)	**voler** (vi)	[vɔle]

14. Cores

cor (f)	**couleur** (f)	[kulœr]
matiz (m)	**teinte** (f)	[tɛ̃t]

tom (m)	ton (m)	[tõ]
arco-íris (m)	arc-en-ciel (m)	[arkãsjɛl]
branco	blanc (adj)	[blã]
preto	noir (adj)	[nwar]
cinzento	gris (adj)	[gri]
verde	vert (adj)	[vɛr]
amarelo	jaune (adj)	[ʒon]
vermelho	rouge (adj)	[ruʒ]
azul	bleu (adj)	[blø]
azul claro	bleu clair (adj)	[blø klɛr]
rosa	rose (adj)	[roz]
laranja	orange (adj)	[ɔrãʒ]
violeta	violet (adj)	[vjɔlɛ]
castanho	brun (adj)	[brœ̃]
dourado	d'or (adj)	[dɔr]
prateado	argenté (adj)	[arʒãte]
bege	beige (adj)	[bɛʒ]
creme	crème (adj)	[krɛm]
turquesa	turquoise (adj)	[tyrkwaz]
vermelho cereja	rouge cerise (adj)	[ruʒ səriz]
lilás	lilas (adj)	[lila]
carmesim	framboise (adj)	[frãbwaz]
claro	clair (adj)	[klɛr]
escuro	foncé (adj)	[fõse]
vivo	vif (adj)	[vif]
de cor	de couleur (adj)	[də kulœr]
a cores	en couleurs (adj)	[ã kulœr]
preto e branco	noir et blanc (adj)	[nwar e blã]
unicolor	unicolore (adj)	[ynikɔlɔr]
multicor	multicolore (adj)	[myltikɔlɔr]

15. Questões

Quem?	Qui?	[ki]
Que?	Quoi?	[kwa]
Onde?	Où?	[u]
Para onde?	Où?	[u]
De onde?	D'où?	[du]
Quando?	Quand?	[kã]
Para quê?	Pourquoi?	[purkwa]
Porquê?	Pourquoi?	[purkwa]
Para quê?	À quoi bon?	[a kwa bõ]
Como?	Comment?	[kɔmã]
Qual?	Quel?	[kɛl]
Qual? (entre dois ou mais)	Lequel?	[ləkɛl]
A quem?	À qui?	[a ki]

Sobre quem?	De qui?	[də ki]
Do quê?	De quoi?	[də kwa]
Com quem?	Avec qui?	[avɛk ki]

| Quanto, -os, -as? | Combien? | [kɔ̃bjɛ̃] |
| De quem? (masc.) | À qui? | [a ki] |

16. Preposições

com (prep.)	avec ... (prep)	[avɛk]
sem (prep.)	sans ... (prep)	[sã]
a, para (exprime lugar)	à ... (prep)	[a]
sobre (ex. falar ~)	de ... (prep)	[də]
antes de ...	avant ... (prep)	[avã]
diante de ...	devant ... (prep)	[dəvã]

sob (debaixo de)	sous ... (prep)	[su]
sobre (em cima de)	au-dessus de ... (prep)	[odsy də]
sobre (~ a mesa)	sur ... (prep)	[syr]
de (vir ~ Lisboa)	de ... (prep)	[də]
de (feito ~ pedra)	en ... (prep)	[ã]

| dentro de (~ dez minutos) | dans ... (prep) | [dã] |
| por cima de ... | par dessus ... (prep) | [par dəsy] |

17. Palavras funcionais. Advérbios. Parte 1

Onde?	Où?	[u]
aqui	ici (adv)	[isi]
lá, ali	là-bas (adv)	[laba]

| em algum lugar | quelque part (adv) | [kɛlkə par] |
| em lugar nenhum | nulle part (adv) | [nyl par] |

| ao pé de ... | près de ... (prep) | [prɛ də] |
| ao pé da janela | près de la fenêtre | [prɛdə la fənɛtr] |

Para onde?	Où?	[u]
para cá	ici (adv)	[isi]
para lá	là-bas (adv)	[laba]
daqui	d'ici (adv)	[disi]
de lá, dali	de là-bas (adv)	[də laba]

| perto | près (adv) | [prɛ] |
| longe | loin (adv) | [lwɛ̃] |

perto de ...	près de ...	[prɛ də]
ao lado de	tout près (adv)	[tu prɛ]
perto, não fica longe	pas loin (adv)	[pa lwɛ̃]

| esquerdo | gauche (adj) | [goʃ] |
| à esquerda | à gauche (adv) | [agoʃ] |

para esquerda	à gauche (adv)	[agoʃ]
direito	droit (adj)	[drwa]
à direita	à droite (adv)	[adrwat]
para direita	à droite (adv)	[adrwat]

à frente	devant (adv)	[dəvã]
da frente	de devant (adj)	[də dəvã]
em frente (para a frente)	en avant (adv)	[an avã]

atrás de ...	derrière (adv)	[dɛrjɛr]
por detrás (vir ~)	par derrière (adv)	[par dɛrjɛr]
para trás	en arrière (adv)	[an arjɛr]

| meio (m), metade (f) | milieu (m) | [miljø] |
| no meio | au milieu (adv) | [omiljø] |

de lado	de côté (adv)	[də kote]
em todo lugar	partout (adv)	[partu]
ao redor (olhar ~)	autour (adv)	[otur]

de dentro	de l'intérieur	[də lɛ̃terjœr]
para algum lugar	quelque part (adv)	[kɛlkə par]
diretamente	tout droit (adv)	[tu drwa]
de volta	en arrière (adv)	[an arjɛr]

| de algum lugar | de quelque part | [də kɛlkə par] |
| de um lugar | de quelque part | [də kɛlkə par] |

em primeiro lugar	premièrement (adv)	[prəmjɛrmã]
em segundo lugar	deuxièmement (adv)	[døzjɛmmã]
em terceiro lugar	troisièmement (adv)	[trwazjɛmmã]

de repente	soudain (adv)	[sudɛ̃]
no início	au début (adv)	[odeby]
pela primeira vez	pour la première fois	[pur la prəmjɛr fwa]
muito antes de ...	bien avant ...	[bjɛn avã]
de novo, novamente	de nouveau (adv)	[də nuvo]
para sempre	pour toujours (adv)	[pur tuʒur]

nunca	jamais (adv)	[ʒamɛ]
de novo	de nouveau, encore (adv)	[də nuvo], [ãkɔr]
agora	maintenant (adv)	[mɛ̃tnã]
frequentemente	souvent (adv)	[suvã]
então	alors (adv)	[alɔr]
urgentemente	d'urgence (adv)	[dyrʒãs]
usualmente	d'habitude (adv)	[dabityd]

a propósito, ...	à propos, ...	[apropo]
é possível	c'est possible	[sepɔsibl]
provavelmente	probablement (adv)	[prɔbabləmã]
talvez	peut-être (adv)	[pøtɛtr]
além disso, ...	en plus, ...	[ãplys]
por isso ...	c'est pourquoi ...	[se purkwa]
apesar de ...	malgré ...	[malgre]
graças a ...	grâce à ...	[gras a]
que (pron.)	quoi (pron)	[kwa]

que (conj.)	que (conj)	[kə]
algo	quelque chose (pron)	[kɛlkə ʃoz]
alguma coisa	quelque chose (pron)	[kɛlkə ʃoz]
nada	rien	[rjɛ̃]

quem	qui (pron)	[ki]
alguém (~ teve uma ideia ...)	quelqu'un (pron)	[kɛlkœ̃]
alguém	quelqu'un (pron)	[kɛlkœ̃]

ninguém	personne (pron)	[pɛrsɔn]
para lugar nenhum	nulle part (adv)	[nyl par]
de ninguém	de personne	[də pɛrsɔn]
de alguém	de n'importe qui	[də nɛ̃pɔrt ki]

tão	comme ça (adv)	[kɔmsa]
também (gostaria ~ de ...)	également (adv)	[egalmɑ̃]
também (~ eu)	aussi (adv)	[osi]

18. Palavras funcionais. Advérbios. Parte 2

Porquê?	Pourquoi?	[purkwa]
por alguma razão	pour une certaine raison	pur yn sɛrtɛn rɛzɔ̃]
porque ...	parce que ...	[parskə]
por qualquer razão	pour une raison quelconque	[pur yn rɛzɔ̃ kɛlkɔ̃k]

e (tu ~ eu)	et (conj)	[e]
ou (ser ~ não ser)	ou (conj)	[u]
mas (porém)	mais (conj)	[mɛ]
para (~ a minha mãe)	pour ... (prep)	[pur]

demasiado, muito	trop (adv)	[tro]
só, somente	seulement (adv)	[sœlmɑ̃]
exatamente	précisément (adv)	[presizemɑ̃]
cerca de (~ 10 kg)	près de ... (prep)	[prɛ də]

aproximadamente	approximativement	[aprɔksimativmɑ̃]
aproximado	approximatif (adj)	[aprɔksimatif]
quase	presque (adv)	[prɛsk]
resto (m)	reste (m)	[rɛst]

o outro (segundo)	l'autre (adj)	[lotr]
outro	autre (adj)	[otr]
cada	chaque (adj)	[ʃak]
qualquer	n'importe quel (adj)	[nɛ̃pɔrt kɛl]
muito	beaucoup (adv)	[boku]
muitas pessoas	beaucoup de gens	[boku də ʒɑ̃]
todos	tous	[tus]

em troca de ...	en échange de ...	[ɑn eʃɑ̃ʒ də ...]
em troca	en échange (adv)	[ɑn eʃɑ̃ʒ]
à mão	à la main (adv)	[alamɛ̃]
pouco provável	peu probable	[pø prɔabl]
provavelmente	probablement (adv)	[prɔabləmɑ̃]

| de propósito | exprès (adv) | [ɛksprɛ] |
| por acidente | par accident (adv) | [par aksidã] |

muito	très (adv)	[trɛ]
por exemplo	par exemple (adv)	[par ɛgzãp]
entre	entre ... (prep)	[ãtr]
entre (no meio de)	parmi ... (prep)	[parmi]
tanto	autant (adv)	[otã]
especialmente	surtout (adv)	[syrtu]

Conceitos básicos. Parte 2

19. Opostos

rico	**riche** (adj)	[riʃ]
pobre	**pauvre** (adj)	[povr]
doente	**malade** (adj)	[malad]
são	**en bonne santé**	[ã bɔn sãte]
grande	**grand** (adj)	[grã]
pequeno	**petit** (adj)	[pti]
rapidamente	**vite** (adv)	[vit]
lentamente	**lentement** (adv)	[lãtmã]
rápido	**rapide** (adj)	[rapid]
lento	**lent** (adj)	[lã]
alegre	**joyeux** (adj)	[ʒwajø]
triste	**triste** (adj)	[trist]
juntos	**ensemble** (adv)	[ãsãbl]
separadamente	**séparément** (adv)	[separemã]
em voz alta (ler ~)	**à haute voix** (adv)	[a ot vwa]
para si (em silêncio)	**en silence**	[ã silãs]
alto	**haut** (adj)	[o]
baixo	**bas** (adj)	[ba]
profundo	**profond** (adj)	[prɔfɔ̃]
pouco fundo	**peu profond** (adj)	[pø prɔfɔ̃]
sim	**oui** (adv)	[wi]
não	**non** (adv)	[nɔ̃]
distante (no espaço)	**lointain** (adj)	[lwɛ̃tɛ̃]
próximo	**proche** (adj)	[prɔʃ]
longe	**loin** (adv)	[lwɛ̃]
perto	**près** (adv)	[prɛ]
longo	**long** (adj)	[lɔ̃]
curto	**court** (adj)	[kur]
bom, bondoso	**bon** (adj)	[bɔ̃]
mau	**méchant** (adj)	[meʃã]
casado	**marié** (adj)	[marje]

solteiro	célibataire (adj)	[selibatɛr]
proibir (vt)	interdire (vt)	[ɛ̃tɛrdir]
permitir (vt)	permettre (vt)	[pɛrmɛtr]
fim (m)	fin (f)	[fɛ̃]
começo (m)	début (m)	[dəbu]
esquerdo	gauche (adj)	[goʃ]
direito	droit (adj)	[drwa]
primeiro	premier (adj)	[prəmje]
último	dernier (adj)	[dɛrnje]
crime (m)	crime (m)	[krim]
castigo (m)	punition (f)	[pynisjɔ̃]
ordenar (vt)	ordonner (vt)	[ɔrdɔne]
obedecer (vt)	obéir (vt)	[ɔbeir]
reto	droit (adj)	[drwa]
curvo	courbé (adj)	[kurbe]
paraíso (m)	paradis (m)	[paradi]
inferno (m)	enfer (m)	[ɑ̃fɛr]
nascer (vi)	naître (vi)	[nɛtr]
morrer (vi)	mourir (vi)	[murir]
forte	fort (adj)	[fɔr]
fraco, débil	faible (adj)	[fɛbl]
idoso	vieux (adj)	[vjø]
jovem	jeune (adj)	[ʒœn]
velho	vieux (adj)	[vjø]
novo	neuf (adj)	[nœf]
duro	dur (adj)	[dyr]
mole	mou (adj)	[mu]
tépido	tiède (adj)	[tjɛd]
frio	froid (adj)	[frwa]
gordo	gros (adj)	[gro]
magro	maigre (adj)	[mɛgr]
estreito	étroit (adj)	[etrwa]
largo	large (adj)	[larʒ]
bom	bon (adj)	[bɔ̃]
mau	mauvais (adj)	[movɛ]
valente	vaillant (adj)	[vajɑ̃]
cobarde	peureux (adj)	[pœrø]

20. Dias da semana

segunda-feira (f)	**lundi** (m)	[lœ̃di]
terça-feira (f)	**mardi** (m)	[mardi]
quarta-feira (f)	**mercredi** (m)	[mɛrkrədi]
quinta-feira (f)	**jeudi** (m)	[ʒødi]
sexta-feira (f)	**vendredi** (m)	[vɑ̃drədi]
sábado (m)	**samedi** (m)	[samdi]
domingo (m)	**dimanche** (m)	[dimɑ̃ʃ]
hoje	**aujourd'hui** (adv)	[oʒurdɥi]
amanhã	**demain** (adv)	[dəmɛ̃]
depois de amanhã	**après-demain** (adv)	[aprɛdmɛ̃]
ontem	**hier** (adv)	[ijɛr]
anteontem	**avant-hier** (adv)	[avɑ̃tjɛr]
dia (m)	**jour** (m)	[ʒur]
dia (m) de trabalho	**jour** (m) **ouvrable**	[ʒur uvrabl]
feriado (m)	**jour** (m) **férié**	[ʒur ferje]
dia (m) de folga	**jour** (m) **de repos**	[ʒur də rəpo]
fim (m) de semana	**week-end** (m)	[wikɛnd]
o dia todo	**toute la journée**	[tut la ʒurne]
no dia seguinte	**le lendemain**	[lɑ̃dmɛ̃]
há dois dias	**il y a 2 jours**	[ilja də ʒur]
na véspera	**la veille**	[la vɛj]
diário	**quotidien** (adj)	[kɔtidjɛ̃]
todos os dias	**tous les jours**	[tu le ʒur]
semana (f)	**semaine** (f)	[səmɛn]
na semana passada	**la semaine dernière**	[la səmɛn dɛrnjɛr]
na próxima semana	**la semaine prochaine**	[la səmɛn prɔʃɛn]
semanal	**hebdomadaire** (adj)	[ɛbdɔmadɛr]
cada semana	**chaque semaine**	[ʃak səmɛn]
duas vezes por semana	**2 fois par semaine**	[dø fwa par səmɛn]
cada terça-feira	**tous les mardis**	[tu le mardi]

21. Horas. Dia e noite

manhã (f)	**matin** (m)	[matɛ̃]
de manhã	**le matin**	[lə matɛ̃]
meio-dia (m)	**midi** (m)	[midi]
à tarde	**dans l'après-midi**	[dɑ̃ laprɛmidi]
noite (f)	**soir** (m)	[swar]
à noite (noitinha)	**le soir**	[lə swar]
noite (f)	**nuit** (f)	[nɥi]
à noite	**la nuit**	[la nɥi]
meia-noite (f)	**minuit** (f)	[minɥi]
segundo (m)	**seconde** (f)	[səgɔ̃d]
minuto (m)	**minute** (f)	[minyt]
hora (f)	**heure** (f)	[œr]

meia hora (f)	demi-heure (f)	[dəmijœr]
quarto (m) de hora	un quart d'heure	[œ̃ kar dœr]
quinze minutos	quinze minutes	[kɛ̃z minyt]
vinte e quatro horas	vingt-quatre heures	[vɛ̃tkatr œr]
nascer (m) do sol	lever (m) du soleil	[ləve dy sɔlɛj]
amanhecer (m)	aube (f)	[ob]
madrugada (f)	point (m) du jour	[pwɛ̃ dy ʒur]
pôr do sol (m)	coucher (m) du soleil	[kuʃe dy sɔlɛj]
de madrugada	tôt le matin	[to lə matɛ̃]
hoje de manhã	ce matin	[sə matɛ̃]
amanhã de manhã	demain matin	[dəmɛ̃ matɛ̃]
hoje à tarde	cet après-midi	[sɛt aprɛmidi]
à tarde	dans l'après-midi	[dɑ̃ laprɛmidi]
amanhã à tarde	demain après-midi	[dəmɛn aprɛmidi]
hoje à noite	ce soir	[sə swar]
amanhã à noite	demain soir	[dəmɛ̃ swar]
às três horas em ponto	à trois heures précises	[ɑ trwa zœr presiz]
por volta das quatro	autour de quatre heures	[otur də katr œr]
às doze	vers midi	[vɛr midi]
dentro de vinte minutos	dans 20 minutes	[dɑ̃ vɛ̃ minyt]
dentro duma hora	dans une heure	[dɑ̃zyn œr]
a tempo	à temps	[ɑ tɑ̃]
menos um quarto	... moins le quart	[mwɛ̃ lə kar]
durante uma hora	en une heure	[ɑnyn œr]
a cada quinze minutos	tous les quarts d'heure	[tu le kar dœr]
as vinte e quatro horas	24 heures sur 24	[vɛ̃tkatr œr syr vɛ̃tkatr]

22. Meses. Estações

janeiro (m)	janvier (m)	[ʒɑ̃vje]
fevereiro (m)	février (m)	[fevrije]
março (m)	mars (m)	[mars]
abril (m)	avril (m)	[avril]
maio (m)	mai (m)	[mɛ]
junho (m)	juin (m)	[ʒɥɛ̃]
julho (m)	juillet (m)	[ʒɥijɛ]
agosto (m)	août (m)	[ut]
setembro (m)	septembre (m)	[separemɑ̃]
outubro (m)	octobre (m)	[ɔktɔbr]
novembro (m)	novembre (m)	[nɔvɑ̃br]
dezembro (m)	décembre (m)	[desɑ̃br]
primavera (f)	printemps (m)	[prɛ̃tɑ̃]
na primavera	au printemps	[oprɛ̃tɑ̃]
primaveril	de printemps (adj)	[də prɛ̃tɑ̃]
verão (m)	été (m)	[ete]

| no verão | en été | [ɑn ete] |
| de verão | d'été (adj) | [dete] |

outono (m)	automne (m)	[otɔn]
no outono	en automne	[ɑn otɔn]
outonal	d'automne (adj)	[dotɔn]

inverno (m)	hiver (m)	[ivɛr]
no inverno	en hiver	[ɑn ivɛr]
de inverno	d'hiver (adj)	[divɛr]
mês (m)	mois (m)	[mwa]
este mês	ce mois	[sə mwa]
no próximo mês	le mois prochain	[lə mwa prɔʃɛ̃]
no mês passado	le mois dernier	[lə mwa dɛrnje]

há um mês	il y a un mois	[ilja œ̃ mwa]
dentro de um mês	dans un mois	[dɑ̃zœn mwa]
dentro de dois meses	dans 2 mois	[dɑ̃ dø mwa]
todo o mês	tout le mois	[tu lə mwa]
um mês inteiro	tout un mois	[tutœ̃ mwa]

mensal	mensuel (adj)	[mɑ̃sɥɛl]
mensalmente	mensuellement	[mɑ̃sɥɛlmɑ̃]
cada mês	chaque mois	[ʃak mwa]
duas vezes por mês	2 fois par mois	[dø fwa par mwa]

ano (m)	année (f)	[ane]
este ano	cette année	[sɛt ane]
no próximo ano	l'année prochaine	[lane prɔʃɛn]
no ano passado	l'année dernière	[lane dɛrnjɛr]
há um ano	il y a un an	[ilja œnɑ̃]
dentro dum ano	dans un an	[dɑ̃zœn ɑ̃]
dentro de 2 anos	dans deux ans	[dɑ̃ dø zɑ̃]
todo o ano	toute l'année	[tut lane]
um ano inteiro	toute une année	[tutyn ane]

cada ano	chaque année	[ʃak ane]
anual	annuel (adj)	[anɥɛl]
anualmente	annuellement	[anɥɛlmɑ̃]
quatro vezes por ano	quatre fois par an	[katr fwa parɑ̃]

data (~ de hoje)	date (f)	[dat]
data (ex. ~ de nascimento)	date (f)	[dat]
calendário (m)	calendrier (m)	[kalɑ̃drije]

meio ano	six mois	[si mwa]
seis meses	semestre (m)	[səmɛstr]
estação (f)	saison (f)	[sɛzɔ̃]
século (m)	siècle (m)	[sjɛkl]

23. Tempo. Diversos

| tempo (m) | temps (m) | [tɑ̃] |
| momento (m) | moment (m) | [mɔmɑ̃] |

instante (m)	instant (m)	[ɛ̃stɑ̃]
instantâneo	instantané (adj)	[ɛ̃stɑ̃tane]
lapso (m) de tempo	laps (m) de temps	[laps də tɑ̃]
vida (f)	vie (f)	[vi]
eternidade (f)	éternité (f)	[etɛrnite]
época (f)	époque (f)	[epɔk]
era (f)	ère (f)	[ɛr]
ciclo (m)	cycle (m)	[sikl]
período (m)	période (f)	[perjɔd]
prazo (m)	délai (m), terme (m)	[tɛrm]
futuro (m)	avenir (m)	[avnir]
futuro	prochain (adj)	[prɔʃɛ̃]
da próxima vez	la fois prochaine	[la fwa prɔʃɛn]
passado (m)	passé (m)	[pɑse]
passado	passé (adj)	[pɑse]
na vez passada	la fois passée	[la fwa pɑse]
mais tarde	plus tard (adv)	[ply tar]
depois	après ... (prep)	[aprɛ]
atualmente	à présent (adv)	[aprezɑ̃]
agora	maintenant (adv)	[mɛ̃tnɑ̃]
imediatamente	immédiatement (adv)	[imedjatmɑ̃]
em breve, brevemente	bientôt (adv)	[bjɛ̃to]
de antemão	d'avance (adv)	[davɑ̃s]
há muito tempo	il y a longtemps	[ilja lɔ̃tɑ̃]
há pouco tempo	récemment (adv)	[resamɑ̃]
destino (m)	destin (m)	[dɛstɛ̃]
recordações (f pl)	souvenirs (m pl)	[suvnir]
arquivo (m)	archives (f pl)	[arʃiv]
durante ...	pendant ... (prep)	[pɑ̃dɑ̃]
durante muito tempo	longtemps (adv)	[lɔ̃tɑ̃]
pouco tempo	pas longtemps (adv)	[pɑ lɔ̃tɑ̃]
cedo (levantar-se ~)	tôt (adv)	[to]
tarde (deitar-se ~)	tard (adv)	[tar]
para sempre	pour toujours (adv)	[pur tuʒur]
começar (vt)	commencer (vt)	[kɔmɑ̃se]
adiar (vt)	reporter (vt)	[rəpɔrte]
simultaneamente	en même temps (adv)	[ɑ̃ mɛm tɑ̃]
permanentemente	en permanence (adv)	[ɑ̃ pɛrmanɑ̃s]
constante (ruído, etc.)	constant (adj)	[kɔ̃stɑ̃]
temporário	temporaire (adj)	[tɑ̃pɔrɛr]
às vezes	parfois (adv)	[parfwa]
raramente	rarement (adv)	[rarmɑ̃]
frequentemente	souvent (adv)	[suvɑ̃]

24. Linhas e formas

quadrado (m)	carré (m)	[kare]
quadrado	carré (adj)	[kare]

círculo (m)	cercle (m)	[sɛrkl]
redondo	rond (adj)	[rɔ̃]
triângulo (m)	triangle (m)	[trijãgl]
triangular	triangulaire (adj)	[trijãgylɛr]

oval (f)	ovale (m)	[ɔval]
oval	ovale (adj)	[ɔval]
retângulo (m)	rectangle (m)	[rɛktãgl]
retangular	rectangulaire (adj)	[rɛktãgylɛr]

pirâmide (f)	pyramide (f)	[piramid]
rombo, losango (m)	losange (m)	[lɔzãʒ]
trapézio (m)	trapèze (m)	[trapɛz]
cubo (m)	cube (m)	[kyb]
prisma (m)	prisme (m)	[prism]

circunferência (f)	circonférence (f)	[sirkɔ̃ferãs]
esfera (f)	sphère (f)	[sfɛr]
globo (m)	globe (m)	[glɔb]
diâmetro (m)	diamètre (m)	[djamɛtr]
raio (m)	rayon (m)	[rɛjɔ̃]
perímetro (m)	périmètre (m)	[perimɛtr]
centro (m)	centre (m)	[sãtr]

horizontal	horizontal (adj)	[ɔrizɔ̃tal]
vertical	vertical (adj)	[vɛrtikal]
paralela (f)	parallèle (f)	[paralɛl]
paralelo	parallèle (adj)	[paralɛl]

linha (f)	ligne (f)	[liɲ]
traço (m)	trait (m)	[trɛ]
reta (f)	droite (f)	[drwat]
curva (f)	courbe (f)	[kurb]
fino (linha ~a)	fin (adj)	[fɛ̃]
contorno (m)	contour (m)	[kɔ̃tur]

interseção (f)	intersection (f)	[ɛ̃tɛrsɛksjɔ̃]
ângulo (m) reto	angle (m) droit	[ãgl drwa]
segmento (m)	segment (m)	[sɛgmã]
setor (m)	secteur (m)	[sɛktœr]
lado (de um triângulo, etc.)	côté (m)	[kote]
ângulo (m)	angle (m)	[ãgl]

25. Unidades de medida

peso (m)	poids (m)	[pwa]
comprimento (m)	longueur (f)	[lɔ̃gœr]
largura (f)	largeur (f)	[larʒœr]
altura (f)	hauteur (f)	[otœr]
profundidade (f)	profondeur (f)	[prɔfɔ̃dœr]
volume (m)	volume (m)	[vɔlym]
área (f)	aire (f)	[ɛr]
grama (m)	gramme (m)	[gram]
miligrama (m)	milligramme (m)	[miligram]

quilograma (m)	kilogramme (m)	[kilɔgram]
tonelada (f)	tonne (f)	[tɔn]
libra (453,6 gramas)	livre (f)	[livr]
onça (f)	once (f)	[ɔ̃s]

metro (m)	mètre (m)	[mɛtr]
milímetro (m)	millimètre (m)	[milimɛtr]
centímetro (m)	centimètre (m)	[sɑ̃timɛtr]
quilómetro (m)	kilomètre (m)	[kilɔmɛtr]
milha (f)	mille (m)	[mil]

polegada (f)	pouce (m)	[pus]
pé (304,74 mm)	pied (m)	[pje]
jarda (914,383 mm)	yard (m)	[jard]

| metro (m) quadrado | mètre (m) carré | [mɛtr kare] |
| hectare (m) | hectare (m) | [ɛktar] |

litro (m)	litre (m)	[litr]
grau (m)	degré (m)	[dəgre]
volt (m)	volt (m)	[vɔlt]
ampere (m)	ampère (m)	[ɑ̃pɛr]
cavalo-vapor (m)	cheval-vapeur (m)	[ʃəvalvapœr]

quantidade (f)	quantité (f)	[kɑ̃tite]
um pouco de ...	un peu de ...	[œ̃ pø də]
metade (f)	moitié (f)	[mwatje]
dúzia (f)	douzaine (f)	[duzɛn]
peça (f)	pièce (f)	[pjɛs]

| dimensão (f) | dimension (f) | [dimɑ̃sjɔ̃] |
| escala (f) | échelle (f) | [eʃɛl] |

mínimo	minimal (adj)	[minimal]
menor, mais pequeno	le plus petit (adj)	[lə ply pəti]
médio	moyen (adj)	[mwajɛ̃]
máximo	maximal (adj)	[maksimal]
maior, mais grande	le plus grand (adj)	[lə ply grɑ̃]

26. Recipientes

boião (m) de vidro	bocal (m) en verre	[bɔkal ɑ̃ vɛr]
lata (~ de cerveja)	boîte, canette (f)	[bwat], [kanɛt]
balde (m)	seau (m)	[so]
barril (m)	tonneau (m)	[tɔno]

bacia (~ de plástico)	bassine, cuvette (f)	[basin], [kyvɛt]
tanque (m)	cuve (f)	[kyv]
cantil (m) de bolso	flasque (f)	[flask]
bidão (m) de gasolina	jerrican (m)	[ʒerikan]
cisterna (f)	citerne (f)	[sitɛrn]

| caneca (f) | tasse (f), mug (m) | [tɑs], [mʌg] |
| chávena (f) | tasse (f) | [tɑs] |

pires (m)	**soucoupe** (f)	[sukup]
copo (m)	**verre** (m)	[vɛr]
taça (f) de vinho	**verre** (m) **à vin**	[vɛr ɑ vɛ̃]
panela, caçarola (f)	**faitout** (m)	[fɛtu]
garrafa (f)	**bouteille** (f)	[butɛj]
gargalo (m)	**goulot** (m)	[gulo]
jarro, garrafa (f)	**carafe** (f)	[karaf]
jarro (m) de barro	**pichet** (m)	[piʃɛ]
recipiente (m)	**récipient** (m)	[resipjɑ̃]
pote (m)	**pot** (m)	[po]
vaso (m)	**vase** (m)	[vaz]
frasco (~ de perfume)	**flacon** (m)	[flakɔ̃]
frasquinho (ex. ~ de iodo)	**fiole** (f)	[fjɔl]
tubo (~ de pasta dentífrica)	**tube** (m)	[tyb]
saca (ex. ~ de açúcar)	**sac** (m)	[sak]
saco (~ de plástico)	**sac** (m)	[sak]
maço (m)	**paquet** (m)	[pakɛ]
caixa (~ de sapatos, etc.)	**boîte** (f)	[bwat]
caixa (~ de madeira)	**caisse** (f)	[kɛs]
cesta (f)	**panier** (m)	[panje]

27. Materiais

material (m)	**matériau** (m)	[materjo]
madeira (f)	**bois** (m)	[bwa]
de madeira	**en bois** (adj)	[ɑ̃ bwa]
vidro (m)	**verre** (m)	[vɛr]
de vidro	**en verre** (adj)	[ɑ̃ vɛr]
pedra (f)	**pierre** (f)	[pjɛr]
de pedra	**en pierre** (adj)	[ɑ̃ pjɛr]
plástico (m)	**plastique** (m)	[plastik]
de plástico	**en plastique** (adj)	[ɑ̃ plastik]
borracha (f)	**caoutchouc** (m)	[kautʃu]
de borracha	**en caoutchouc** (adj)	[ɑ̃ kautʃu]
tecido, pano (m)	**tissu** (m)	[tisy]
de tecido	**en tissu** (adj)	[ɑ̃ tisy]
papel (m)	**papier** (m)	[papje]
de papel	**de papier** (adj)	[də papje]
cartão (m)	**carton** (m)	[kartɔ̃]
de cartão	**en carton** (adj)	[ɑ̃ kartɔ̃]
polietileno (m)	**polyéthylène** (m)	[pɔlietilɛn]
celofane (m)	**cellophane** (f)	[selɔfan]

| linóleo (m) | linoléum (m) | [linɔleɔm] |
| contraplacado (m) | contreplaqué (m) | [kɔ̃trəplake] |

porcelana (f)	porcelaine (f)	[pɔpylasjɔ̃]
de porcelana	de porcelaine (adj)	[də pɔrsəlɛn]
barro (f)	argile (f)	[arʒil]
de barro	de terre cuite (adj)	[ɑ̃ tɛr kɥit]
cerâmica (f)	céramique (f)	[seramik]
de cerâmica	en céramique (adj)	[ɑ̃ seramik]

28. Metais

metal (m)	métal (m)	[metal]
metálico	métallique (adj)	[metalik]
liga (f)	alliage (m)	[aljaʒ]

ouro (m)	or (m)	[ɔr]
de ouro	en or (adj)	[ɑn ɔr]
prata (f)	argent (m)	[arʒɑ̃]
de prata	en argent (adj)	[ɑn asje]

ferro (m)	fer (m)	[fɛr]
de ferro	en fer (adj)	[ɑ̃ fɛr]
aço (m)	acier (m)	[asje]
de aço	en acier	[ɑn asje]
cobre (m)	cuivre (m)	[kɥivr]
de cobre	en cuivre (adj)	[ɑ̃ kɥivr]

alumínio (m)	aluminium (m)	[alyminjɔm]
de alumínio	en aluminium (adj)	[ɑn alyminjɔm]
bronze (m)	bronze (m)	[brɔ̃z]
de bronze	en bronze (adj)	[ɑ̃ brɔ̃z]

latão (m)	laiton (m)	[lɛtɔ̃]
níquel (m)	nickel (m)	[nikɛl]
platina (f)	platine (f)	[platin]
mercúrio (m)	mercure (m)	[mɛrkyr]
estanho (m)	étain (m)	[etɛ̃]
chumbo (m)	plomb (m)	[plɔ̃]
zinco (m)	zinc (m)	[zɛ̃g]

O SER HUMANO

O ser humano. O corpo

29. Humanos. Conceitos básicos

ser (m) humano	être (m) humain	[ɛtr ymɛ̃]
homem (m)	homme (m)	[ɔm]
mulher (f)	femme (f)	[fam]
criança (f)	enfant (m, f)	[ɑ̃fɑ̃]
menina (f)	fille (f)	[fij]
menino (m)	garçon (m)	[garsɔ̃]
adolescente (m)	adolescent (m)	[adɔlesɑ̃]
velho (m)	vieillard (m)	[vjɛjar]
velha, anciã (f)	vieille femme (f)	[vjɛj fam]

30. Anatomia humana

organismo (m)	organisme (m)	[ɔrganism]
coração (m)	cœur (m)	[kœr]
sangue (m)	sang (m)	[sɑ̃]
artéria (f)	artère (f)	[artɛr]
veia (f)	veine (f)	[vɛn]
cérebro (m)	cerveau (m)	[sɛrvo]
nervo (m)	nerf (m)	[nɛr]
nervos (m pl)	nerfs (m pl)	[nɛr]
vértebra (f)	vertèbre (f)	[vɛrtɛbr]
coluna (f) vertebral	colonne (f) vertébrale	[kɔlɔn vɛrtebral]
estômago (m)	estomac (m)	[ɛstɔma]
intestinos (m pl)	intestins (m pl)	[ɛ̃tɛstɛ̃]
intestino (m)	intestin (m)	[ɛ̃tɛstɛ̃]
fígado (m)	foie (m)	[fwa]
rim (m)	rein (m)	[rɛ̃]
osso (m)	os (m)	[ɔs]
esqueleto (m)	squelette (f)	[skəlɛt]
costela (f)	côte (f)	[kot]
crânio (m)	crâne (m)	[kran]
músculo (m)	muscle (m)	[myskl]
bíceps (m)	biceps (m)	[bisɛps]
tríceps (m)	triceps (m)	[trisɛps]
tendão (m)	tendon (m)	[tɑ̃dɔ̃]
articulação (f)	articulation (f)	[artikylasjɔ̃]

pulmões (m pl)	poumons (m pl)	[pumõ]
órgãos (m pl) genitais	organes (m pl) génitaux	[ɔrgan ʒenito]
pele (f)	peau (f)	[po]

31. Cabeça

cabeça (f)	tête (f)	[tɛt]
cara (f)	visage (m)	[vizaʒ]
nariz (m)	nez (m)	[ne]
boca (f)	bouche (f)	[buʃ]

olho (m)	œil (m)	[œj]
olhos (m pl)	les yeux	[lezjø]
pupila (f)	pupille (f)	[pypij]
sobrancelha (f)	sourcil (m)	[sursi]
pestana (f)	cil (m)	[sil]
pálpebra (f)	paupière (f)	[popjɛr]

língua (f)	langue (f)	[lãg]
dente (m)	dent (f)	[dã]
lábios (m pl)	lèvres (f pl)	[lɛvr]
maçãs (f pl) do rosto	pommettes (f pl)	[pomɛt]
gengiva (f)	gencive (f)	[ʒãsiv]
palato (m)	palais (m)	[palɛ]

narinas (f pl)	narines (f pl)	[narin]
queixo (m)	menton (m)	[mãtõ]
mandíbula (f)	mâchoire (f)	[maʃwar]
bochecha (f)	joue (f)	[ʒu]

testa (f)	front (m)	[frõ]
têmpora (f)	tempe (f)	[tãp]
orelha (f)	oreille (f)	[ɔrɛj]
nuca (f)	nuque (f)	[nyk]
pescoço (m)	cou (m)	[ku]
garganta (f)	gorge (f)	[gɔrʒ]

cabelos (m pl)	cheveux (m pl)	[ʃəvø]
penteado (m)	coiffure (f)	[kwafyr]
corte (m) de cabelo	coupe (f)	[kup]
peruca (f)	perruque (f)	[peryk]

bigode (m)	moustache (f)	[mustaʃ]
barba (f)	barbe (f)	[barb]
usar, ter (~ barba, etc.)	porter (vt)	[pɔrte]
trança (f)	tresse (f)	[trɛs]
suíças (f pl)	favoris (m pl)	[favɔri]

ruivo	roux (adj)	[ru]
grisalho	gris (adj)	[gri]
calvo	chauve (adj)	[ʃov]
calva (f)	calvitie (f)	[kalvisi]
rabo-de-cavalo (m)	queue (f) de cheval	[kø də ʃəval]
franja (f)	frange (f)	[frãʒ]

32. Corpo humano

mão (f)	**main** (f)	[mɛ̃]
braço (m)	**bras** (m)	[bra]
dedo (m)	**doigt** (m)	[dwa]
dedo (m) do pé	**orteil** (m)	[ɔrtɛj]
polegar (m)	**pouce** (m)	[pus]
dedo (m) mindinho	**petit doigt** (m)	[pəti dwa]
unha (f)	**ongle** (m)	[õgl]
punho (m)	**poing** (m)	[pwɛ̃]
palma (f) da mão	**paume** (f)	[pom]
pulso (m)	**poignet** (m)	[pwaɲɛ]
antebraço (m)	**avant-bras** (m)	[avɑ̃bra]
cotovelo (m)	**coude** (m)	[kud]
ombro (m)	**épaule** (f)	[epol]
perna (f)	**jambe** (f)	[ʒɑ̃b]
pé (m)	**pied** (m)	[pje]
joelho (m)	**genou** (m)	[ʒənu]
barriga (f) da perna	**mollet** (m)	[mɔlɛ]
anca (f)	**hanche** (f)	[ɑ̃ʃ]
calcanhar (m)	**talon** (m)	[talõ]
corpo (m)	**corps** (m)	[kɔr]
barriga (f)	**ventre** (m)	[vɑ̃tr]
peito (m)	**poitrine** (f)	[pwatrin]
seio (m)	**sein** (m)	[sɛ̃]
lado (m)	**côté** (m)	[kote]
costas (f pl)	**dos** (m)	[do]
região (f) lombar	**reins** (m pl),	[rɛn],
	région (f) **lombaire**	[reʒjõ lõbɛr]
cintura (f)	**taille** (f)	[taj]
umbigo (m)	**nombril** (m)	[nõbril]
nádegas (f pl)	**fesses** (f pl)	[fɛs]
traseiro (m)	**derrière** (m)	[dɛrjɛr]
sinal (m)	**grain** (m) **de beauté**	[grɛ̃ də bote]
sinal (m) de nascença	**tache** (f) **de vin**	[taʃ də vɛ̃]
tatuagem (f)	**tatouage** (m)	[tatwaʒ]
cicatriz (f)	**cicatrice** (f)	[sikatris]

Vestuário & Acessórios

33. Roupa exterior. Casacos

roupa (f)	vêtement (m)	[vɛtmɑ̃]
roupa (f) exterior	survêtement (m)	[syrvɛtmɑ̃]
roupa (f) de inverno	vêtement (m) d'hiver	[vɛtmɑ̃ divɛr]
sobretudo (m)	manteau (m)	[mɑ̃to]
casaco (m) de peles	manteau (m) de fourrure	[mɑ̃to də furyr]
casaco curto (m) de peles	veste (f) en fourrure	[vɛst ɑ̃ furyr]
casaco (m) acolchoado	manteau (m) de duvet	[manto də dyvɛ]
casaco, blusão (m)	veste (f)	[vɛst]
impermeável (m)	imperméable (m)	[ɛ̃pɛrmeabl]
impermeável	imperméable (adj)	[ɛ̃pɛrmeabl]

34. Vestuário de homem & mulher

camisa (f)	chemise (f)	[ʃəmiz]
calças (f pl)	pantalon (m)	[pɑ̃talɔ̃]
calças (f pl) de ganga	jean (m)	[dʒin]
casaco (m) de fato	veston (m)	[vɛstɔ̃]
fato (m)	complet (m)	[kɔ̃plɛ]
vestido (ex. ~ vermelho)	robe (f)	[rɔb]
saia (f)	jupe (f)	[ʒyp]
blusa (f)	chemisette (f)	[ʃəmizɛt]
casaco (m) de malha	veste (f) en laine	[vɛst ɑ̃ lɛn]
casaco, blazer (m)	jaquette (f), blazer (m)	[ʒakɛt], [blazɛr]
T-shirt, camiseta (f)	tee-shirt (m)	[tiʃœrt]
calções (Bermudas, etc.)	short (m)	[ʃɔrt]
fato (m) de treino	costume (m) de sport	[kɔstym də spɔr]
roupão (m) de banho	peignoir (m) de bain	[pɛɲwar də bɛ̃]
pijama (m)	pyjama (m)	[piʒama]
suéter (m)	chandail (m)	[ʃɑ̃daj]
pulôver (m)	pull-over (m)	[pylɔvɛr]
colete (m)	gilet (m)	[ʒilɛ]
fraque (m)	queue-de-pie (f)	[kødpi]
smoking (m)	smoking (m)	[smɔkiŋ]
uniforme (m)	uniforme (m)	[ynifɔrm]
roupa (f) de trabalho	tenue (f) de travail	[təny də travaj]
fato-macaco (m)	salopette (f)	[salɔpɛt]
bata (~ branca, etc.)	blouse (f)	[bluz]

35. Vestuário. Roupa interior

roupa (f) interior	sous-vêtements (m pl)	[suvεtmɑ̃]
cuecas boxer (f pl)	boxer (m)	[bɔksεr]
cuecas (f pl)	slip (m) de femme	[slip də fam]
camisola (f) interior	maillot (m) de corps	[majo də kɔr]
peúgas (f pl)	chaussettes (f pl)	[ʃosεt]
camisa (f) de noite	chemise (f) de nuit	[ʃəmiz də nɥi]
sutiã (m)	soutien-gorge (m)	[sutjε̃gɔrʒ]
meias longas (f pl)	chaussettes (f pl) hautes	[ʃosεt ot]
meia-calça (f)	collants (m pl)	[kɔlɑ̃]
meias (f pl)	bas (m pl)	[ba]
fato (m) de banho	maillot (m) de bain	[majo də bε̃]

36. Adereços de cabeça

chapéu (m)	chapeau (m)	[ʃapo]
chapéu (m) de feltro	chapeau (m) feutre	[ʃapo føtr]
boné (m) de beisebol	casquette (f) de base-ball	[kaskεt də bεzbol]
boné (m)	casquette (f)	[kaskεt]
boina (f)	béret (m)	[berε]
capuz (m)	capuche (f)	[kapyʃ]
panamá (m)	panama (m)	[panama]
gorro (m) de malha	bonnet (m) de laine	[bɔnε də lεn]
lenço (m)	foulard (m)	[fular]
chapéu (m) de mulher	chapeau (m) de femme	[ʃapo də fam]
capacete (m) de proteção	casque (m)	[kask]
bibico (m)	calot (m)	[kalo]
capacete (m)	casque (m)	[kask]
chapéu-coco (m)	melon (m)	[məlɔ̃]
chapéu (m) alto	haut-de-forme (m)	[o də fɔrm]

37. Calçado

calçado (m)	chaussures (f pl)	[ʃosyr]
botinas (f pl)	bottines (f pl)	[bɔtin]
sapatos (de salto alto, etc.)	souliers (m pl)	[sulje]
botas (f pl)	bottes (f pl)	[bɔt]
pantufas (f pl)	chaussons (m pl)	[ʃosɔ̃]
ténis (m pl)	tennis (m pl)	[tenis]
sapatilhas (f pl)	baskets (f pl)	[baskεt]
sandálias (f pl)	sandales (f pl)	[sɑ̃dal]
sapateiro (m)	cordonnier (m)	[kɔrdɔnje]
salto (m)	talon (m)	[talɔ̃]

par (m)	**paire** (f)	[pɛr]
atacador (m)	**lacet** (m)	[lase]
apertar os atacadores	**lacer** (vt)	[lase]
calçadeira (f)	**chausse-pied** (m)	[ʃospje]
graxa (f) para calçado	**cirage** (m)	[siraʒ]

38. Têxtil. Tecidos

algodão (m)	**coton** (m)	[kɔtɔ̃]
de algodão	**de coton** (adj)	[də kɔtɔ̃]
linho (m)	**lin** (m)	[lɛ̃]
de linho	**de lin** (adj)	[də lɛ̃]
seda (f)	**soie** (f)	[swa]
de seda	**de soie** (adj)	[də swa]
lã (f)	**laine** (f)	[lɛn]
de lã	**en laine** (adj)	[ɑ̃ lɛn]
veludo (m)	**velours** (m)	[vəlur]
camurça (f)	**chamois** (m)	[ʃamwa]
bombazina (f)	**velours** (m) **côtelé**	[vəlur kotle]
náilon (m)	**nylon** (m)	[nilɔ̃]
de náilon	**en nylon** (adj)	[ɑ̃ nilɔ̃]
poliéster (m)	**polyester** (m)	[pɔliɛstɛr]
de poliéster	**en polyester** (adj)	[ɑ̃ pɔliɛstɛr]
couro (m)	**cuir** (m)	[kɥir]
de couro	**en cuir** (adj)	[ɑ̃ kɥir]
pele (f)	**fourrure** (f)	[furyr]
de peles, de pele	**en fourrure** (adj)	[ɑ̃ furyr]

39. Acessórios pessoais

luvas (f pl)	**gants** (m pl)	[gɑ̃]
mitenes (f pl)	**moufles** (f pl)	[mufl]
cachecol (m)	**écharpe** (f)	[eʃarp]
óculos (m pl)	**lunettes** (f pl)	[lynɛt]
armação (f) de óculos	**monture** (f)	[mɔ̃tyr]
guarda-chuva (m)	**parapluie** (m)	[paraplɥi]
bengala (f)	**canne** (f)	[kan]
escova (f) para o cabelo	**brosse** (f) **à cheveux**	[brɔs ɑ ʃəvø]
leque (m)	**éventail** (m)	[evɑ̃taj]
gravata (f)	**cravate** (f)	[kravat]
gravata-borboleta (f)	**nœud papillon** (m)	[nø papijɔ̃]
suspensórios (m pl)	**bretelles** (f pl)	[brətɛl]
lenço (m)	**mouchoir** (m)	[muʃwar]
pente (m)	**peigne** (m)	[pɛɲ]
travessão (m)	**barrette** (f)	[barɛt]

| gancho (m) de cabelo | épingle (f) à cheveux | [epɛ̃gl a ʃəvø] |
| fivela (f) | boucle (f) | [bukl] |

| cinto (m) | ceinture (f) | [sɛ̃tyr] |
| correia (f) | bandoulière (f) | [bãduljɛr] |

mala (f)	sac (m)	[sak]
mala (f) de senhora	sac (m) à main	[sak a mɛ̃]
mochila (f)	sac (m) à dos	[sak a do]

40. Vestuário. Diversos

moda (f)	mode (f)	[mɔd]
na moda	à la mode (adj)	[alamɔd]
estilista (m)	couturier (m),	[kutyrje],
	créateur (m) de mode	[kreatœr də mɔd]

colarinho (m), gola (f)	col (m)	[kɔl]
bolso (m)	poche (f)	[pɔʃ]
de bolso	de poche (adj)	[də pɔʃ]
manga (f)	manche (f)	[mãʃ]
alcinha (f)	bride (f)	[brid]
braguilha (f)	braguette (f)	[bragɛt]

fecho (m) de correr	fermeture (f) à glissière	[fɛrmətyr a glisjɛr]
fecho (m), colchete (m)	agrafe (f)	[agraf]
botão (m)	bouton (m)	[butɔ̃]
casa (f) de botão	boutonnière (f)	[butɔnjɛr]
soltar-se (vr)	sauter (vi)	[sote]

coser, costurar (vi)	coudre (vi, vt)	[kudr]
bordar (vt)	broder (vt)	[brɔde]
bordado (m)	broderie (f)	[brɔdri]
agulha (f)	aiguille (f)	[egɥij]
fio (m)	fil (m)	[fil]
costura (f)	couture (f)	[kutyr]

sujar-se (vr)	se salir (vp)	[sə salir]
mancha (f)	tache (f)	[taʃ]
engelhar-se (vr)	se froisser (vp)	[sə frwase]
rasgar (vt)	déchirer (vt)	[deʃire]
traça (f)	mite (f)	[mit]

41. Cuidados pessoais. Cosméticos

pasta (f) de dentes	dentifrice (m)	[dãtifris]
escova (f) de dentes	brosse (f) à dents	[brɔs a dã]
escovar os dentes	se brosser les dents	[sə brɔse le dã]

máquina (f) de barbear	rasoir (m)	[razwar]
creme (m) de barbear	crème (f) à raser	[krɛm a raze]
barbear-se (vr)	se raser (vp)	[sə raze]

sabonete (m)	savon (m)	[savɔ̃]
champô (m)	shampooing (m)	[ʃãpwɛ̃]
tesoura (f)	ciseaux (m pl)	[sizo]
lima (f) de unhas	lime (f) à ongles	[lim ɑ ɔ̃gl]
corta-unhas (m)	pinces (f pl) à ongles	[pɛ̃s ɑ ɔ̃gl]
pinça (f)	pince (f)	[pɛ̃s]
cosméticos (m pl)	cosmétiques (m pl)	[kɔsmetik]
máscara (f) facial	masque (m) de beauté	[mask də bote]
manicura (f)	manucure (f)	[manykyr]
fazer a manicura	se faire les ongles	[sə fɛr le zɔ̃gl]
pedicure (f)	pédicurie (f)	[pedikyri]
mala (f) de maquilhagem	trousse (f) de toilette	[trus də twalɛt]
pó (m)	poudre (f)	[pudr]
caixa (f) de pó	poudrier (m)	[pudrije]
blush (m)	fard (m) à joues	[far ɑ ʒu]
perfume (m)	parfum (m)	[parfœ̃]
água (f) de toilette	eau (f) de toilette	[o də twalɛt]
loção (f)	lotion (f)	[losjɔ̃]
água-de-colónia (f)	eau de Cologne (f)	[o də kɔlɔɲ]
sombra (f) de olhos	fard (m) à paupières	[far ɑ popjɛr]
lápis (m) delineador	crayon (m) à paupières	[krɛjɔ̃ ɑ popjɛr]
máscara (f), rímel (m)	mascara (m)	[maskara]
batom (m)	rouge (m) à lèvres	[ruʒ ɑ lɛvr]
verniz (m) de unhas	vernis (m) à ongles	[vɛrni ɑ ɔ̃gl]
laca (f) para cabelos	laque (f) pour les cheveux	[lak pur le ʃəvø]
desodorizante (m)	déodorant (m)	[deodorã]
creme (m)	crème (f)	[krɛm]
creme (m) de rosto	crème (f) pour le visage	[krɛm pur lə vizaʒ]
creme (m) de mãos	crème (f) pour les mains	[krɛm pur le mɛ̃]
creme (m) antirrugas	crème (f) anti-rides	[krɛm ãtirid]
creme (m) de dia	crème (f) de jour	[krɛm də ʒur]
creme (m) de noite	crème (f) de nuit	[krɛm də nɥi]
de dia	de jour (adj)	[də ʒur]
da noite	de nuit (adj)	[də nɥi]
tampão (m)	tampon (m)	[tãpɔ̃]
papel (m) higiénico	papier (m) de toilette	[papje də twalɛt]
secador (m) elétrico	sèche-cheveux (m)	[sɛʃʃəvø]

42. Joalheria

joias (f pl)	bijoux (m pl)	[biʒu]
precioso	précieux (adj)	[presjø]
marca (f) de contraste	poinçon (m)	[pwɛ̃sɔ̃]
anel (m)	bague (f)	[bag]
aliança (f)	alliance (f)	[aljãs]

pulseira (f)	bracelet (m)	[braslɛ]
brincos (m pl)	boucles (f pl) d'oreille	[bukl dɔrɛj]
colar (m)	collier (m)	[kɔlje]
coroa (f)	couronne (f)	[kurɔn]
colar (m) de contas	collier (m)	[kɔlje]

diamante (m)	diamant (m)	[djamã]
esmeralda (f)	émeraude (f)	[emrod]
rubi (m)	rubis (m)	[rybi]
safira (f)	saphir (m)	[safir]
pérola (f)	perle (f)	[pɛrl]
âmbar (m)	ambre (m)	[ãbr]

43. Relógios de pulso. Relógios

relógio (m) de pulso	montre (f)	[mõtr]
mostrador (m)	cadran (m)	[kadrã]
ponteiro (m)	aiguille (f)	[eguij]
bracelete (f) em aço	bracelet (m)	[braslɛ]
bracelete (f) em couro	bracelet (m)	[braslɛ]

pilha (f)	pile (f)	[pil]
descarregar-se	être déchargé	[ɛtr deʃarʒe]
trocar a pilha	changer de pile	[ʃãʒe də pil]
estar adiantado	avancer (vi)	[avãse]
estar atrasado	retarder (vi)	[rətarde]

relógio (m) de parede	pendule (f)	[pãdyl]
ampulheta (f)	sablier (m)	[sablije]
relógio (m) de sol	cadran (m) solaire	[kadrã sɔlɛr]
despertador (m)	réveil (m)	[revɛj]
relojoeiro (m)	horloger (m)	[ɔrlɔʒe]
reparar (vt)	réparer (vt)	[repare]

Alimentação. Nutrição

44. Comida

carne (f)	viande (f)	[vjãd]
galinha (f)	poulet (m)	[pulɛ]
frango (m)	poulet (m)	[pulɛ]
pato (m)	canard (m)	[kanar]
ganso (m)	oie (f)	[wa]
caça (f)	gibier (m)	[ʒibje]
peru (m)	dinde (f)	[dɛ̃d]
carne (f) de porco	du porc	[dy pɔr]
carne (f) de vitela	du veau	[dy vo]
carne (f) de carneiro	du mouton	[dy mutɔ̃]
carne (f) de vaca	du bœuf	[dy bœf]
carne (f) de coelho	lapin (m)	[lapɛ̃]
chouriço, salsichão (m)	saucisson (m)	[sosisɔ̃]
salsicha (f)	saucisse (f)	[sosis]
bacon (m)	bacon (m)	[bekɔn]
fiambre (f)	jambon (m)	[ʒãbɔ̃]
presunto (m)	cuisse (f)	[kɥis]
patê (m)	pâté (m)	[pate]
fígado (m)	foie (m)	[fwa]
carne (f) moída	farce (f)	[fars]
língua (f)	langue (f)	[lãg]
ovo (m)	œuf (m)	[œf]
ovos (m pl)	les œufs	[lezø]
clara (f) do ovo	blanc (m) d'œuf	[blã dœf]
gema (f) do ovo	jaune (m) d'œuf	[ʒon dœf]
peixe (m)	poisson (m)	[pwasɔ̃]
mariscos (m pl)	fruits (m pl) de mer	[frɥi də mɛr]
crustáceos (m pl)	crustacés (m pl)	[krystase]
caviar (m)	caviar (m)	[kavjar]
caranguejo (m)	crabe (m)	[krab]
camarão (m)	crevette (f)	[krəvɛt]
ostra (f)	huître (f)	[ɥitr]
lagosta (f)	langoustine (f)	[lãgustin]
polvo (m)	poulpe (m)	[pulp]
lula (f)	calamar (m)	[kalamar]
esturjão (m)	esturgeon (m)	[ɛstyrʒɔ̃]
salmão (m)	saumon (m)	[somɔ̃]
halibute (m)	flétan (m)	[fletã]
bacalhau (m)	morue (f)	[mɔry]

cavala, sarda (f)	maquereau (m)	[makro]
atum (m)	thon (m)	[tɔ̃]
enguia (f)	anguille (f)	[ãgij]

truta (f)	truite (f)	[tryit]
sardinha (f)	sardine (f)	[sardin]
lúcio (m)	brochet (m)	[brɔʃɛ]
arenque (m)	hareng (m)	[arã]

pão (m)	pain (m)	[pɛ̃]
queijo (m)	fromage (m)	[frɔmaʒ]
açúcar (m)	sucre (m)	[sykr]
sal (m)	sel (m)	[sɛl]

arroz (m)	riz (m)	[ri]
massas (f pl)	pâtes (m pl)	[pɑt]
talharim (m)	nouilles (f pl)	[nuj]

manteiga (f)	beurre (m)	[bœr]
óleo (m) vegetal	huile (f) végétale	[ɥil veʒetal]
óleo (m) de girassol	huile (f) de tournesol	[ɥil də turnəsɔl]
margarina (f)	margarine (f)	[margarin]

azeitonas (f pl)	olives (f pl)	[ɔliv]
azeite (m)	huile (f) d'olive	[ɥil dɔliv]

leite (m)	lait (m)	[lɛ]
leite (m) condensado	lait (m) condensé	[lɛ kɔ̃dãse]
iogurte (m)	yogourt (m)	[jaurt]
nata (f) azeda	crème (f) aigre	[krɛm ɛgr]
nata (f) do leite	crème (f)	[krɛm]

maionese (f)	sauce (f) mayonnaise	[sos majɔnɛz]
creme (m)	crème (f) au beurre	[krɛm o bœr]

grãos (m pl) de cereais	gruau (m)	[gryo]
farinha (f)	farine (f)	[farin]
enlatados (m pl)	conserves (f pl)	[kɔ̃sɛrv]

flocos (m pl) de milho	pétales (m pl) de maïs	[petal də mais]
mel (m)	miel (m)	[mjɛl]
doce (m)	confiture (f)	[kɔ̃fityr]
pastilha (f) elástica	gomme (f) à mâcher	[gɔm a mɑʃe]

45. Bebidas

água (f)	eau (f)	[o]
água (f) potável	eau (f) potable	[o pɔtabl]
água (f) mineral	eau (f) minérale	[o mineral]

sem gás	plate (adj)	[plat]
gaseificada	gazeuse (adj)	[gazøz]
com gás	pétillante (adj)	[petijãt]
gelo (m)	glace (f)	[glas]

com gelo	avec de la glace	[avɛk dəla glas]
sem álcool	sans alcool	[sã zalkɔl]
bebida (f) sem álcool	boisson (f) non alcoolisée	[bwasõ nonalkɔlize]
refresco (m)	rafraîchissement (m)	[rafrɛʃismã]
limonada (f)	limonade (f)	[limɔnad]

bebidas (f pl) alcoólicas	boissons (f pl) alcoolisées	[bwasõ alkɔlize]
vinho (m)	vin (m)	[vɛ̃]
vinho (m) branco	vin (m) blanc	[vɛ̃ blã]
vinho (m) tinto	vin (m) rouge	[vɛ̃ ruʒ]

licor (m)	liqueur (f)	[likœr]
champanhe (m)	champagne (m)	[ʃãpaɲ]
vermute (m)	vermouth (m)	[vɛrmut]

uísque (m)	whisky (m)	[wiski]
vodka (f)	vodka (f)	[vɔdka]
gim (m)	gin (m)	[dʒin]
conhaque (m)	cognac (m)	[kɔɲak]
rum (m)	rhum (m)	[rɔm]

café (m)	café (m)	[kafe]
café (m) puro	café (m) noir	[kafe nwar]
café (m) com leite	café (m) au lait	[kafe o lɛ]
cappuccino (m)	cappuccino (m)	[kaputʃino]
café (m) solúvel	café (m) soluble	[kafe sɔlybl]

leite (m)	lait (m)	[lɛ]
coquetel (m)	cocktail (m)	[kɔktɛl]
batido (m) de leite	cocktail (m) au lait	[kɔktɛl o lɛ]

sumo (m)	jus (m)	[ʒy]
sumo (m) de tomate	jus (m) de tomate	[ʒy də tɔmat]
sumo (m) de laranja	jus (m) d'orange	[ʒy dɔrãʒ]
sumo (m) fresco	jus (m) pressé	[ʒy prese]

cerveja (f)	bière (f)	[bjɛr]
cerveja (f) clara	bière (f) blonde	[bjɛr blõd]
cerveja (f) preta	bière (f) brune	[bjɛr bryn]

chá (m)	thé (m)	[te]
chá (m) preto	thé (m) noir	[te nwar]
chá (m) verde	thé (m) vert	[te vɛr]

46. Vegetais

| legumes (m pl) | légumes (m pl) | [legym] |
| verduras (f pl) | verdure (f) | [vɛrdyr] |

tomate (m)	tomate (f)	[tɔmat]
pepino (m)	concombre (m)	[kõkõbr]
cenoura (f)	carotte (f)	[karɔt]
batata (f)	pomme (f) de terre	[pɔm də tɛr]
cebola (f)	oignon (m)	[ɔɲõ]

alho (m)	ail (m)	[aj]
couve (f)	chou (m)	[ʃu]
couve-flor (f)	chou-fleur (m)	[ʃuflœr]
couve-de-bruxelas (f)	chou (m) de Bruxelles	[ʃu də brysɛl]
brócolos (m pl)	brocoli (m)	[brɔkɔli]
beterraba (f)	betterave (f)	[bɛtrav]
beringela (f)	aubergine (f)	[obɛrʒin]
curgete (f)	courgette (f)	[kurʒɛt]
abóbora (f)	potiron (m)	[pɔtirɔ̃]
nabo (m)	navet (m)	[navɛ]
salsa (f)	persil (m)	[pɛrsi]
funcho, endro (m)	fenouil (m)	[fənuj]
alface (f)	laitue (f), salade (f)	[lety], [salad]
aipo (m)	céleri (m)	[sɛlri]
espargo (m)	asperge (f)	[aspɛrʒ]
espinafre (m)	épinard (m)	[epinar]
ervilha (f)	pois (m)	[pwa]
fava (f)	fèves (f pl)	[fɛv]
milho (m)	maïs (m)	[mais]
feijão (m)	haricot (m)	[ariko]
pimentão (m)	poivron (m)	[pwavrɔ̃]
rabanete (m)	radis (m)	[radi]
alcachofra (f)	artichaut (m)	[artiʃo]

47. Frutos. Nozes

fruta (f)	fruit (m)	[frɥi]
maçã (f)	pomme (f)	[pɔm]
pera (f)	poire (f)	[pwar]
limão (m)	citron (m)	[sitrɔ̃]
laranja (f)	orange (f)	[ɔrɑ̃ʒ]
morango (m)	fraise (f)	[frɛz]
tangerina (f)	mandarine (f)	[mɑ̃darin]
ameixa (f)	prune (f)	[pryn]
pêssego (m)	pêche (f)	[pɛʃ]
damasco (m)	abricot (m)	[abriko]
framboesa (f)	framboise (f)	[frɑ̃bwaz]
ananás (m)	ananas (m)	[anana]
banana (f)	banane (f)	[banan]
melancia (f)	pastèque (f)	[pastɛk]
uva (f)	raisin (m)	[rɛzɛ̃]
ginja (f)	cerise (f)	[səriz]
cereja (f)	merise (f)	[məriz]
meloa (f)	melon (m)	[məlɔ̃]
toranja (f)	pamplemousse (m)	[pɑ̃pləmus]
abacate (m)	avocat (m)	[avɔka]
papaia (f)	papaye (f)	[papaj]

| manga (f) | mangue (f) | [mãg] |
| romã (f) | grenade (f) | [grənad] |

groselha (f) vermelha	groseille (f) rouge	[grozɛj ruʒ]
groselha (f) preta	cassis (m)	[kasis]
groselha (f) espinhosa	groseille (f) verte	[grozɛj vɛrt]
mirtilo (m)	myrtille (f)	[mirtij]
amora silvestre (f)	mûre (f)	[myr]

uvas (f pl) passas	raisin (m) sec	[rɛzɛ̃ sɛk]
figo (m)	figue (f)	[fig]
tâmara (f)	datte (f)	[dat]

amendoim (m)	cacahuète (f)	[kakawɛt]
amêndoa (f)	amande (f)	[amãd]
noz (f)	noix (f)	[nwa]
avelã (f)	noisette (f)	[nwazɛt]
coco (m)	noix (f) de coco	[nwa də kɔkɔ]
pistáchios (m pl)	pistaches (f pl)	[pistaʃ]

48. Pão. Bolaria

pastelaria (f)	confiserie (f)	[kɔ̃fizri]
pão (m)	pain (m)	[pɛ̃]
bolacha (f)	biscuit (m)	[biskɥi]

chocolate (m)	chocolat (m)	[ʃɔkɔla]
de chocolate	en chocolat (adj)	[ã ʃɔkɔla]
rebuçado (m)	bonbon (m)	[bɔ̃bɔ̃]
bolo (cupcake, etc.)	gâteau (m)	[gato]
bolo (m) de aniversário	tarte (f)	[tart]

| tarte (~ de maçã) | gâteau (m) | [gato] |
| recheio (m) | garniture (f) | [garnityr] |

doce (m)	confiture (f)	[kɔ̃fityr]
geleia (f) de frutas	marmelade (f)	[marməlad]
waffle (m)	gaufre (f)	[gofr]
gelado (m)	glace (f)	[glas]
pudim (m)	pudding (m)	[pudiŋ]

49. Pratos cozinhados

prato (m)	plat (m)	[pla]
cozinha (~ portuguesa)	cuisine (f)	[kɥizin]
receita (f)	recette (f)	[rəsɛt]
porção (f)	portion (f)	[pɔrsjɔ̃]

salada (f)	salade (f)	[salad]
sopa (f)	soupe (f)	[sup]
caldo (m)	bouillon (m)	[bujɔ̃]
sandes (f)	sandwich (m)	[sãdwitʃ]

ovos (m pl) estrelados	**les œufs brouillés**	[lezø bruje]
hambúrguer (m)	**hamburger** (m)	[ãbœrgœr]
bife (m)	**steak** (m)	[stɛk]

conduto (m)	**garniture** (f)	[garnityr]
espaguete (m)	**spaghettis** (m pl)	[spagɛti]
puré (m) de batata	**purée** (f)	[pyre]
pizza (f)	**pizza** (f)	[pidza]
papa (f)	**bouillie** (f)	[buji]
omelete (f)	**omelette** (f)	[ɔmlɛt]

cozido em água	**cuit à l'eau** (adj)	[kɥitalo]
fumado	**fumé** (adj)	[fyme]
frito	**frit** (adj)	[fri]
seco	**sec** (adj)	[sɛk]
congelado	**congelé** (adj)	[kɔ̃ʒle]
em conserva	**mariné** (adj)	[marine]

doce (açucarado)	**sucré** (adj)	[sykre]
salgado	**salé** (adj)	[sale]
frio	**froid** (adj)	[frwa]
quente	**chaud** (adj)	[ʃo]
amargo	**amer** (adj)	[amɛr]
gostoso	**bon** (adj)	[bɔ̃]

cozinhar (em água a ferver)	**cuire à l'eau**	[kɥir a lo]
fazer, preparar (vt)	**préparer** (vt)	[prepare]
fritar (vt)	**faire frire**	[fɛr frir]
aquecer (vt)	**réchauffer** (vt)	[reʃofe]

salgar (vt)	**saler** (vt)	[sale]
apimentar (vt)	**poivrer** (vt)	[pwavre]
ralar (vt)	**râper** (vt)	[rɑpe]
casca (f)	**peau** (f)	[po]
descascar (vt)	**éplucher** (vt)	[eplyʃe]

50. Especiarias

sal (m)	**sel** (m)	[sɛl]
salgado	**salé** (adj)	[sale]
salgar (vt)	**saler** (vt)	[sale]

pimenta (f) preta	**poivre** (m) **noir**	[pwavr nwar]
pimenta (f) vermelha	**poivre** (m) **rouge**	[pwavr ruʒ]
mostarda (f)	**moutarde** (f)	[mutard]
raiz-forte (f)	**raifort** (m)	[rɛfɔr]

condimento (m)	**condiment** (m)	[kɔ̃dimã]
especiaria (f)	**épice** (f)	[epis]
molho (m)	**sauce** (f)	[sos]
vinagre (m)	**vinaigre** (m)	[vinɛgr]

anis (m)	**anis** (m)	[ani(s)]
manjericão (m)	**basilic** (m)	[bazilik]

cravo (m)	clou (m) de girofle	[klu də ʒirɔfl]
gengibre (m)	gingembre (m)	[ʒɛ̃ʒãbr]
coentro (m)	coriandre (m)	[kɔrjãdr]
canela (f)	cannelle (f)	[kanɛl]

sésamo (m)	sésame (m)	[sezam]
folhas (f pl) de louro	feuille (f) de laurier	[fœj də lɔrje]
páprica (f)	paprika (m)	[paprika]
cominho (m)	cumin (m)	[kymɛ̃]
açafrão (m)	safran (m)	[safrã]

51. Refeições

| comida (f) | nourriture (f) | [nurityr] |
| comer (vt) | manger (vi, vt) | [mãʒe] |

pequeno-almoço (m)	petit déjeuner (m)	[pəti deʒœne]
tomar o pequeno-almoço	prendre le petit déjeuner	[prãdr ləpti deʒœne]
almoço (m)	déjeuner (m)	[deʒœne]
almoçar (vi)	déjeuner (vi)	[deʒœne]
jantar (m)	dîner (m)	[dine]
jantar (vi)	dîner (vi)	[dine]

| apetite (m) | appétit (m) | [apeti] |
| Bom apetite! | Bon appétit! | [bɔn apeti] |

abrir (~ uma lata, etc.)	ouvrir (vt)	[uvrir]
derramar (vt)	renverser (vt)	[rãvɛrse]
derramar-se (vr)	se renverser (vp)	[sə rãvɛrse]

ferver (vi)	bouillir (vi)	[bujir]
ferver (vt)	faire bouillir	[fɛr bujir]
fervido	bouilli (adj)	[buji]

| arrefecer (vt) | refroidir (vt) | [rəfrwadir] |
| arrefecer-se (vr) | se refroidir (vp) | [sə rəfrwadir] |

| sabor, gosto (m) | goût (m) | [gu] |
| gostinho (m) | arrière-goût (m) | [arjɛrgu] |

fazer dieta	suivre un régime	[sɥivr œ̃ reʒim]
dieta (f)	régime (m)	[reʒim]
vitamina (f)	vitamine (f)	[vitamin]
caloria (f)	calorie (f)	[kalɔri]

| vegetariano (m) | végétarien (m) | [veʒetarjɛ̃] |
| vegetariano | végétarien (adj) | [veʒetarjɛ̃] |

gorduras (f pl)	lipides (m pl)	[lipid]
proteínas (f pl)	protéines (f pl)	[prɔtein]
carboidratos (m pl)	glucides (m pl)	[glysid]
fatia (~ de limão, etc.)	tranche (f)	[trãʃ]
pedaço (~ de bolo)	morceau (m)	[mɔrso]
migalha (f)	miette (f)	[mjɛt]

52. Por a mesa

colher (f)	cuillère (f)	[kɥijɛr]
faca (f)	couteau (m)	[kuto]
garfo (m)	fourchette (f)	[furʃɛt]
chávena (f)	tasse (f)	[tɑs]
prato (m)	assiette (f)	[asjɛt]
pires (m)	soucoupe (f)	[sukup]
guardanapo (m)	serviette (f)	[sɛrvjɛt]
palito (m)	cure-dent (m)	[kyrdɑ̃]

53. Restaurante

restaurante (m)	restaurant (m)	[rɛstɔrɑ̃]
café (m)	salon (m) de café	[salɔ̃ də kafe]
bar (m), cervejaria (f)	bar (m)	[bar]
salão (m) de chá	salon (m) de thé	[salɔ̃ də te]
empregado (m) de mesa	serveur (m)	[sɛrvœr]
empregada (f) de mesa	serveuse (f)	[sɛrvøz]
barman (m)	barman (m)	[barman]
ementa (f)	carte (f)	[kart]
lista (f) de vinhos	carte (f) des vins	[kart de vɛ̃]
reservar uma mesa	réserver une table	[rezɛrve yn tabl]
prato (m)	plat (m)	[pla]
pedir (vt)	commander (vt)	[kɔmɑ̃de]
fazer o pedido	faire la commande	[fɛr la kɔmɑ̃d]
aperitivo (m)	apéritif (m)	[aperitif]
entrada (f)	hors-d'œuvre (m)	[ɔrdœvr]
sobremesa (f)	dessert (m)	[desɛr]
conta (f)	addition (f)	[adisjɔ̃]
pagar a conta	régler l'addition	[regle ladisjɔ̃]
dar o troco	rendre la monnaie	[rɑ̃dr la mɔnɛ]
gorjeta (f)	pourboire (m)	[purbwar]

Família, parentes e amigos

54. Informação pessoal. Formulários

nome (m)	prénom (m)	[prenɔ̃]
apelido (m)	nom (m) de famille	[nɔ̃ də famij]
data (f) de nascimento	date (f) de naissance	[dat də nɛsãs]
local (m) de nascimento	lieu (m) de naissance	[ljø də nɛsãs]
nacionalidade (f)	nationalité (f)	[nasjɔnalite]
lugar (m) de residência	domicile (m)	[dɔmisil]
país (m)	pays (m)	[pei]
profissão (f)	profession (f)	[prɔfɛsjɔ̃]
sexo (m)	sexe (m)	[sɛks]
estatura (f)	taille (f)	[taj]
peso (m)	poids (m)	[pwa]

55. Membros da família. Parentes

mãe (f)	mère (f)	[mɛr]
pai (m)	père (m)	[pɛr]
filho (m)	fils (m)	[fis]
filha (f)	fille (f)	[fij]
filha (f) mais nova	fille (f) cadette	[fij kadɛt]
filho (m) mais novo	fils (m) cadet	[fis kadɛ]
filha (f) mais velha	fille (f) aînée	[fij ene]
filho (m) mais velho	fils (m) aîné	[fis ene]
irmão (m)	frère (m)	[frɛr]
irmã (f)	sœur (f)	[sœr]
primo (m)	cousin (m)	[kuzɛ̃]
prima (f)	cousine (f)	[kuzin]
mamã (f)	maman (f)	[mamã]
papá (m)	papa (m)	[papa]
pais (pl)	parents (pl)	[parã]
criança (f)	enfant (m, f)	[ãfã]
crianças (f pl)	enfants (pl)	[ãfã]
avó (f)	grand-mère (f)	[grãmɛr]
avô (m)	grand-père (m)	[grãpɛr]
neto (m)	petit-fils (m)	[pti fis]
neta (f)	petite-fille (f)	[ptit fij]
netos (pl)	petits-enfants (pl)	[pətizãfã]
tio (m)	oncle (m)	[ɔ̃kl]
tia (f)	tante (f)	[tãt]

sobrinho (m)	neveu (m)	[nəvø]
sobrinha (f)	nièce (f)	[njɛs]
sogra (f)	belle-mère (f)	[bɛlmɛr]
sogro (m)	beau-père (m)	[bopɛr]
genro (m)	gendre (m)	[ʒãdr]
madrasta (f)	belle-mère, marâtre (f)	[bɛlmɛr], [marɑtr]
padrasto (m)	beau-père (m)	[bopɛr]
criança (f) de colo	nourrisson (m)	[nurisõ]
bebé (m)	bébé (m)	[bebe]
menino (m)	petit (m)	[pti]
mulher (f)	femme (f)	[fam]
marido (m)	mari (m)	[mari]
esposo (m)	époux (m)	[epu]
esposa (f)	épouse (f)	[epuz]
casado	marié (adj)	[marje]
casada	mariée (adj)	[marje]
solteiro	célibataire (adj)	[selibatɛr]
solteirão (m)	célibataire (m)	[selibatɛr]
divorciado	divorcé (adj)	[divɔrse]
viúva (f)	veuve (f)	[vœv]
viúvo (m)	veuf (m)	[vœf]
parente (m)	parent (m)	[parã]
parente (m) próximo	parent (m) proche	[parã prɔʃ]
parente (m) distante	parent (m) éloigné	[parã elwaɲe]
parentes (m pl)	parents (m pl)	[parã]
órfão (m)	orphelin (m)	[ɔrfəlɛ̃]
órfã (f)	orpheline (f)	[ɔrfəlin]
tutor (m)	tuteur (m)	[tytœr]
adotar (um filho)	adopter (vt)	[adɔpte]
adotar (uma filha)	adopter (vt)	[adɔpte]

56. Amigos. Colegas de trabalho

amigo (m)	ami (m)	[ami]
amiga (f)	amie (f)	[ami]
amizade (f)	amitié (f)	[amitje]
ser amigos	être ami	[ɛtr ami]
amigo (m)	copain (m)	[kɔpɛ̃]
amiga (f)	copine (f)	[kɔpin]
parceiro (m)	partenaire (m)	[partənɛr]
chefe (m)	chef (m)	[ʃɛf]
superior (m)	supérieur (m)	[syperjœr]
proprietário (m)	propriétaire (m)	[prɔprijetɛr]
subordinado (m)	subordonné (m)	[sybɔrdɔne]
colega (m)	collègue (m, f)	[kɔlɛg]
conhecido (m)	connaissance (f)	[kɔnɛsãs]

| companheiro (m) de viagem | compagnon (m) de route | [kɔ̃paɲɔ̃ də rut] |
| colega (m) de classe | copain (m) de classe | [kɔpɛ̃ də klas] |

vizinho (m)	voisin (m)	[vwazɛ̃]
vizinha (f)	voisine (f)	[vwazin]
vizinhos (pl)	voisins (m pl)	[vwazɛ̃]

57. Homem. Mulher

mulher (f)	femme (f)	[fam]
rapariga (f)	jeune fille (f)	[ʒœn fij]
noiva (f)	fiancée (f)	[fijɑ̃se]

bonita	belle (adj)	[bɛl]
alta	de grande taille	[də grɑ̃d taj]
esbelta	svelte (adj)	[svɛlt]
de estatura média	de petite taille	[də ptit taj]

| loura (f) | blonde (f) | [blɔ̃d] |
| morena (f) | brune (f) | [brœn] |

de senhora	de femme (adj)	[də fam]
virgem (f)	vierge (f)	[vjɛrʒ]
grávida	enceinte (adj)	[ɑ̃sɛ̃t]

homem (m)	homme (m)	[ɔm]
louro (m)	blond (m)	[blɔ̃]
moreno (m)	brun (m)	[brœ̃]
alto	de grande taille	[də grɑ̃d taj]
de estatura média	de petite taille	[də ptit taj]

rude	rude (adj)	[ryd]
atarracado	trapu (adj)	[trapy]
robusto	robuste (adj)	[rɔbyst]
forte	fort (adj)	[fɔr]
força (f)	force (f)	[fɔrs]

gordo	gros (adj)	[gro]
moreno	basané (adj)	[bazane]
esbelto	svelte (adj)	[svɛlt]
elegante	élégant (adj)	[elegɑ̃]

58. Idade

idade (f)	âge (m)	[ɑʒ]
juventude (f)	jeunesse (f)	[ʒœnɛs]
jovem	jeune (adj)	[ʒœn]

mais novo	plus jeune (adj)	[ply ʒœn]
mais velho	plus âgé (adj)	[plyzaʒe]
jovem (m)	jeune homme (m)	[ʒœn ɔm]
adolescente (m)	adolescent (m)	[adɔlesɑ̃]

rapaz (m)	gars (m)	[ga]
velho (m)	vieillard (m)	[vjɛjar]
velhota (f)	vieille femme (f)	[vjɛj fam]

adulto	adulte (m)	[adylt]
de meia-idade	d'âge moyen (adj)	[daʒ mwajɛ̃]
idoso, de idade	âgé (adj)	[aʒe]
velho	vieux (adj)	[vjø]

reforma (f)	retraite (f)	[rətrɛt]
reformar-se (vr)	prendre sa retraite	[prɑ̃dr sa rətrɛt]
reformado (m)	retraité (m)	[rətrɛte]

59. Crianças

criança (f)	enfant (m, f)	[ɑ̃fɑ̃]
crianças (f pl)	enfants (pl)	[ɑ̃fɑ̃]
gémeos (m pl)	jumeaux (m pl)	[ʒymo]

berço (m)	berceau (m)	[bɛrso]
guizo (m)	hochet (m)	[ɔʃɛ]
fralda (f)	couche (f)	[kuʃ]

chupeta (f)	tétine (f)	[tetin]
carrinho (m) de bebé	poussette (m)	[pusɛt]
jardim (m) de infância	école (f) maternelle	[ekɔl matɛrnɛl]
babysitter (f)	baby-sitter (m, f)	[bebisitœr]

infância (f)	enfance (f)	[ɑ̃fɑ̃s]
boneca (f)	poupée (f)	[pupe]
brinquedo (m)	jouet (m)	[ʒwɛ]
jogo (m) de armar	jeu (m) de construction	[ʒø də kɔ̃stryksjɔ̃]
bem-educado	bien élevé (adj)	[bjɛn elve]
mal-educado	mal élevé (adj)	[mal elve]
mimado	gâté (adj)	[gate]

ser travesso	faire le vilain	[fɛr lə vilɛ̃]
travesso, traquinas	vilain (adj)	[vilɛ̃]
travessura (f)	espièglerie (f)	[ɛspjɛɡləri]
criança (f) travessa	vilain (m)	[vilɛ̃]

| obediente | obéissant (adj) | [ɔbeisɑ̃] |
| desobediente | désobéissant (adj) | [dezɔbeisɑ̃] |

dócil	sage (adj)	[saʒ]
inteligente	intelligent (adj)	[ɛ̃teliʒɑ̃]
menino (m) prodígio	l'enfant prodige	[lɑ̃fɑ̃ prɔdiʒ]

60. Casais. Vida de família

| beijar (vt) | embrasser (vt) | [ɑ̃brase] |
| beijar-se (vr) | s'embrasser (vp) | [sɑ̃brase] |

família (f)	famille (f)	[famij]
familiar	familial (adj)	[familjal]
casal (m)	couple (m)	[kupl]
matrimónio (m)	mariage (m)	[marjaʒ]
lar (m)	foyer (m) familial	[fwaje familjal]
dinastia (f)	dynastie (f)	[dinasti]
encontro (m)	rendez-vous (m)	[rãdevu]
beijo (m)	baiser (m)	[beze]
amor (m)	amour (m)	[amur]
amar (vt)	aimer (vt)	[eme]
amado, querido	aimé (adj)	[eme]
ternura (f)	tendresse (f)	[tãdrɛs]
terno, afetuoso	tendre (adj)	[tãdr]
fidelidade (f)	fidélité (f)	[fidelite]
fiel	fidèle (adj)	[fidɛl]
cuidado (m)	soin (m)	[swk]
carinhoso	attentionné (adj)	[atãsjɔne]
recém-casados (m pl)	jeunes mariés (pl)	[ʒœ̃ marje]
lua de mel (f)	lune (f) de miel	[lyn də mjɛl]
casar-se (com um homem)	se marier (vp)	[sə marje]
boda (f)	mariage (m)	[marjaʒ]
bodas (f pl) de ouro	les noces d'or	[le nɔs dɔr]
aniversário (m)	anniversaire (m)	[anivɛrsɛr]
amante (m)	amant (m)	[amã]
amante (f)	maîtresse (f)	[mɛtrɛs]
adultério (m)	adultère (m)	[adyltɛr]
cometer adultério	commettre l'adultère	[kɔmɛtr ladyltɛr]
ciumento	jaloux (adj)	[ʒalu]
ser ciumento	être jaloux	[ɛtr ʒalu]
divórcio (m)	divorce (m)	[divɔrs]
divorciar-se (vr)	divorcer (vi)	[divɔrse]
brigar (discutir)	se disputer (vp)	[sə dispyte]
fazer as pazes	se réconcilier (vp)	[sə rekɔ̃silje]
juntos	ensemble (adv)	[ãsãbl]
sexo (m)	sexe (m)	[sɛks]
felicidade (f)	bonheur (m)	[bɔnœr]
feliz	heureux (adj)	[œrø]
infelicidade (f)	malheur (m)	[malœr]
infeliz	malheureux (adj)	[malœrø]

Caráter. Sentimentos. Emoções

61. Sentimentos. Emoções

sentimento (m)	**sentiment** (m)	[sɑ̃timɑ̃]
sentimentos (m pl)	**sentiments** (m pl)	[sɑ̃timɑ̃]
sentir (vt)	**sentir** (vt)	[sɑ̃tir]
fome (f)	**faim** (f)	[fɛ̃]
ter fome	**avoir faim**	[avwar fɛ̃]
sede (f)	**soif** (f)	[swaf]
ter sede	**avoir soif**	[avwar swaf]
sonolência (f)	**somnolence** (f)	[sɔmnifɛr]
estar sonolento	**avoir sommeil**	[avwar sɔmɛj]
cansaço (m)	**fatigue** (f)	[fatig]
cansado	**fatigué** (adj)	[fatige]
ficar cansado	**être fatigué**	[ɛtr fatige]
humor (m)	**humeur** (f)	[ymœr]
tédio (m)	**ennui** (m)	[ɑ̃nɥi]
aborrecer-se (vr)	**s'ennuyer** (vp)	[sɑ̃nɥije]
isolamento (m)	**solitude** (f)	[sɔlityd]
isolar-se	**s'isoler** (vp)	[sizɔle]
preocupar (vt)	**inquiéter** (vt)	[ɛ̃kjete]
preocupar-se (vr)	**s'inquiéter** (vp)	[sɛ̃kjete]
preocupação (f)	**inquiétude** (f)	[ɛ̃kjetyd]
ansiedade (f)	**préoccupation** (f)	[preɔkypasjɔ̃]
preocupado	**soucieux** (adj)	[susjø]
estar nervoso	**s'énerver** (vp)	[senɛrve]
entrar em pânico	**paniquer** (vi)	[panike]
esperança (f)	**espoir** (m)	[ɛspwar]
esperar (vt)	**espérer** (vi)	[ɛspere]
certeza (f)	**certitude** (f)	[sɛrtityd]
certo	**certain** (adj)	[sɛrtɛ̃]
indecisão (f)	**incertitude** (f)	[ɛ̃sɛrtityd]
indeciso	**incertain** (adj)	[ɛ̃sɛrtɛ̃]
ébrio, bêbado	**ivre** (adj)	[ivr]
sóbrio	**sobre** (adj)	[sɔbr]
fraco	**faible** (adj)	[fɛbl]
feliz	**heureux** (adj)	[œrø]
assustar (vt)	**faire peur**	[fɛr pœr]
fúria (f)	**fureur** (f)	[fyrœr]
ira, raiva (f)	**rage** (f), **colère** (f)	[raʒ], [kɔlɛr]
depressão (f)	**dépression** (f)	[depresjɔ̃]
desconforto (m)	**inconfort** (m)	[ɛ̃kɔ̃fɔr]

conforto (m)	confort (m)	[kɔ̃fɔr]
arrepender-se (vr)	regretter (vt)	[rəgrɛte]
arrependimento (m)	regret (m)	[rəgrɛ]
azar (m), má sorte (f)	malchance (f)	[malʃɑ̃s]
tristeza (f)	tristesse (f)	[tristɛs]

vergonha (f)	honte (f)	[ɔ̃t]
alegria (f)	joie, allégresse (f)	[ʒwa], [alegrɛs]
entusiasmo (m)	enthousiasme (m)	[ɑ̃tuzjasm]
entusiasta (m)	enthousiaste (m)	[ɑ̃tuzjast]
mostrar entusiasmo	avoir de l'enthousiasme	[avwar də lɑ̃tuzjasm]

62. Caráter. Personalidade

caráter (m)	caractère (m)	[karaktɛr]
falha (f) de caráter	défaut (m)	[defo]
mente (f)	esprit (m)	[ɛspri]
razão (f)	raison (f)	[rɛzɔ̃]

consciência (f)	conscience (f)	[kɔ̃sjɑ̃s]
hábito (m)	habitude (f)	[abityd]
habilidade (f)	capacité (f)	[kapasite]
saber (~ nadar, etc.)	savoir (vt)	[savwar]

paciente	patient (adj)	[pasjɑ̃]
impaciente	impatient (adj)	[ɛ̃pasjɑ̃]
curioso	curieux (adj)	[kyrjø]
curiosidade (f)	curiosité (f)	[kyrjozite]

modéstia (f)	modestie (f)	[mɔdɛsti]
modesto	modeste (adj)	[mɔdɛst]
imodesto	vaniteux (adj)	[vanitø]

preguiça (f)	paresse (f)	[parɛs]
preguiçoso	paresseux (adj)	[parɛsø]
preguiçoso (m)	paresseux (m)	[parɛsø]

astúcia (f)	astuce (f)	[astys]
astuto	rusé (adj)	[ryze]
desconfiança (f)	méfiance (f)	[mefjɑ̃s]
desconfiado	méfiant (adj)	[mefjɑ̃]

generosidade (f)	générosité (f)	[ʒenerɔzite]
generoso	généreux (adj)	[ʒenerø]
talentoso	doué (adj)	[dwe]
talento (m)	talent (m)	[talɑ̃]

corajoso	courageux (adj)	[kuraʒø]
coragem (f)	courage (m)	[kuraʒ]
honesto	honnête (adj)	[ɔnɛt]
honestidade (f)	honnêteté (f)	[ɔnɛtte]

| prudente | prudent (adj) | [prydɑ̃] |
| valente | courageux (adj) | [kuraʒø] |

| sério | sérieux (adj) | [serjø] |
| severo | sévère (adj) | [sevɛr] |

decidido	décidé (adj)	[deside]
indeciso	indécis (adj)	[ɛ̃desi]
tímido	timide (adj)	[timid]
timidez (f)	timidité (f)	[timidite]

confiança (f)	confiance (f)	[kõfjãs]
confiar (vt)	croire (vt)	[krwar]
crédulo	confiant (adj)	[kõfjã]

sinceramente	sincèrement (adv)	[sɛ̃sɛrmã]
sincero	sincère (adj)	[sɛ̃sɛr]
sinceridade (f)	sincérité (f)	[sɛ̃serite]
aberto	ouvert (adj)	[uvɛr]

calmo	calme (adj)	[kalm]
franco	franc (adj)	[frã]
ingénuo	naïf (adj)	[naif]
distraído	distrait (adj)	[distrɛ]
engraçado	drôle, amusant (adj)	[drol], [amyzã]

ganância (f)	avidité (f)	[avidite]
ganancioso	avare (adj)	[avar]
avarento	radin (adj)	[radɛ̃]
mau	méchant (adj)	[meʃã]
teimoso	têtu (adj)	[tety]
desagradável	désagréable (adj)	[dezagreabl]

egoísta (m)	égoïste (m)	[egɔist]
egoísta	égoïste (adj)	[egɔist]
cobarde (m)	peureux (m)	[pœrø]
cobarde	peureux (adj)	[pœrø]

63. O sono. Sonhos

dormir (vi)	dormir (vi)	[dɔrmir]
sono (m)	sommeil (m)	[sɔmɛj]
sonho (m)	rêve (m)	[rɛv]
sonhar (vi)	rêver (vi)	[rɛve]
sonolento	endormi (adj)	[ãdɔrmi]

cama (f)	lit (m)	[li]
colchão (m)	matelas (m)	[matla]
cobertor (m)	couverture (f)	[kuvɛrtyr]
almofada (f)	oreiller (m)	[ɔrɛje]
lençol (m)	drap (m)	[dra]

insónia (f)	insomnie (f)	[ɛ̃sɔmni]
insone	sans sommeil (adj)	[sã sɔmɛj]
sonífero (m)	somnifère (m)	[sɔmnifɛr]
tomar um sonífero	prendre un somnifère	[prãdr œ̃ sɔmnifɛr]
estar sonolento	avoir sommeil	[avwar sɔmɛj]

bocejar (vi)	**bâiller** (vi)	[baje]
ir para a cama	**aller se coucher**	[ale sə kuʃe]
fazer a cama	**faire le lit**	[fɛr le li]
adormecer (vi)	**s'endormir** (vp)	[sãdɔrmir]

pesadelo (m)	**cauchemar** (m)	[koʃmar]
ronco (m)	**ronflement** (m)	[rɔ̃fləmã]
roncar (vi)	**ronfler** (vi)	[rɔ̃fle]

despertador (m)	**réveil** (m)	[revɛj]
acordar, despertar (vt)	**réveiller** (vt)	[reveje]
acordar (vi)	**se réveiller** (vp)	[sə reveje]
levantar-se (vr)	**se lever** (vp)	[sə ləve]
lavar-se (vr)	**se laver** (vp)	[sə lave]

64. Humor. Riso. Alegria

humor (m)	**humour** (m)	[ymur]
sentido (m) de humor	**sens** (m) **de l'humour**	[sãs də lymur]
divertir-se (vr)	**s'amuser** (vp)	[samyze]
alegre	**joyeux** (adj)	[ʒwajø]
alegria (f)	**joie, allégresse** (f)	[ʒwa], [alegrɛs]

sorriso (m)	**sourire** (m)	[surir]
sorrir (vi)	**sourire** (vi)	[surir]
começar a rir	**se mettre à rire**	[sə mɛtr ɑ rir]
rir (vi)	**rire** (vi)	[rir]
riso (m)	**rire** (m)	[rir]

anedota (f)	**anecdote** (f)	[anɛkdɔt]
engraçado	**drôle** (adj)	[drol]
ridículo	**comique, ridicule** (adj)	[kɔmik], [ridikyl]

brincar, fazer piadas	**plaisanter** (vi)	[plɛzãte]
piada (f)	**plaisanterie** (f)	[plɛzãtri]
alegria (f)	**joie** (f)	[ʒwa]
regozijar-se (vr)	**se réjouir** (vp)	[sə reʒwir]
alegre	**joyeux** (adj)	[ʒwajø]

65. Discussão, conversação. Parte 1

comunicação (f)	**communication** (f)	[kɔmynikasjɔ̃]
comunicar-se (vr)	**communiquer** (vi)	[kɔmynike]

conversa (f)	**conversation** (f)	[kɔ̃vɛrsasjɔ̃]
diálogo (m)	**dialogue** (m)	[djalɔg]
discussão (f)	**discussion** (f)	[diskysjɔ̃]
debate (m)	**débat** (m)	[deba]
debater (vt)	**discuter** (vi)	[diskyte]

interlocutor (m)	**interlocuteur** (m)	[ɛ̃tɛrlɔkytœr]
tema (m)	**sujet** (m)	[syʒɛ]

ponto (m) de vista	point (m) de vue	[pwɛ̃ də vy]
opinião (f)	opinion (f)	[ɔpinjɔ̃]
discurso (m)	discours (m)	[diskur]

discussão (f)	discussion (f)	[diskysjɔ̃]
discutir (vt)	discuter (vt)	[diskyte]
conversa (f)	conversation (f)	[kɔ̃vɛrsasjɔ̃]
conversar (vi)	converser (vi)	[kɔ̃vɛrse]
encontro (m)	rencontre (f)	[rãkɔ̃tr]
encontrar-se (vr)	se rencontrer (vp)	[sə rãkɔ̃tre]

provérbio (m)	proverbe (m)	[prɔvɛrb]
ditado (m)	dicton (m)	[diktɔ̃]
adivinha (f)	devinette (f)	[dəvinɛt]
dizer uma adivinha	poser une devinette	[poze yn dəvinɛt]
senha (f)	mot (m) de passe	[mo də pɑs]
segredo (m)	secret (m)	[səkrɛ]

juramento (m)	serment (m)	[sɛrmã]
jurar (vi)	jurer (vi)	[ʒyre]
promessa (f)	promesse (f)	[prɔmɛs]
prometer (vt)	promettre (vt)	[prɔmɛtr]

conselho (m)	conseil (m)	[kɔ̃sɛj]
aconselhar (vt)	conseiller (vt)	[kɔ̃seje]
seguir o conselho	suivre le conseil	[sɥivr lə kɔ̃sɛj]
escutar (~ os conselhos)	écouter (vt)	[ekute]

novidade, notícia (f)	nouvelle (f)	[nuvɛl]
sensação (f)	sensation (f)	[sãsasjɔ̃]
informação (f)	renseignements (m pl)	[rãsɛɲəmã]
conclusão (f)	conclusion (f)	[kɔ̃klyzjɔ̃]
voz (f)	voix (f)	[vwa]
elogio (m)	compliment (m)	[kɔ̃plimã]
amável	aimable (adj)	[ɛmabl]

palavra (f)	mot (m)	[mo]
frase (f)	phrase (f)	[fraz]
resposta (f)	réponse (f)	[repɔ̃s]

| verdade (f) | vérité (f) | [verite] |
| mentira (f) | mensonge (m) | [mãsɔ̃ʒ] |

pensamento (m)	pensée (f)	[pãse]
ideia (f)	idée (f)	[ide]
fantasia (f)	fantaisie (f)	[fãtezi]

66. Discussão, conversação. Parte 2

estimado	respecté (adj)	[rɛspɛkte]
respeitar (vt)	respecter (vt)	[rɛspɛkte]
respeito (m)	respect (m)	[rɛspɛ]
Estimado ..., Caro ...	Cher ...	[ʃɛr ...]
apresentar (vt)	présenter (vt)	[prezãte]

travar conhecimento	faire la connaissance	[fɛr la kɔnɛsãs]
intenção (f)	intention (f)	[ɛ̃tãsjɔ̃]
tencionar (vt)	avoir l'intention	[avwar lɛ̃tãsjɔ̃]
desejo (m)	souhait (m)	[swɛ]
desejar (ex. ~ boa sorte)	souhaiter (vt)	[swete]
surpresa (f)	étonnement (m)	[etɔnmã]
surpreender (vt)	étonner (vt)	[etɔne]
surpreender-se (vr)	s'étonner (vp)	[setɔne]
dar (vt)	donner (vt)	[dɔne]
pegar (tomar)	prendre (vt)	[prãdr]
devolver (vt)	rendre (vt)	[rãdr]
retornar (vt)	retourner (vt)	[rəturne]
desculpar-se (vr)	s'excuser (vp)	[sɛkskyze]
desculpa (f)	excuse (f)	[ɛkskyz]
perdoar (vt)	pardonner (vt)	[pardɔne]
falar (vi)	parler (vi)	[parle]
escutar (vt)	écouter (vt)	[ekute]
ouvir até o fim	écouter jusqu'au bout	[ekute ʒyskə bu]
compreender (vt)	comprendre (vt)	[kɔ̃prãdr]
mostrar (vt)	montrer (vt)	[mɔ̃tre]
olhar para ...	regarder (vt)	[rəgarde]
chamar (dizer em voz alta o nome)	appeler (vt)	[aple]
distrair (vt)	distraire (vt)	[distrɛr]
perturbar (vt)	ennuyer (vt)	[ãnɥije]
entregar (~ em mãos)	passer (vt)	[pɑse]
pedido (m)	prière (f)	[prijɛr]
pedir (ex. ~ ajuda)	demander (vt)	[dəmãde]
exigência (f)	exigence (f)	[ɛgziʒãs]
exigir (vt)	exiger (vt)	[ɛgziʒe]
chamar nomes (vt)	taquiner (vt)	[takine]
zombar (vt)	se moquer (vp)	[sə mɔke]
zombaria (f)	moquerie (f)	[mɔkri]
alcunha (f)	surnom (m)	[syrnɔ̃]
insinuação (f)	allusion (f)	[alyzjɔ̃]
insinuar (vt)	faire allusion	[fɛr alyzjɔ̃]
subentender (vt)	sous-entendre (vt)	[suzãtãdr]
descrição (f)	description (f)	[dɛskripsjɔ̃]
descrever (vt)	décrire (vt)	[dekrir]
elogio (m)	éloge (m)	[elɔʒ]
elogiar (vt)	louer (vt)	[lwe]
desapontamento (m)	déception (f)	[desɛpsjɔ̃]
desapontar (vt)	décevoir (vt)	[desəvwar]
desapontar-se (vr)	être déçu	[ɛtr desy]
suposição (f)	supposition (f)	[sypozisjɔ̃]
supor (vt)	supposer (vt)	[sypoze]

| advertência (f) | avertissement (m) | [avɛrtismã] |
| advertir (vt) | prévenir (vt) | [prevnir] |

67. Discussão, conversação. Parte 3

| convencer (vt) | convaincre (vt) | [kɔ̃vɛ̃kr] |
| acalmar (vt) | calmer (vt) | [kalme] |

silêncio (o ~ é de ouro)	silence (m)	[silãs]
ficar em silêncio	rester silencieux	[rɛste silãsjø]
sussurrar (vt)	chuchoter (vi, vt)	[ʃyʃote]
sussurro (m)	chuchotement (m)	[ʃyʃotmã]

| francamente | sincèrement (adv) | [sɛ̃sɛrmã] |
| a meu ver ... | à mon avis ... | [amɔ̃ avi] |

detalhe (~ da história)	détail (m)	[detaj]
detalhado	détaillé (adj)	[detaje]
detalhadamente	en détail (adv)	[ã detaj]

| dica (f) | indice (m) | [ɛ̃dis] |
| dar uma dica | donner un indice | [dɔne ynɛ̃dis] |

olhar (m)	regard (m)	[rəgar]
dar uma vista de olhos	jeter un coup d'oeil	[ʒəte ɔ̃ ku dœj]
fixo (olhar ~)	fixe (adj)	[fiks]
piscar (vi)	clignoter (vi)	[kliɲɔte]
pestanejar (vt)	cligner de l'oeil	[kliɲe də lœj]
acenar (com a cabeça)	hocher la tête	[ɔʃe la tɛt]

suspiro (m)	soupir (m)	[supir]
suspirar (vi)	soupirer (vi)	[supire]
estremecer (vi)	tressaillir (vi)	[tresajir]
gesto (m)	geste (m)	[ʒɛst]
tocar (com as mãos)	toucher (vt)	[tuʃe]
agarrar (~ pelo braço)	saisir (vt)	[sezir]
bater de leve	taper (vt)	[tape]

Cuidado!	Attention!	[atãsjɔ̃]
A sério?	Vraiment?	[vrɛmã]
Tem certeza?	Tu es sûr?	[ty ɛ syr]
Boa sorte!	Bonne chance!	[bɔn ʃãs]
Compreendi!	Compris!	[kɔ̃pri]
Que pena!	Dommage!	[dɔmaʒ]

68. Acordo. Recusa

consentimento (~ mútuo)	accord (m)	[akɔr]
consentir (vi)	être d'accord	[ɛtr dakɔr]
aprovação (f)	approbation (f)	[aprɔbasjɔ̃]
aprovar (vt)	approuver (vt)	[apruve]
recusa (f)	refus (m)	[rəfy]

negar-se (vt)	se refuser (vp)	[sə rəfyze]
Está ótimo!	Super!	[sypɛr]
Muito bem!	Bon!	[bõ]
Está bem! De acordo!	D'accord!	[dakɔr]

proibido	interdit (adj)	[ɛ̃tɛrdi]
é proibido	c'est interdit	[sɛtɛ̃tɛrdi]
é impossível	c'est impossible	[set ɛ̃pɔsibl]
incorreto	incorrect (adj)	[ɛ̃kɔrɛkt]

rejeitar (~ um pedido)	décliner (vt)	[dekline]
apoiar (vt)	soutenir (vt)	[sutnir]
aceitar (desculpas, etc.)	accepter (vt)	[aksɛpte]

confirmar (vt)	confirmer (vt)	[kõfirme]
confirmação (f)	confirmation (f)	[kõfirmasjõ]
permissão (f)	permission (f)	[pɛrmisjõ]
permitir (vt)	permettre (vt)	[pɛrmɛtr]
decisão (f)	décision (f)	[desizjõ]
não dizer nada	ne pas dire un mot	[nəpɑ dir œ̃ mo]

condição (com uma ~)	condition (f)	[kõdisjõ]
pretexto (m)	excuse (f)	[ɛkskyz]
elogio (m)	éloge (m)	[elɔʒ]
elogiar (vt)	louer (vt)	[lwe]

69. Sucesso. Boa sorte. Insucesso

êxito, sucesso (m)	succès (m)	[syksɛ]
com êxito	avec succès (adv)	[avɛk syksɛ]
bem sucedido	réussi (adj)	[reysi]

sorte (fortuna)	chance (f)	[ʃɑ̃s]
Boa sorte!	Bonne chance!	[bɔn ʃɑ̃s]
de sorte	de chance (adj)	[də ʃɑ̃s]
sortudo, felizardo	chanceux (adj)	[ʃɑ̃sø]

fracasso (m)	échec (m)	[eʃɛk]
pouca sorte (f)	infortune (f)	[ɛ̃fɔrtyn]
azar (m), má sorte (f)	malchance (f)	[malʃɑ̃s]

mal sucedido	raté (adj)	[rate]
catástrofe (f)	catastrophe (f)	[katastrɔf]

orgulho (m)	fierté (f)	[fjɛrte]
orgulhoso	fier (adj)	[fjɛr]
estar orgulhoso	être fier	[ɛtr fjɛr]

vencedor (m)	gagnant (m)	[gaɲɑ̃]
vencer (vi)	gagner (vi)	[gaɲe]
perder (vt)	perdre (vi)	[pɛrdr]
tentativa (f)	tentative (f)	[tɑ̃tativ]
tentar (vt)	essayer (vt)	[eseje]
chance (m)	chance (f)	[ʃɑ̃s]

70. Conflitos. Emoções negativas

grito (m)	cri (m)	[kri]
gritar (vi)	crier (vi)	[krije]
começar a gritar	se mettre à crier	[sə mɛtr a krije]

discussão (f)	dispute (f)	[dispyt]
discutir (vt)	se disputer (vp)	[sə dispyte]
escândalo (m)	scandale (m)	[skɑ̃dal]
criar escândalo	faire un scandale	[fɛr œ̃ skɑ̃dal]
conflito (m)	conflit (m)	[kɔ̃fli]
mal-entendido (m)	malentendu (m)	[malɑ̃tɑ̃dy]

insulto (m)	insulte (f)	[ɛ̃sylt]
insultar (vt)	insulter (vt)	[ɛ̃sylte]
insultado	insulté (adj)	[ɛ̃sylte]
ofensa (f)	offense (f)	[ɔfɑ̃s]
ofender (vt)	offenser (vt)	[ɔfɑ̃se]
ofender-se (vr)	s'offenser (vp)	[sɔfɑ̃se]

indignação (f)	indignation (f)	[ɛ̃diɲasjɔ̃]
indignar-se (vr)	s'indigner (vp)	[sɛ̃diɲe]
queixa (f)	plainte (f)	[plɛ̃t]
queixar-se (vr)	se plaindre (vp)	[sə plɛ̃dr]

desculpa (f)	excuse (f)	[ɛkskyz]
desculpar-se (vr)	s'excuser (vp)	[sɛkskyze]
pedir perdão	demander pardon	[dəmɑ̃de pardɔ̃]

crítica (f)	critique (f)	[kritik]
criticar (vt)	critiquer (vt)	[kritike]
acusação (f)	accusation (f)	[akyzasjɔ̃]
acusar (vt)	accuser (vt)	[akyze]

vingança (f)	vengeance (f)	[vɑ̃ʒɑ̃s]
vingar (vt)	se venger (vp)	[sə vɑ̃ʒe]
vingar-se (vr)	faire payer	[fɛr peje]

desprezo (m)	mépris (m)	[mepri]
desprezar (vt)	mépriser (vt)	[meprize]
ódio (m)	haine (f)	[ɛn]
odiar (vt)	haïr (vt)	[air]

nervoso	nerveux (adj)	[nɛrvø]
estar nervoso	s'énerver (vp)	[senɛrve]
zangado	fâché (adj)	[faʃe]
zangar (vt)	fâcher (vt)	[faʃe]

humilhação (f)	humiliation (f)	[ymiljasjɔ̃]
humilhar (vt)	humilier (vt)	[ymilje]
humilhar-se (vr)	s'humilier (vp)	[symilje]

choque (m)	choc (m)	[ʃɔk]
chocar (vt)	choquer (vt)	[ʃɔke]
aborrecimento (m)	ennui (m)	[ɑ̃nɥi]

desagradável	désagréable (adj)	[dezagreabl]
medo (m)	peur (f)	[pœr]
terrível (tempestade, etc.)	terrible (adj)	[tɛribl]
assustador (ex. história ~a)	effrayant (adj)	[efrɛjɑ̃]
horror (m)	horreur (f)	[ɔrœr]
horrível (crime, etc.)	horrible (adj)	[ɔribl]

começar a tremer	commencer à trembler	[kɔmɑ̃se a trɑ̃ble]
chorar (vi)	pleurer (vi)	[plœre]
começar a chorar	se mettre à pleurer	[sə mɛtr ɑ plœre]
lágrima (f)	larme (f)	[larm]

falta (f)	faute (f)	[fot]
culpa (f)	culpabilité (f)	[kylpabilite]
desonra (f)	déshonneur (m)	[dezɔnœr]
protesto (m)	protestation (f)	[prɔtɛstasjɔ̃]
stresse (m)	stress (m)	[strɛs]

perturbar (vt)	déranger (vt)	[derɑ̃ʒe]
zangar-se com ...	être furieux	[ɛtr fyrjø]
zangado	en colère, fâché (adj)	[ɑ̃ kɔlɛr], [faʃe]
terminar (vt)	rompre (vt)	[rɔ̃pr]
praguejar	réprimander (vt)	[reprimɑ̃de]

assustar-se	prendre peur	[prɑ̃dr pœr]
golpear (vt)	frapper (vt)	[frape]
brigar (na rua, etc.)	se battre (vp)	[sə batr]

resolver (o conflito)	régler (vt)	[regle]
descontente	mécontent (adj)	[mekɔ̃tɑ̃]
furioso	enragé (adj)	[ɑ̃raʒe]

| Não está bem! | Ce n'est pas bien! | [sə nɛpɑ bjɛ̃] |
| É mau! | C'est mal! | [sɛ mal] |

Medicina

71. Doenças

doença (f)	maladie (f)	[maladi]
estar doente	être malade	[ɛtr malad]
saúde (f)	santé (f)	[sãte]

nariz (m) a escorrer	rhume (m)	[rym]
amigdalite (f)	angine (f)	[ãʒin]
constipação (f)	refroidissement (m)	[rəfrwadismã]
constipar-se (vr)	prendre froid	[prãdr frwa]

bronquite (f)	bronchite (f)	[brõʃit]
pneumonia (f)	pneumonie (f)	[pnømɔni]
gripe (f)	grippe (f)	[grip]

míope	myope (adj)	[mjɔp]
presbita	presbyte (adj)	[prɛsbit]
estrabismo (m)	strabisme (m)	[strabism]
estrábico	strabique (adj)	[strabik]
catarata (f)	cataracte (f)	[katarakt]
glaucoma (m)	glaucome (m)	[glokom]

AVC (m), apoplexia (f)	insulte (f)	[ɛ̃sylt]
ataque (m) cardíaco	crise (f) cardiaque	[kriz kardjak]
enfarte (m) do miocárdio	infarctus (m) de myocarde	[ɛ̃farktys də mjɔkard]
paralisia (f)	paralysie (f)	[paralizi]
paralisar (vt)	paralyser (vt)	[paralize]

alergia (f)	allergie (f)	[alɛrʒi]
asma (f)	asthme (m)	[asm]
diabetes (f)	diabète (m)	[djabɛt]

dor (f) de dentes	mal (m) de dents	[mal də dã]
cárie (f)	carie (f)	[kari]

diarreia (f)	diarrhée (f)	[djare]
prisão (f) de ventre	constipation (f)	[kõstipasjõ]
desarranjo (m) intestinal	estomac (m) barbouillé	[ɛstoma barbuje]
intoxicação (f) alimentar	intoxication (f) alimentaire	[ɛ̃tɔksikasjɔn alimãtɛr]
intoxicar-se	être intoxiqué	[ɛtr ɛ̃tɔksike]

artrite (f)	arthrite (f)	[artrit]
raquitismo (m)	rachitisme (m)	[raʃitism]
reumatismo (m)	rhumatisme (m)	[rymatism]
arteriosclerose (f)	athérosclérose (f)	[ateroskleroz]

gastrite (f)	gastrite (f)	[gastrit]
apendicite (f)	appendicite (f)	[apɛ̃disit]

| colecistite (f) | cholécystite (f) | [kɔlesistit] |
| úlcera (f) | ulcère (m) | [ylsɛr] |

sarampo (m)	rougeole (f)	[ruʒɔl]
rubéola (f)	rubéole (f)	[rybeɔl]
iterícia (f)	jaunisse (f)	[ʒonis]
hepatite (f)	hépatite (f)	[epatit]

esquizofrenia (f)	schizophrénie (f)	[skizɔfreni]
raiva (f)	rage (f)	[raʒ]
neurose (f)	névrose (f)	[nevroz]
comoção (f) cerebral	commotion (f) cérébrale	[kɔmɔsjõ serebral]

cancro (m)	cancer (m)	[kãsɛr]
esclerose (f)	sclérose (f)	[skleroz]
esclerose (f) múltipla	sclérose (f) en plaques	[skleroz ã plak]

alcoolismo (m)	alcoolisme (m)	[alkɔlism]
alcoólico (m)	alcoolique (m)	[alkɔlik]
sífilis (f)	syphilis (f)	[sifilis]
SIDA (f)	SIDA (m)	[sida]

tumor (m)	tumeur (f)	[tymœr]
maligno	maligne (adj)	[maliɲ]
benigno	bénigne (adj)	[beniɲ]

febre (f)	fièvre (f)	[fjɛvr]
malária (f)	malaria (f)	[malarja]
gangrena (f)	gangrène (f)	[gãgrɛn]
enjoo (m)	mal (m) de mer	[mal də mɛr]
epilepsia (f)	épilepsie (f)	[epilɛpsi]

epidemia (f)	épidémie (f)	[epidemi]
tifo (m)	typhus (m)	[tifys]
tuberculose (f)	tuberculose (f)	[tybɛrkyloz]
cólera (f)	choléra (m)	[kɔlera]
peste (f)	peste (f)	[pɛst]

72. Sintomas. Tratamentos. Parte 1

sintoma (m)	symptôme (m)	[sɛ̃ptom]
temperatura (f)	température (f)	[tãperatyr]
febre (f)	fièvre (f)	[fjɛvr]
pulso (m)	pouls (m)	[pu]

vertigem (f)	vertige (m)	[vɛrtiʒ]
quente (testa, etc.)	chaud (adj)	[ʃo]
calafrio (m)	frisson (m)	[frisõ]
pálido	pâle (adj)	[pɑl]

tosse (f)	toux (f)	[tu]
tossir (vi)	tousser (vi)	[tuse]
espirrar (vi)	éternuer (vi)	[etɛrnɥe]
desmaio (m)	évanouissement (m)	[evanwismã]

desmaiar (vi)	s'évanouir (vp)	[sevanwir]
nódoa (f) negra	bleu (m)	[blø]
galo (m)	bosse (f)	[bɔs]
magoar-se (vr)	se heurter (vp)	[sə œrte]
pisadura (f)	meurtrissure (f)	[mœrtrisyr]
aleijar-se (vr)	se faire mal	[sə fɛr mal]

coxear (vi)	boiter (vi)	[bwate]
deslocação (f)	foulure (f)	[fulyr]
deslocar (vt)	se démettre (vp)	[sə demɛtr]
fratura (f)	fracture (f)	[fraktyr]
fraturar (vt)	avoir une fracture	[avwar yn fraktyr]

corte (m)	coupure (f)	[kupyr]
cortar-se (vr)	se couper (vp)	[sə kupe]
hemorragia (f)	hémorragie (f)	[emɔraʒi]

queimadura (f)	brûlure (f)	[brylyr]
queimar-se (vr)	se brûler (vp)	[sə bryle]

picar (vt)	se piquer (vp)	[sə pike]
picar-se (vr)	se piquer (vp)	[sə pike]
lesionar (vt)	blesser (vt)	[blese]
lesão (m)	blessure (f)	[blesyr]
ferida (f), ferimento (m)	blessure (f)	[blesyr]
trauma (m)	trauma (m)	[troma]

delirar (vi)	délirer (vi)	[delire]
gaguejar (vi)	bégayer (vi)	[begeje]
insolação (f)	insolation (f)	[ɛ̃sɔlasjɔ̃]

73. Sintomas. Tratamentos. Parte 2

dor (f)	douleur (f)	[dulœr]
farpa (no dedo)	écharde (f)	[eʃard]

suor (m)	sueur (f)	[sɥœr]
suar (vi)	suer (vi)	[sɥe]
vómito (m)	vomissement (m)	[vɔmismã]
convulsões (f pl)	spasmes (m pl)	[spasm]

grávida	enceinte (adj)	[ãsɛ̃t]
nascer (vi)	naître (vi)	[nɛtr]
parto (m)	accouchement (m)	[akuʃmã]
dar à luz	accoucher (vt)	[akuʃe]
aborto (m)	avortement (m)	[avɔrtəmã]

respiração (f)	respiration (f)	[rɛspirasjɔ̃]
inspiração (f)	inhalation (f)	[inalasjɔ̃]
expiração (f)	expiration (f)	[ɛkspirasjɔ̃]
expirar (vi)	expirer (vi)	[ɛkspire]
inspirar (vi)	inspirer (vi)	[inale]
inválido (m)	invalide (m)	[ɛ̃valid]
aleijado (m)	handicapé (m)	[ãdikape]

toxicodependente (m)	drogué (m)	[drɔge]
surdo	sourd (adj)	[sur]
mudo	muet (adj)	[mɥɛ]
surdo-mudo	sourd-muet (adj)	[surmɥɛ]

louco (adj.)	fou (adj)	[fu]
louco (m)	fou (m)	[fu]
louca (f)	folle (f)	[fɔl]
ficar louco	devenir fou	[dəvnir fu]

gene (m)	gène (m)	[ʒɛn]
imunidade (f)	immunité (f)	[imynite]
hereditário	héréditaire (adj)	[ereditɛr]
congénito	congénital (adj)	[kɔ̃ʒenital]

vírus (m)	virus (m)	[virys]
micróbio (m)	microbe (m)	[mikrɔb]
bactéria (f)	bactérie (f)	[bakteri]
infeção (f)	infection (f)	[ɛ̃fɛksjɔ̃]

74. Sintomas. Tratamentos. Parte 3

hospital (m)	hôpital (m)	[ɔpital]
paciente (m)	patient (m)	[pasjɑ̃]

diagnóstico (m)	diagnostic (m)	[djagnɔstik]
cura (f)	cure (f)	[kyr]
tratamento (m) médico	traitement (m)	[trɛtmɑ̃]
curar-se (vr)	se faire soigner	[sə fɛr swaɲe]
tratar (vt)	traiter (vt)	[trete]
cuidar (pessoa)	soigner (vt)	[swaɲe]
cuidados (m pl)	soins (m pl)	[swɛ̃]

operação (f)	opération (f)	[ɔperasjɔ̃]
enfaixar (vt)	panser (vt)	[pɑ̃se]
enfaixamento (m)	pansement (m)	[pɑ̃smɑ̃]

vacinação (f)	vaccination (f)	[vaksinasjɔ̃]
vacinar (vt)	vacciner (vt)	[vaksine]
injeção (f)	piqûre (f)	[pikyr]
dar uma injeção	faire une piqûre	[fɛr yn pikyr]

ataque (~ de asma, etc.)	crise, attaque (f)	[kriz], [atak]
amputação (f)	amputation (f)	[ɑ̃pytasjɔ̃]
amputar (vt)	amputer (vt)	[ɑ̃pyte]
coma (f)	coma (m)	[kɔma]
estar em coma	être dans le coma	[ɛtr dɑ̃ lə kɔma]
reanimação (f)	réanimation (f)	[reanimasjɔ̃]

recuperar-se (vr)	se rétablir (vp)	[sə retablir]
estado (~ de saúde)	état (m)	[eta]
consciência (f)	conscience (f)	[kɔ̃sjɑ̃s]
memória (f)	mémoire (f)	[memwar]
tirar (vt)	arracher (vt)	[araʃe]

chumbo (m), obturação (f)	**plombage** (m)	[plɔ̃baʒ]
chumbar, obturar (vt)	**plomber** (vt)	[plɔ̃be]

hipnose (f)	**hypnose** (f)	[ipnoz]
hipnotizar (vt)	**hypnotiser** (vt)	[ipnɔtize]

75. Médicos

médico (m)	**médecin** (m)	[medsɛ̃]
enfermeira (f)	**infirmière** (f)	[ɛ̃firmjɛr]
médico (m) pessoal	**médecin** (m) **personnel**	[medsɛ̃ pɛrsɔnɛl]

dentista (m)	**dentiste** (m)	[dɑ̃tist]
oculista (m)	**ophtalmologiste** (m)	[ɔftalmɔlɔʒist]
terapeuta (m)	**généraliste** (m)	[ʒeneralist]
cirurgião (m)	**chirurgien** (m)	[ʃiryrʒjɛ̃]

psiquiatra (m)	**psychiatre** (m)	[psikjatr]
pediatra (m)	**pédiatre** (m)	[pedjatr]
psicólogo (m)	**psychologue** (m)	[psikɔlɔg]
ginecologista (m)	**gynécologue** (m)	[ʒinekɔlɔg]
cardiologista (m)	**cardiologue** (m)	[kardjolɔg]

76. Medicina. Drogas. Acessórios

medicamento (m)	**médicament** (m)	[medikamɑ̃]
remédio (m)	**remède** (m)	[rəmɛd]
receitar (vt)	**prescrire** (vt)	[prɛskrir]
receita (f)	**ordonnance** (f)	[ɔrdɔnɑ̃s]

comprimido (m)	**comprimé** (m)	[kɔ̃prime]
pomada (f)	**onguent** (m)	[ɔ̃gɑ̃]
ampola (f)	**ampoule** (f)	[ɑ̃pul]
preparado (m)	**mixture** (f)	[mikstyr]
xarope (m)	**sirop** (m)	[siro]
cápsula (f)	**pilule** (f)	[pilyl]
remédio (m) em pó	**poudre** (f)	[pudr]

ligadura (f)	**bande** (f)	[bɑ̃d]
algodão (m)	**coton** (m)	[kɔtɔ̃]
iodo (m)	**iode** (m)	[jɔd]

penso (m) rápido	**sparadrap** (m)	[sparadra]
conta-gotas (m)	**compte-gouttes** (m)	[kɔ̃tgut]
termómetro (m)	**thermomètre** (m)	[tɛrmɔmɛtr]
seringa (f)	**seringue** (f)	[sərɛ̃g]

cadeira (f) de rodas	**fauteuil** (m) **roulant**	[fotœj rulɑ̃]
muletas (f pl)	**béquilles** (f pl)	[bekij]

analgésico (m)	**anesthésique** (m)	[anɛstezik]
laxante (m)	**purgatif** (m)	[pyrgatif]

álcool (m) etílico	**alcool** (m)	[alkɔl]
ervas (f pl) medicinais	**herbe** (f) **médicinale**	[ɛrb medisinal]
de ervas (chá ~)	**d'herbes** (adj)	[dɛrb]

77. Fumar. Produtos tabágicos

tabaco (m)	**tabac** (m)	[taba]
cigarro (m)	**cigarette** (f)	[sigarɛt]
charuto (m)	**cigare** (f)	[sigar]
cachimbo (m)	**pipe** (f)	[pip]
maço (~ de cigarros)	**paquet** (m)	[pakɛ]
fósforos (m pl)	**allumettes** (f pl)	[alymɛt]
caixa (f) de fósforos	**boîte** (f) **d'allumettes**	[bwat dalymɛt]
isqueiro (m)	**briquet** (m)	[brikɛ]
cinzeiro (m)	**cendrier** (m)	[sãdrije]
cigarreira (f)	**étui** (m) **à cigarettes**	[etɥi a sigarɛt]
boquilha (f)	**fume-cigarette** (m)	[fymsigarɛt]
filtro (m)	**filtre** (m)	[filtr]
fumar (vi, vt)	**fumer** (vi, vt)	[fyme]
acender um cigarro	**allumer une cigarette**	[alyme yn sigarɛt]
tabagismo (m)	**tabagisme** (m)	[tabaʒism]
fumador (m)	**fumeur** (m)	[fymœr]
beata (f)	**mégot** (m)	[mego]
fumo (m)	**fumée** (f)	[fyme]
cinza (f)	**cendre** (f)	[sãdr]

HABITAT HUMANO

Cidade

78. Cidade. Vida na cidade

cidade (f)	ville (f)	[vil]
capital (f)	capitale (f)	[kapital]
aldeia (f)	village (m)	[vilaʒ]
mapa (m) da cidade	plan (m) de la ville	[plɑ̃ də la vil]
centro (m) da cidade	centre-ville (m)	[sɑ̃trəvil]
subúrbio (m)	banlieue (f)	[bɑ̃ljø]
suburbano	de banlieue (adj)	[də bɑ̃ljø]
periferia (f)	périphérie (f)	[periferi]
arredores (m pl)	alentours (m pl)	[alɑ̃tur]
quarteirão (m)	quartier (m)	[kartje]
quarteirão (m) residencial	quartier (m) résidentiel	[kartje rezidɑ̃sjɛl]
tráfego (m)	trafic (m)	[trafik]
semáforo (m)	feux (m pl) de circulation	[fø də sirkylasjɔ̃]
transporte (m) público	transport (m) urbain	[trɑ̃spɔr yrbɛ̃]
cruzamento (m)	carrefour (m)	[karfur]
passadeira (f)	passage (m) piéton	[pɑsaʒ pjetɔ̃]
passagem (f) subterrânea	passage (m) souterrain	[pɑsaʒ sutɛrɛ̃]
cruzar, atravessar (vt)	traverser (vt)	[travɛrse]
peão (m)	piéton (m)	[pjetɔ̃]
passeio (m)	trottoir (m)	[trɔtwar]
ponte (f)	pont (m)	[pɔ̃]
margem (f) do rio	quai (m)	[kɛ]
fonte (f)	fontaine (f)	[fɔ̃tɛn]
alameda (f)	allée (f)	[ale]
parque (m)	parc (m)	[park]
bulevar (m)	boulevard (m)	[bulvar]
praça (f)	place (f)	[plas]
avenida (f)	avenue (f)	[avny]
rua (f)	rue (f)	[ry]
travessa (f)	ruelle (f)	[rɥɛl]
beco (m) sem saída	impasse (f)	[ɛ̃pas]
casa (f)	maison (f)	[mɛzɔ̃]
edifício, prédio (m)	édifice (m)	[edifis]
arranha-céus (m)	gratte-ciel (m)	[gratsjɛl]
fachada (f)	façade (f)	[fasad]
telhado (m)	toit (m)	[twa]

janela (f)	fenêtre (f)	[fənɛtr]
arco (m)	arc (m)	[ark]
coluna (f)	colonne (f)	[kɔlɔn]
esquina (f)	coin (m)	[kwɛ̃]

montra (f)	vitrine (f)	[vitrin]
letreiro (m)	enseigne (f)	[ɑ̃sɛɲ]
cartaz (m)	affiche (f)	[afiʃ]
cartaz (m) publicitário	affiche (f) publicitaire	[afiʃ pyblisitɛr]
painel (m) publicitário	panneau-réclame (m)	[pano reklam]

lixo (m)	ordures (f pl)	[ɔrdyr]
cesta (f) do lixo	poubelle (f)	[pubɛl]
jogar lixo na rua	jeter ... à terre	[ʒəte ... a tɛr]
aterro (m) sanitário	décharge (f)	[deʃarʒ]

cabine (f) telefónica	cabine (f) téléphonique	[kabin telefɔnik]
candeeiro (m) de rua	réverbère (m)	[revɛrbɛr]
banco (m)	banc (m)	[bɑ̃]

polícia (m)	policier (m)	[pɔlisje]
polícia (instituição)	police (f)	[pɔlis]
mendigo (m)	clochard (m)	[klɔʃar]
sem-abrigo (m)	sans-abri (m)	[sɑ̃zabri]

79. Instituições urbanas

loja (f)	magasin (m)	[magazɛ̃]
farmácia (f)	pharmacie (f)	[farmasi]
ótica (f)	opticien (m)	[ɔptisjɛ̃]
centro (m) comercial	centre (m) commercial	[sɑ̃tr kɔmɛrsjal]
supermercado (m)	supermarché (m)	[sypɛrmarʃe]

padaria (f)	boulangerie (f)	[bulɑ̃ʒri]
padeiro (m)	boulanger (m)	[bulɑ̃ʒe]
pastelaria (f)	pâtisserie (f)	[patisri]
mercearia (f)	épicerie (f)	[episri]
talho (m)	boucherie (f)	[buʃri]

| loja (f) de legumes | magasin (m) de légumes | [magazɛ̃ də legym] |
| mercado (m) | marché (m) | [marʃe] |

café (m)	salon (m) de café	[salɔ̃ də kafe]
restaurante (m)	restaurant (m)	[rɛstorɑ̃]
bar (m), cervejaria (f)	brasserie (f)	[brasri]
pizzaria (f)	pizzeria (f)	[pidzerja]

salão (m) de cabeleireiro	salon (m) de coiffure	[salɔ̃ də kwafyr]
correios (m pl)	poste (f)	[pɔst]
lavandaria (f)	pressing (m)	[presiŋ]
estúdio (m) fotográfico	atelier (m) de photo	[atəlje də fɔto]

| sapataria (f) | magasin (m) de chaussures | [magazɛ̃ də ʃosyr] |
| livraria (f) | librairie (f) | [librɛri] |

loja (f) de artigos de desporto	**magasin** (m) **d'articles de sport**	[magazɛ̃ dartikl də spɔr]
reparação (f) de roupa	**atelier** (m) **de retouche**	[atəlje də rətuʃ]
aluguer (m) de roupa	**location** (f) **de vêtements**	[lɔkasjɔ̃ də vɛtmã]
aluguer (m) de filmes	**location** (f) **de films**	[lɔkasjɔ̃ də film]
circo (m)	**cirque** (m)	[sirk]
jardim (m) zoológico	**zoo** (m)	[zoo]
cinema (m)	**cinéma** (m)	[sinema]
museu (m)	**musée** (m)	[myze]
biblioteca (f)	**bibliothèque** (f)	[biblijotɛk]
teatro (m)	**théâtre** (m)	[teatr]
ópera (f)	**opéra** (m)	[ɔpera]
clube (m) noturno	**boîte** (f) **de nuit**	[bwat də nɥi]
casino (m)	**casino** (m)	[kazino]
mesquita (f)	**mosquée** (f)	[mɔske]
sinagoga (f)	**synagogue** (f)	[sinagɔg]
catedral (f)	**cathédrale** (f)	[katedral]
templo (m)	**temple** (m)	[tãpl]
igreja (f)	**église** (f)	[egliz]
instituto (m)	**institut** (m)	[ɛ̃stity]
universidade (f)	**université** (f)	[ynivɛrsite]
escola (f)	**école** (f)	[ekɔl]
prefeitura (f)	**préfecture** (f)	[prefɛktyr]
câmara (f) municipal	**mairie** (f)	[meri]
hotel (m)	**hôtel** (m)	[otɛl]
banco (m)	**banque** (f)	[bãk]
embaixada (f)	**ambassade** (f)	[ãbasad]
agência (f) de viagens	**agence** (f) **de voyages**	[aʒãs də vwajaʒ]
agência (f) de informações	**bureau** (m) **d'information**	[byro dɛ̃fɔrmasjɔ̃]
casa (f) de câmbio	**bureau** (m) **de change**	[byro də ʃãʒ]
metro (m)	**métro** (m)	[metro]
hospital (m)	**hôpital** (m)	[ɔpital]
posto (m) de gasolina	**station-service** (f)	[stasjɔ̃sɛrvis]
parque (m) de estacionamento	**parking** (m)	[parkiŋ]

80. Sinais

letreiro (m)	**enseigne** (f)	[ãsɛɲ]
inscrição (f)	**pancarte** (f)	[pãkart]
cartaz, póster (m)	**poster** (m)	[pɔstɛr]
sinal (m) informativo	**indicateur** (m) **de direction**	[ɛ̃dikatœr də dirɛksjɔ̃]
seta (f)	**flèche** (f)	[flɛʃ]
aviso (advertência)	**avertissement** (m)	[avɛrtismã]
sinal (m) de aviso	**panneau** (m) **d'avertissement**	[pano davɛrtismã]

avisar, advertir (vt)	**avertir** (vt)	[avɛrtir]
dia (m) de folga	**jour** (m) **de repos**	[ʒur də rəpo]
horário (m)	**horaire** (m)	[ɔrɛr]
horário (m) de funcionamento	**heures** (f pl) **d'ouverture**	[zœr duvɛrtyr]
BEM-VINDOS!	**BIENVENUE!**	[bjɛ̃vny]
ENTRADA	**ENTRÉE**	[ɑ̃tre]
SAÍDA	**SORTIE**	[sɔrti]
EMPURRE	**POUSSER**	[puse]
PUXE	**TIRER**	[tire]
ABERTO	**OUVERT**	[uvɛr]
FECHADO	**FERMÉ**	[fɛrme]
MULHER	**FEMMES**	[fam]
HOMEM	**HOMMES**	[ɔm]
DESCONTOS	**RABAIS**	[sɔld]
SALDOS	**SOLDES**	[rabɛ]
NOVIDADE!	**NOUVEAU!**	[nuvo]
GRÁTIS	**GRATUIT**	[gratɥi]
ATENÇÃO!	**ATTENTION!**	[atɑ̃sjɔ̃]
NÃO HÁ VAGAS	**COMPLET**	[kɔ̃plɛ]
RESERVADO	**RÉSERVÉ**	[rezɛrve]
ADMINISTRAÇÃO	**ADMINISTRATION**	[administrasjɔ̃]
SOMENTE PESSOAL AUTORIZADO	**RÉSERVÉ AU PERSONNEL**	[rezɛrve o pɛrsɔnɛl]
CUIDADO CÃO FEROZ	**ATTENTION CHIEN MÉCHANT**	[atɑ̃sjɔ̃ ʃjɛ̃ meʃɑ̃]
PROIBIDO FUMAR!	**DÉFENSE DE FUMER**	[defɑ̃s də fyme]
NÃO TOCAR	**PRIERE DE NE PAS TOUCHER**	[prijɛr dənəpɑ tuʃe]
PERIGOSO	**DANGEREUX**	[dɑ̃ʒrø]
PERIGO	**DANGER**	[dɑ̃ʒe]
ALTA TENSÃO	**HAUTE TENSION**	[ot tɑ̃sjɔ̃]
PROIBIDO NADAR	**BAIGNADE INTERDITE**	[bɛɲad ɛ̃tɛrdit]
AVARIADO	**HORS SERVICE**	[ɔr sɛrvis]
INFLAMÁVEL	**INFLAMMABLE**	[ɛ̃flamabl]
PROIBIDO	**INTERDIT**	[ɛ̃tɛrdi]
ENTRADA PROIBIDA	**PASSAGE INTERDIT**	[pɑsaʒ ɛ̃tɛrdi]
CUIDADO TINTA FRESCA	**PEINTURE FRAÎCHE**	[pɛ̃tyr frɛʃ]

81. Transportes urbanos

autocarro (m)	**autobus** (m)	[otobys]
elétrico (m)	**tramway** (m)	[tramwɛ]
troleicarro (m)	**trolleybus** (m)	[trɔlɛbys]
itinerário (m)	**itinéraire** (m)	[itinerɛr]
número (m)	**numéro** (m)	[nymero]

ir de ... (carro, etc.)	prendre ...	[prãdr]
entrar (~ no autocarro)	monter (vi)	[mõte]
descer de ...	descendre de ...	[desãdr də]

paragem (f)	arrêt (m)	[arɛ]
próxima paragem (f)	arrêt (m) prochain	[arɛt prɔʃɛ̃]
ponto (m) final	terminus (m)	[tɛrminys]
horário (m)	horaire (m)	[ɔrɛr]
esperar (vt)	attendre (vt)	[atãdr]

bilhete (m)	ticket (m)	[tikɛ]
custo (m) do bilhete	prix (m) du ticket	[pri dy tikɛ]

bilheteiro (m)	caissier (m)	[kesje]
controlo (m) dos bilhetes	contrôle (m) des tickets	[kõtrol de tikɛ]
revisor (m)	contrôleur (m)	[kõtrolœr]

atrasar-se (vr)	être en retard	[ɛtr ã rətar]
perder (o autocarro, etc.)	rater (vt)	[rate]
estar com pressa	se dépêcher	[sə depeʃe]

táxi (m)	taxi (m)	[taksi]
taxista (m)	chauffeur (m) de taxi	[ʃofœr də taksi]
de táxi (ir ~)	en taxi	[ã taksi]
praça (f) de táxis	arrêt (m) de taxi	[arɛ də taksi]
chamar um táxi	appeler un taxi	[aple œ̃ taksi]
apanhar um táxi	prendre un taxi	[prãdr œ̃ taksi]

tráfego (m)	trafic (m)	[trafik]
engarrafamento (m)	embouteillage (m)	[ãbutɛjaʒ]
horas (f pl) de ponta	heures (f pl) de pointe	[œr də pwɛ̃t]
estacionar (vi)	se garer (vp)	[sə gare]
estacionar (vt)	garer (vt)	[gare]
parque (m) de estacionamento	parking (m)	[parkiŋ]

metro (m)	métro (m)	[metro]
estação (f)	station (f)	[stasjõ]
ir de metro	prendre le métro	[prãdr lə metro]
comboio (m)	train (m)	[trɛ̃]
estação (f)	gare (f)	[gar]

82. Turismo

monumento (m)	monument (m)	[mɔnymã]
fortaleza (f)	forteresse (f)	[fɔrtərɛs]
palácio (m)	palais (m)	[palɛ]
castelo (m)	château (m)	[ʃato]
torre (f)	tour (f)	[tur]
mausoléu (m)	mausolée (m)	[mozɔle]

arquitetura (f)	architecture (f)	[arʃitɛktyr]
medieval	médiéval (adj)	[medjeval]
antigo	ancien (adj)	[ãsjɛ̃]
nacional	national (adj)	[nasjɔnal]

conhecido	connu (adj)	[kɔny]
turista (m)	touriste (m)	[turist]
guia (pessoa)	guide (m)	[gid]
excursão (f)	excursion (f)	[ɛkskyrsjɔ̃]
mostrar (vt)	montrer (vt)	[mɔ̃tre]
contar (vt)	raconter (vt)	[rakɔ̃te]

encontrar (vt)	trouver (vt)	[truve]
perder-se (vr)	se perdre (vp)	[sə pɛrdr]
mapa (~ do metrô)	plan (m)	[plɑ̃]
mapa (~ da cidade)	carte (f)	[kart]

lembrança (f), presente (m)	souvenir (m)	[suvnir]
loja (f) de presentes	boutique (f) de souvenirs	[butik də suvnir]
fotografar (vt)	prendre en photo	[prɑ̃dr ɑ̃ fɔto]
fotografar-se	se faire prendre en photo	[sə fɛr prɑ̃dr ɑ̃ fɔto]

83. Compras

comprar (vt)	acheter (vt)	[aʃte]
compra (f)	achat (m)	[aʃa]
fazer compras	faire des achats	[fɛr dezaʃa]
compras (f pl)	shopping (m)	[ʃɔpiŋ]

| estar aberta (loja, etc.) | être ouvert | [ɛtr uvɛr] |
| estar fechada | être fermé | [ɛtr fɛrme] |

calçado (m)	chaussures (f pl)	[ʃosyr]
roupa (f)	vêtement (m)	[vɛtmɑ̃]
cosméticos (m pl)	produits (m pl) de beauté	[prɔdyi də bote]
alimentos (m pl)	produits (m pl) alimentaires	[prɔdyi alimɑ̃tɛr]
presente (m)	cadeau (m)	[kado]

| vendedor (m) | vendeur (m) | [vɑ̃dœr] |
| vendedora (f) | vendeuse (f) | [vɑ̃døz] |

caixa (f)	caisse (f)	[kɛs]
espelho (m)	miroir (m)	[mirwar]
balcão (m)	comptoir (m)	[kɔ̃twar]
cabine (f) de provas	cabine (f) d'essayage	[kabin desɛjaʒ]

provar (vt)	essayer (vt)	[eseje]
servir (vi)	aller bien	[ale bjɛ̃]
gostar (apreciar)	plaire à ...	[plɛr a]

preço (m)	prix (m)	[pri]
etiqueta (f) de preço	étiquette (f) de prix	[etikɛt də pri]
custar (vt)	coûter (vi, vt)	[kute]
Quanto?	Combien?	[kɔ̃bjɛ̃]
desconto (m)	rabais (m)	[rabɛ]

não caro	pas cher (adj)	[pɑ ʃɛr]
barato	bon marché (adj)	[bɔ̃ marʃe]
caro	cher (adj)	[ʃɛr]

É caro	**C'est cher**	[sɛ ʃɛr]
aluguer (m)	**location** (f)	[lɔkasjɔ̃]
alugar (vestidos, etc.)	**louer** (vt)	[lwe]
crédito (m)	**crédit** (m)	[kredi]
a crédito	**à crédit** (adv)	[akredi]

84. Dinheiro

dinheiro (m)	**argent** (m)	[arʒɑ̃]
câmbio (m)	**échange** (m)	[eʃɑ̃ʒ]
taxa (f) de câmbio	**cours** (m) **de change**	[kur də ʃɑ̃ʒ]
Caixa Multibanco (m)	**distributeur** (m)	[distribytœr]
moeda (f)	**monnaie** (f)	[mɔnɛ]

dólar (m)	**dollar** (m)	[dɔlar]
euro (m)	**euro** (m)	[øro]

lira (f)	**lire** (f)	[lir]
marco (m)	**mark** (m) **allemand**	[mark almɑ̃]
franco (m)	**franc** (m)	[frɑ̃]
libra (f) esterlina	**livre sterling** (f)	[livr stɛrliŋ]
iene (m)	**yen** (m)	[jɛn]

dívida (f)	**dette** (f)	[dɛt]
devedor (m)	**débiteur** (m)	[debitœr]
emprestar (vt)	**prêter** (vt)	[prete]
pedir emprestado	**emprunter** (vt)	[ɑ̃prœ̃te]

banco (m)	**banque** (f)	[bɑ̃k]
conta (f)	**compte** (m)	[kɔ̃t]
depositar (vt)	**verser** (vt)	[vɛrse]
depositar na conta	**verser dans le compte**	[vɛrse dɑ̃ lə kɔ̃t]
levantar (vt)	**retirer du compte**	[rətire dy kɔ̃t]

cartão (m) de crédito	**carte** (f) **de crédit**	[kart də kredi]
dinheiro (m) vivo	**espèces** (f pl)	[ɛspɛs]
cheque (m)	**chèque** (m)	[ʃɛk]
passar um cheque	**faire un chèque**	[fɛr œ̃ ʃɛk]
livro (m) de cheques	**chéquier** (m)	[ʃekje]

carteira (f)	**portefeuille** (m)	[pɔrtəfœj]
porta-moedas (m)	**bourse** (f)	[burs]
cofre (m)	**coffre fort** (m)	[kɔfr fɔr]

herdeiro (m)	**héritier** (m)	[eritje]
herança (f)	**héritage** (m)	[eritaʒ]
fortuna (riqueza)	**fortune** (f)	[fɔrtyn]

arrendamento (m)	**location** (f)	[lɔkasjɔ̃]
renda (f) de casa	**loyer** (m)	[lwaje]
alugar (vt)	**louer** (vt)	[lwe]

preço (m)	**prix** (m)	[pri]
custo (m)	**coût** (m)	[ku]

soma (f)	somme (f)	[sɔm]
gastar (vt)	dépenser (vt)	[depãse]
gastos (m pl)	dépenses (f pl)	[depãs]
economizar (vi)	économiser (vt)	[ekɔnɔmize]
económico	économe (adj)	[ekɔnɔm]
pagar (vt)	payer (vi, vt)	[peje]
pagamento (m)	paiement (m)	[pɛmã]
troco (m)	monnaie (f)	[mɔnɛ]
imposto (m)	impôt (m)	[ɛ̃po]
multa (f)	amende (f)	[amãd]
multar (vt)	mettre une amende	[mɛtr ynamãd]

85. Correios. Serviço postal

correios (m pl)	poste (f)	[pɔst]
correio (m)	courrier (m)	[kurje]
carteiro (m)	facteur (m)	[faktœr]
horário (m)	heures (f pl) d'ouverture	[zœr duvɛrtyr]
carta (f)	lettre (f)	[lɛtr]
carta (f) registada	recommandé (m)	[rəkɔmãde]
postal (m)	carte (f) postale	[kart pɔstal]
telegrama (m)	télégramme (m)	[telegram]
encomenda (f) postal	colis (m)	[kɔli]
remessa (f) de dinheiro	mandat (m) postal	[mãda pɔstal]
receber (vt)	recevoir (vt)	[rəsəvwar]
enviar (vt)	envoyer (vt)	[ãvwaje]
envio (m)	envoi (m)	[ãvwa]
endereço (m)	adresse (f)	[adrɛs]
código (m) postal	code (m) postal	[kɔd pɔstal]
remetente (m)	expéditeur (m)	[ɛkspeditœr]
destinatário (m)	destinataire (m)	[dɛstinatɛr]
nome (m)	prénom (m)	[prenõ]
apelido (m)	nom (m) de famille	[nõ də famij]
tarifa (f)	tarif (m)	[tarif]
ordinário	normal (adj)	[nɔrmal]
económico	économique (adj)	[ekɔnɔmik]
peso (m)	poids (m)	[pwa]
pesar (estabelecer o peso)	peser (vt)	[pəze]
envelope (m)	enveloppe (f)	[ãvlɔp]
selo (m)	timbre (m)	[tɛ̃br]
colar o selo	timbrer (vt)	[tɛ̃bre]

Moradia. Casa. Lar

86. Casa. Habitação

casa (f)	maison (f)	[mɛzɔ̃]
em casa	chez soi	[ʃeswa]
pátio (m)	cour (f)	[kur]
cerca (f)	clôture (f)	[klotyr]

tijolo (m)	brique (f)	[brik]
de tijolos	en brique (adj)	[ɑ̃ brik]
pedra (f)	pierre (f)	[pjɛr]
de pedra	en pierre (adj)	[ɑ̃ pjɛr]
betão (m)	béton (m)	[betɔ̃]
de betão	en béton (adj)	[ɑ̃ betɔ̃]

novo	neuf (adj)	[nœf]
velho	vieux (adj)	[vjø]
decrépito	délabré (adj)	[delabre]
moderno	moderne (adj)	[mɔdɛrn]
de muitos andares	à plusieurs étages	[a plyzjœr zetaʒ]
alto	haut (adj)	[o]

| andar (m) | étage (m) | [etaʒ] |
| de um andar | sans étage (adj) | [sɑ̃ zetaʒ] |

| andar (m) de baixo | rez-de-chaussée (m) | [redʃose] |
| andar (m) de cima | dernier étage (m) | [dɛrnjɛr etaʒ] |

| telhado (m) | toit (m) | [twa] |
| chaminé (f) | cheminée (f) | [ʃəmine] |

telha (f)	tuile (f)	[tɥil]
de telha	en tuiles (adj)	[ɑ̃ tɥil]
sótão (m)	grenier (m)	[grənje]

| janela (f) | fenêtre (f) | [fənɛtr] |
| vidro (m) | vitre (f) | [vitr] |

| parapeito (m) | rebord (m) | [rəbɔr] |
| portadas (f pl) | volets (m pl) | [vɔle] |

parede (f)	mur (m)	[myr]
varanda (f)	balcon (m)	[balkɔ̃]
tubo (m) de queda	gouttière (f)	[gutjɛr]

em cima	en haut (adv)	[ɑn o]
subir (~ as escadas)	monter (vi)	[mɔ̃te]
descer (vi)	descendre (vi)	[desɑ̃dr]
mudar-se (vr)	déménager (vi)	[demenaʒe]

87. Casa. Entrada. Elevador

entrada (f)	entrée (f)	[ãtre]
escada (f)	escalier (m)	[ɛskalje]
degraus (m pl)	marches (f pl)	[marʃ]
corrimão (m)	rampe (f)	[rãp]
hall (m) de entrada	hall (m)	[ol]
caixa (f) de correio	boîte (f) à lettres	[bwat a lɛtr]
caixote (m) do lixo	poubelle (f)	[pubɛl]
conduta (f) do lixo	vide-ordures (m)	[vidɔrdyr]
elevador (m)	ascenseur (m)	[asãsœr]
elevador (m) de carga	monte-charge (m)	[mõtʃarʒ]
cabine (f)	cabine (f)	[kabin]
pegar o elevador	prendre l'ascenseur	[prãdr lasãsœr]
apartamento (m)	appartement (m)	[apartəmã]
moradores (m pl)	locataires (m pl)	[lɔkatɛr]
vizinho (m)	voisin (m)	[vwazɛ̃]
vizinha (f)	voisine (f)	[vwazin]
vizinhos (pl)	voisins (m pl)	[vwazɛ̃]

88. Casa. Eletricidade

eletricidade (f)	électricité (f)	[elɛktrisite]
lâmpada (f)	ampoule (f)	[ãpul]
interruptor (m)	interrupteur (m)	[ɛ̃teryptœr]
fusível (m)	plomb, fusible (m)	[plõ], [fyzibl]
fio, cabo (m)	fil (m)	[fil]
instalação (f) elétrica	installation (f) électrique	[ɛ̃stalasjõ elɛktrik]
contador (m) de eletricidade	compteur (m) électrique	[kõtœr elɛktrik]
indicação (f), registo (m)	relevé (m)	[rəlve]

89. Casa. Portas. Fechaduras

porta (f)	porte (f)	[pɔrt]
portão (m)	portail (m)	[pɔrtaj]
maçaneta (f)	poignée (f)	[pwaɲe]
destrancar (vt)	déverrouiller (vt)	[devɛruje]
abrir (vt)	ouvrir (vt)	[uvrir]
fechar (vt)	fermer (vt)	[fɛrme]
chave (f)	clé, clef (f)	[kle]
molho (m)	trousseau (m), jeu (m)	[truso], [ʒø]
ranger (vi)	grincer (vi)	[grɛ̃se]
rangido (m)	grincement (m)	[grɛ̃smã]
dobradiça (f)	gond (m)	[gõ]
tapete (m) de entrada	paillasson (m)	[pajasõ]
fechadura (f)	serrure (f)	[seryr]

buraco (m) da fechadura	trou (m) de la serrure	[tru də la seryr]
ferrolho (m)	verrou (m)	[veru]
fecho (ferrolho pequeno)	loquet (m)	[lɔkɛ]
cadeado (m)	cadenas (m)	[kadna]

tocar (vt)	sonner (vi)	[sɔ̃]
toque (m)	sonnerie (f)	[sɔnri]
campainha (f)	sonnette (f)	[sɔnɛt]
botão (m)	bouton (m)	[butɔ̃]
batida (f)	coups (m pl) à la porte	[ku ɑla pɔrt]
bater (vi)	frapper (vi)	[frape]

código (m)	code (m)	[kɔd]
fechadura (f) de código	serrure (f) à combinaison	[seryr a kɔ̃binɛzɔ̃]
telefone (m) de porta	interphone (m)	[ɛ̃tɛrfɔn]
número (m)	numéro (m)	[nymero]
placa (f) de porta	plaque (f) de porte	[plak də pɔrt]
vigia (f), olho (m) mágico	judas (m)	[ʒyda]

90. Casa de campo

aldeia (f)	village (m)	[vilaʒ]
horta (f)	potager (m)	[pɔtaʒe]
cerca (f)	palissade (f)	[palisad]
paliçada (f)	clôture (f)	[klotyr]
cancela (f) do jardim	portillon (m)	[pɔrtijɔ̃]

celeiro (m)	grange (f)	[grɑ̃ʒ]
adega (f)	cave (f)	[kav]
galpão, barracão (m)	abri (m) de jardin	[abri də ʒardɛ̃]
poço (m)	puits (m)	[pɥi]

fogão (m)	poêle (m)	[pwal]
atiçar o fogo	chauffer le poêle	[ʃofe lə pwal]
lenha (carvão ou ~)	bois (m) de chauffage	[bwa də ʃofaʒ]
acha (lenha)	bûche (f)	[byʃ]

varanda (f)	véranda (f)	[verɑ̃da]
alpendre (m)	terrasse (f)	[tɛras]
degraus (m pl) de entrada	perron (m)	[perɔ̃]
balouço (m)	balançoire (f)	[balɑ̃swar]

91. Moradia. Mansão

casa (f) de campo	maison (f) de campagne	[mɛzɔ̃ də kɑ̃paɲ]
vila (f)	villa (f)	[vila]
ala (~ do edifício)	aile (f)	[ɛl]

jardim (m)	jardin (m)	[ʒardɛ̃]
parque (m)	parc (m)	[park]
estufa (f)	serre (f) tropicale	[sɛr trɔpikal]
cuidar de ...	s'occuper de ...	[sɔkype də]

piscina (f)	piscine (f)	[pisin]
ginásio (m)	salle (f) de gym	[sal də ʒim]
campo (m) de ténis	court (m) de tennis	[kur də tenis]
cinema (m)	salle (f) de cinéma	[sal də sinema]
garagem (f)	garage (m)	[garaʒ]
propriedade (f) privada	propriété (f) privée	[prɔprijete prive]
terreno (m) privado	terrain (m) privé	[tɛrɛ̃ prive]
advertência (f)	avertissement (m)	[avɛrtismɑ̃]
sinal (m) de aviso	panneau (m) d'avertissement	[pano davɛrtismɑ̃]
guarda (f)	sécurité (f)	[sekyrite]
guarda (m)	agent (m) de sécurité	[aʒɑ̃ də sekyrite]
alarme (m)	alarme (f) antivol	[alarm ɑ̃tivɔl]

92. Castelo. Palácio

castelo (m)	château (m)	[ʃato]
palácio (m)	palais (m)	[palɛ]
fortaleza (f)	forteresse (f)	[fortərɛs]
muralha (f)	muraille (f)	[myrɑj]
torre (f)	tour (f)	[tur]
calabouço (m)	donjon (m)	[dɔ̃ʒɔ̃]
grade (f) levadiça	herse (f)	[ɛrs]
passagem (f) subterrânea	souterrain (m)	[sutɛrɛ̃]
fosso (m)	douve (f)	[duv]
corrente, cadeia (f)	chaîne (f)	[ʃɛn]
seteira (f)	meurtrière (f)	[mœrtrijɛr]
magnífico	magnifique (adj)	[maɲifik]
majestoso	majestueux (adj)	[maʒɛstɥø]
inexpugnável	inaccessible (adj)	[inaksesibl]
medieval	médiéval (adj)	[medjeval]

93. Apartamento

apartamento (m)	appartement (m)	[apartəmɑ̃]
quarto (m)	chambre (f)	[ʃɑ̃br]
quarto (m) de dormir	chambre (f) à coucher	[ʃɑ̃br a kuʃe]
sala (f) de jantar	salle (f) à manger	[sal a mɑ̃ʒe]
sala (f) de estar	salon (m)	[salɔ̃]
escritório (m)	bureau (m)	[byro]
antessala (f)	antichambre (f)	[ɑ̃tiʃɑ̃br]
quarto (m) de banho	salle (f) de bains	[sal də bɛ̃]
toilette (lavabo)	toilettes (f pl)	[twalɛt]
teto (m)	plafond (m)	[plafɔ̃]
chão, soalho (m)	plancher (m)	[plɑ̃ʃe]
canto (m)	coin (m)	[kwɛ̃]

94. Apartamento. Limpeza

arrumar, limpar (vt)	**faire le ménage**	[fɛr le menaʒ]
guardar (no armário, etc.)	**ranger** (vt)	[rãʒe]
pó (m)	**poussière** (f)	[pusjɛr]
empoeirado	**poussiéreux** (adj)	[pusjerø]
limpar o pó	**essuyer la poussière**	[esɥije la pusjɛr]
aspirador (m)	**aspirateur** (m)	[aspiratœr]
aspirar (vt)	**passer l'aspirateur**	[pɑse laspiratœr]
varrer (vt)	**balayer** (vt)	[baleje]
sujeira (f)	**balayures** (f pl)	[balejyr]
arrumação (f), ordem (f)	**ordre** (m)	[ɔrdr]
desordem (f)	**désordre** (m)	[dezɔrdr]
esfregão (m)	**balai** (m) **à franges**	[balɛ a frãʒ]
pano (m), trapo (m)	**torchon** (m)	[tɔrʃõ]
vassoura (f)	**balayette** (f)	[balejɛt]
pá (f) de lixo	**pelle** (f) **à ordures**	[pɛl ɑ ɔrdyr]

95. Mobiliário. Interior

mobiliário (m)	**meubles** (m pl)	[mœbl]
mesa (f)	**table** (f)	[tabl]
cadeira (f)	**chaise** (f)	[ʃɛz]
cama (f)	**lit** (m)	[li]
divã (m)	**canapé** (m)	[kanape]
cadeirão (m)	**fauteuil** (m)	[fotœj]
estante (f)	**bibliothèque** (f)	[biblijɔtɛk]
prateleira (f)	**rayon** (m)	[rɛjõ]
guarda-vestidos (m)	**armoire** (f)	[armwar]
cabide (m) de parede	**patère** (f)	[patɛr]
cabide (m) de pé	**portemanteau** (m)	[pɔrtmãto]
cómoda (f)	**commode** (f)	[kɔmɔd]
mesinha (f) de centro	**table** (f) **basse**	[tabl bas]
espelho (m)	**miroir** (m)	[mirwar]
tapete (m)	**tapis** (m)	[tapi]
tapete (m) pequeno	**petit tapis** (m)	[pəti tapi]
lareira (f)	**cheminée** (f)	[ʃəmine]
vela (f)	**bougie** (f)	[buʒi]
castiçal (m)	**chandelier** (m)	[ʃãdəlje]
cortinas (f pl)	**rideaux** (m pl)	[rido]
papel (m) de parede	**papier** (m) **peint**	[papje pɛ̃]
estores (f pl)	**jalousie** (f)	[ʒaluzi]
candeeiro (m) de mesa	**lampe** (f) **de table**	[lãp də tabl]
candeeiro (m) de parede	**applique** (f)	[aplik]

| candeeiro (m) de pé | lampadaire (m) | [lɑ̃padɛr] |
| lustre (m) | lustre (m) | [lystr] |

pé (de mesa, etc.)	pied (m)	[pje]
braço (m)	accoudoir (m)	[akudwar]
costas (f pl)	dossier (m)	[dosje]
gaveta (f)	tiroir (m)	[tirwar]

96. Quarto de dormir

roupa (f) de cama	linge (m) de lit	[lɛ̃ʒ də li]
almofada (f)	oreiller (m)	[ɔrɛje]
fronha (f)	taie (f) d'oreiller	[tɛ dɔrɛje]
cobertor (m)	couverture (f)	[kuvɛrtyr]
lençol (m)	drap (m)	[dra]
colcha (f)	couvre-lit (m)	[kuvrəli]

97. Cozinha

cozinha (f)	cuisine (f)	[kɥizin]
gás (m)	gaz (m)	[gaz]
fogão (m) a gás	cuisinière (f) à gaz	[kɥizinjɛr a gaz]
fogão (m) elétrico	cuisinière (f) électrique	[kɥizinjɛr elɛktrik]
forno (m)	four (m)	[fur]
forno (m) de micro-ondas	four (m) micro-ondes	[fur mikrɔ̃d]

frigorífico (m)	réfrigérateur (m)	[refriʒeratœr]
congelador (m)	congélateur (m)	[kɔ̃ʒelatœr]
máquina (f) de lavar louça	lave-vaisselle (m)	[lavvesɛl]

moedor (m) de carne	hachoir (m)	[aʃwar]
espremedor (m)	centrifugeuse (f)	[sɑ̃trifyʒøz]
torradeira (f)	grille-pain (m)	[grijpɛ̃]
batedeira (f)	batteur (m)	[batœr]

máquina (f) de café	machine (f) à café	[maʃin a kafe]
cafeteira (f)	cafetière (f)	[kaftjɛr]
moinho (m) de café	moulin (m) à café	[mulɛ̃ a kafe]

chaleira (f)	bouilloire (f)	[bujwar]
bule (m)	théière (f)	[tejɛr]
tampa (f)	couvercle (m)	[kuvɛrkl]
coador (m) de chá	passoire (f) à thé	[paswar a te]

colher (f)	cuillère (f)	[kɥijɛr]
colher (f) de chá	petite cuillère (f)	[pətit kɥijɛr]
colher (f) de sopa	cuillère (f) à soupe	[kɥijɛr a sup]
garfo (m)	fourchette (f)	[furʃɛt]
faca (f)	couteau (m)	[kuto]

| louça (f) | vaisselle (f) | [vɛsɛl] |
| prato (m) | assiette (f) | [asjɛt] |

pires (m)	soucoupe (f)	[sukup]
cálice (m)	verre (m) à shot	[vɛr a ʃot]
copo (m)	verre (m)	[vɛr]
chávena (f)	tasse (f)	[tɑs]

açucareiro (m)	sucrier (m)	[sykrije]
saleiro (m)	salière (f)	[saljɛr]
pimenteiro (m)	poivrière (f)	[pwavrijɛr]
manteigueira (f)	beurrier (m)	[bœrje]

panela, caçarola (f)	casserole (f)	[kasrɔl]
frigideira (f)	poêle (f)	[pwal]
concha (f)	louche (f)	[luʃ]
passador (m)	passoire (f)	[pɑswar]
bandeja (f)	plateau (m)	[plato]

garrafa (f)	bouteille (f)	[butɛj]
boião (m) de vidro	bocal (m)	[bɔkal]
lata (f)	boîte (f) en fer-blanc	[bwat ɑ̃ fɛrblɑ̃]

abre-garrafas (m)	ouvre-bouteille (m)	[uvrəbutɛj]
abre-latas (m)	ouvre-boîte (m)	[uvrəbwat]
saca-rolhas (m)	tire-bouchon (m)	[tirbuʃɔ̃]
filtro (m)	filtre (m)	[filtr]
filtrar (vt)	filtrer (vt)	[filtre]

| lixo (m) | ordures (f pl) | [ɔrdyr] |
| balde (m) do lixo | poubelle (f) | [pubɛl] |

98. Casa de banho

quarto (m) de banho	salle (f) de bains	[sal də bɛ̃]
água (f)	eau (f)	[o]
torneira (f)	robinet (m)	[rɔbinɛ]
água (f) quente	eau (f) chaude	[o ʃod]
água (f) fria	eau (f) froide	[o frwad]

pasta (f) de dentes	dentifrice (m)	[dɑ̃tifris]
escovar os dentes	se brosser les dents	[sə brɔse le dɑ̃]
escova (f) de dentes	brosse (f) à dents	[brɔs a dɑ̃]

barbear-se (vr)	se raser (vp)	[sə raze]
espuma (f) de barbear	mousse (f) à raser	[mus a raze]
máquina (f) de barbear	rasoir (m)	[razwar]

lavar (vt)	laver (vt)	[lave]
lavar-se (vr)	se laver (vp)	[sə lave]
duche (m)	douche (f)	[duʃ]
tomar um duche	prendre une douche	[prɑ̃dr yn duʃ]

banheira (f)	baignoire (f)	[bɛɲwar]
sanita (f)	cuvette (f)	[kyvɛt]
lavatório (m)	lavabo (m)	[lavabo]
sabonete (m)	savon (m)	[savɔ̃]

saboneteira (f)	porte-savon (m)	[pɔrtsavõ]
esponja (f)	éponge (f)	[epõʒ]
champô (m)	shampooing (m)	[ʃɑ̃pwɛ̃]
toalha (f)	serviette (f)	[sɛrvjɛt]
roupão (m) de banho	peignoir (m) de bain	[pɛɲwar də bɛ̃]

lavagem (f)	lessive (f)	[lɛsiv]
máquina (f) de lavar	machine (f) à laver	[maʃin ɑ lave]
lavar a roupa	faire la lessive	[fɛr la lɛsiv]
detergente (m)	lessive (f)	[lɛsiv]

99. Eletrodomésticos

televisor (m)	télé (f)	[tele]
gravador (m)	magnétophone (m)	[maɲetɔfɔn]
videogravador (m)	magnétoscope (m)	[maɲetɔskɔp]
rádio (m)	radio (f)	[radjo]
leitor (m)	lecteur (m)	[lɛktœr]

projetor (m)	vidéoprojecteur (m)	[videɔprɔʒɛktœr]
cinema (m) em casa	home cinéma (m)	[həʊm sinema]
leitor (m) de DVD	lecteur DVD (m)	[lɛktœr devede]
amplificador (m)	amplificateur (m)	[ɑ̃plifikatœr]
console (f) de jogos	console (f) de jeux	[kõsɔl də ʒø]

câmara (f) de vídeo	caméscope (m)	[kameskɔp]
máquina (f) fotográfica	appareil (m) photo	[aparɛj foto]
câmara (f) digital	appareil (m) photo numérique	[aparɛj foto nymerik]

aspirador (m)	aspirateur (m)	[aspiratœr]
ferro (m) de engomar	fer (m) à repasser	[fɛr ɑ rəpase]
tábua (f) de engomar	planche (f) à repasser	[plɑ̃ʃ ɑ rəpase]

telefone (m)	téléphone (m)	[telefɔn]
telemóvel (m)	portable (m)	[pɔrtabl]
máquina (f) de escrever	machine (f) à écrire	[maʃin ɑ ekrir]
máquina (f) de costura	machine (f) à coudre	[maʃin ɑ kudr]

microfone (m)	micro (m)	[mikro]
auscultadores (m pl)	écouteurs (m pl)	[ekutœr]
controlo remoto (m)	télécommande (f)	[telekɔmɑ̃d]

CD (m)	CD (m)	[sede]
cassete (f)	cassette (f)	[kasɛt]
disco (m) de vinil	disque (m) vinyle	[disk vinil]

100. Reparações. Renovação

renovação (f)	rénovation (f)	[renɔvasjõ]
renovar (vt), fazer obras	faire la rénovation	[fɛr la renɔvasjõ]
reparar (vt)	réparer (vt)	[repare]

| consertar (vt) | remettre en ordre | [rəmɛtr anɔrdr] |
| refazer (vt) | refaire (vt) | [rəfɛr] |

tinta (f)	peinture (f)	[pɛ̃tyr]
pintar (vt)	peindre (vt)	[pɛ̃dr]
pintor (m)	peintre (m) en bâtiment	[pɛ̃tr ɑ̃ batimɑ̃]
pincel (m)	pinceau (m)	[pɛ̃so]

| cal (f) | chaux (f) | [ʃo] |
| caiar (vt) | blanchir à la chaux | [blɑ̃ʃir ala ʃo] |

papel (m) de parede	papier (m) peint	[papje pɛ̃]
colocar papel de parede	tapisser (vt)	[tapise]
verniz (m)	vernis (m)	[vɛrni]
envernizar (vt)	vernir (vt)	[vɛrnir]

101. Canalizações

água (f)	eau (f)	[o]
água (f) quente	eau (f) chaude	[o ʃod]
água (f) fria	eau (f) froide	[o frwad]
torneira (f)	robinet (m)	[rɔbinɛ]

gota (f)	goutte (f)	[gut]
gotejar (vi)	goutter (vi)	[gute]
vazar (vt)	fuir (vi)	[fɥir]
vazamento (m)	fuite (f)	[fɥit]
poça (f)	flaque (f)	[flak]

tubo (m)	tuyau (m)	[tɥijo]
válvula (f)	valve (f)	[valv]
entupir-se (vr)	se boucher (vp)	[sə buʃe]

ferramentas (f pl)	outils (m pl)	[uti]
chave (f) inglesa	clé (f) réglable	[kle reglabl]
desenroscar (vt)	dévisser (vt)	[devise]
enroscar (vt)	visser (vt)	[vise]

desentupir (vt)	déboucher (vt)	[debuʃe]
canalizador (m)	plombier (m)	[plɔ̃bje]
cave (f)	sous-sol (m)	[susɔl]
sistema (m) de esgotos	égouts (m pl)	[egu]

102. Fogo. Deflagração

incêndio (m)	feu (m)	[fø]
chama (f)	flamme (f)	[flam]
faísca (f)	étincelle (f)	[etɛ̃sɛl]
fumo (m)	fumée (f)	[fyme]
tocha (f)	flambeau (m)	[flɑ̃bo]
fogueira (f)	feu (m) de bois	[fø də bwa]
gasolina (f)	essence (f)	[esɑ̃s]

querosene (m)	kérosène (m)	[kerɔzɛn]
inflamável	inflammable (adj)	[ɛ̃flamabl]
explosivo	explosif (adj)	[ɛksplozif]
PROIBIDO FUMAR!	DÉFENSE DE FUMER	[defɑ̃s də fyme]

segurança (f)	sécurité (f)	[sekyrite]
perigo (m)	danger (m)	[dɑ̃ʒe]
perigoso	dangereux (adj)	[dɑ̃ʒrø]

incendiar-se (vr)	prendre feu	[prɑ̃dr fø]
explosão (f)	explosion (f)	[ɛksplozjɔ̃]
incendiar (vt)	mettre feu	[mɛtr fø]
incendiário (m)	incendiaire (m)	[ɛ̃sɑ̃djɛr]
incêndio (m) criminoso	incendie (m) prémédité	[ɛ̃sɑ̃di premedite]

arder (vi)	flamboyer (vi)	[flɑ̃bwaje]
queimar (vi)	brûler (vi)	[bryle]
queimar tudo (vi)	brûler complètement	[bryle kɔ̃plɛtmɑ̃]

chamar os bombeiros	appeler les pompiers	[aple le pɔ̃pje]
bombeiro (m)	pompier (m)	[pɔ̃pje]
carro (m) de bombeiros	voiture (f) de pompiers	[vwatyr də pɔ̃pje]
corpo (m) de bombeiros	sapeurs-pompiers (m pl)	[sapœrpɔ̃pje]
escada (f) extensível	échelle (f) des pompiers	[eʃɛl de pɔ̃pje]

mangueira (f)	tuyau (m) d'incendie	[tɥijo dɛ̃sɑ̃di]
extintor (m)	extincteur (m)	[ɛkstɛ̃ktœr]
capacete (m)	casque (m)	[kask]
sirene (f)	sirène (f)	[sirɛn]

gritar (vi)	crier (vi)	[krije]
chamar por socorro	appeler au secours	[aple o səkur]
salvador (m)	secouriste (m)	[səkurist]
salvar, resgatar (vt)	sauver (vt)	[sove]

chegar (vi)	venir (vi)	[vənir]
apagar (vt)	éteindre (vt)	[etɛ̃dr]
água (f)	eau (f)	[o]
areia (f)	sable (m)	[sabl]

ruínas (f pl)	ruines (f pl)	[rɥin]
ruir (vi)	tomber en ruine	[tɔ̃be ɑ̃ rɥin]
desmoronar (vi)	s'écrouler (vp)	[sekrule]
desabar (vi)	s'effondrer (vp)	[sefɔ̃dre]

fragmento (m)	morceau (m)	[mɔrso]
cinza (f)	cendre (f)	[sɑ̃dr]

sufocar (vi)	mourir étouffé	[murir etufe]
perecer (vi)	périr (vi)	[perir]

ATIVIDADES HUMANAS

Emprego. Negócios. Parte 1

103. Escritório. O trabalho no escritório

escritório (~ de advogados)	**bureau** (m)	[byro]
escritório (do diretor, etc.)	**bureau** (m)	[byro]
receção (f)	**accueil** (m)	[akœj]
secretário (m)	**secrétaire** (m)	[səkretɛr]
secretária (f)	**secrétaire** (f)	[səkretɛr]
diretor (m)	**directeur** (m)	[dirɛktœr]
gerente (m)	**manager** (m)	[manadʒœr]
contabilista (m)	**comptable** (m)	[kõtabl]
empregado (m)	**collaborateur** (m)	[kɔlabɔratœr]
mobiliário (m)	**meubles** (m pl)	[mœbl]
mesa (f)	**bureau** (m)	[byro]
cadeira (f)	**fauteuil** (m)	[fotœj]
bloco (m) de gavetas	**classeur** (m) **à tiroirs**	[klasœr a tirwar]
cabide (m) de pé	**portemanteau** (m)	[pɔrtmãto]
computador (m)	**ordinateur** (m)	[ɔrdinatœr]
impressora (f)	**imprimante** (f)	[ɛ̃primãt]
fax (m)	**fax** (m)	[faks]
fotocopiadora (f)	**copieuse** (f)	[kɔpjøz]
papel (m)	**papier** (m)	[papje]
artigos (m pl) de escritório	**papeterie** (f)	[papɛtri]
tapete (m) de rato	**tapis** (m) **de souris**	[tapi də suri]
folha (f) de papel	**feuille** (f)	[fœj]
pasta (f)	**classeur** (m)	[klasœr]
catálogo (m)	**catalogue** (m)	[katalɔg]
diretório (f) telefónico	**annuaire** (m)	[anɥɛr]
documentação (f)	**documents** (m pl)	[dɔkymã]
brochura (f)	**brochure** (f)	[brɔʃyr]
flyer (m)	**prospectus** (m)	[prɔspɛktys]
amostra (f)	**échantillon** (m)	[eʃãtijõ]
formação (f)	**formation** (f)	[fɔrmasjõ]
reunião (f)	**réunion** (f)	[reynjõ]
hora (f) de almoço	**pause** (f) **déjeuner**	[poz deʒœne]
fazer uma cópia	**faire une copie**	[fɛr yn kɔpi]
tirar cópias	**faire des copies**	[fɛr de kɔpi]
receber um fax	**recevoir un fax**	[rəsəvwar œ̃ faks]
enviar um fax	**envoyer un fax**	[ãvwaje œ̃ faks]

fazer uma chamada	**téléphoner, appeler**	[telefɔne], [aple]
responder (vt)	**répondre** (vi, vt)	[repɔ̃dr]
passar (vt)	**passer** (vt)	[pɑse]

marcar (vt)	**fixer** (vt)	[fikse]
demonstrar (vt)	**montrer** (vt)	[mɔ̃tre]
estar ausente	**être absent**	[ɛtr apsɑ̃]
ausência (f)	**absence** (f)	[apsɑ̃s]

104. Processos negociais. Parte 1

negócio (m)	**affaire** (f)	[afɛr]
ocupação (f)	**métier** (m)	[metje]

firma, empresa (f)	**firme** (f), **société** (f)	[firm], [sɔsjete]
companhia (f)	**compagnie** (f)	[kɔ̃paɲi]
corporação (f)	**corporation** (f)	[kɔrpɔrasjɔ̃]
empresa (f)	**entreprise** (f)	[ɑ̃trœpriz]
agência (f)	**agence** (f)	[aʒɑ̃s]

acordo (documento)	**accord** (m)	[akɔr]
contrato (m)	**contrat** (m)	[kɔ̃tra]
acordo (transação)	**marché** (m)	[marʃe]
encomenda (f)	**commande** (f)	[kɔmɑ̃d]
cláusulas (f pl), termos (m pl)	**terme** (m)	[tɛrm]

por grosso (adv)	**en gros** (adv)	[ɑ̃ gro]
por grosso (adj)	**en gros** (adj)	[ɑ̃ gro]
venda (f) por grosso	**vente** (f) **en gros**	[vɑ̃t ɑ̃ gro]
a retalho	**au détail** (adj)	[odetaj]
venda (f) a retalho	**vente** (f) **au détail**	[vɑ̃t o detaj]

concorrente (m)	**concurrent** (m)	[kɔ̃kyrɑ̃]
concorrência (f)	**concurrence** (f)	[kɔ̃kyrɑ̃s]
competir (vi)	**concurrencer** (vt)	[kɔ̃kyrɑ̃se]

sócio (m)	**associé** (m)	[asɔsje]
parceria (f)	**partenariat** (m)	[partənarja]

crise (f)	**crise** (f)	[kriz]
bancarrota (f)	**faillite** (f)	[fajit]
entrar em falência	**faire faillite**	[fɛr fajit]
dificuldade (f)	**difficulté** (f)	[difikylte]
problema (m)	**problème** (m)	[prɔblɛm]
catástrofe (f)	**catastrophe** (f)	[katastrɔf]

economia (f)	**économie** (f)	[ekɔnɔmi]
económico	**économique** (adj)	[ekɔnɔmik]
recessão (f) económica	**baisse** (f) **économique**	[bɛs ekɔnɔmik]

objetivo (m)	**but** (m)	[byt]
tarefa (f)	**objectif** (m)	[ɔbʒɛktif]
comerciar (vi, vt)	**faire du commerce**	[fɛr dy kɔmɛrs]
rede (de distribuição)	**réseau** (m)	[rezo]

estoque (m)	inventaire (m)	[ɛ̃vɑ̃tɛr]
sortimento (m)	assortiment (m)	[asɔrtimɑ̃]
líder (m)	leader (m)	[lidœr]
grande (~ empresa)	grand, grande (adj)	[grɑ̃, grɑ̃d]
monopólio (m)	monopole (m)	[mɔnɔpɔl]
teoria (f)	théorie (f)	[teɔri]
prática (f)	pratique (f)	[pratik]
experiência (falar por ~)	expérience (f)	[ɛksperjɑ̃s]
tendência (f)	tendance (f)	[tɑ̃dɑ̃s]
desenvolvimento (m)	développement (m)	[devlɔpmɑ̃]

105. Processos negociais. Parte 2

rentabilidade (f)	rentabilité (m)	[rɑ̃tabilite]
rentável	rentable (adj)	[rɑ̃tabl]
delegação (f)	délégation (f)	[delegasjɔ̃]
salário, ordenado (m)	salaire (m)	[salɛr]
corrigir (um erro)	corriger (vt)	[kɔriʒe]
viagem (f) de negócios	voyage (m) d'affaires	[vwajaʒ dafɛr]
comissão (f)	commission (f)	[kɔmisjɔ̃]
controlar (vt)	contrôler (vt)	[kɔ̃trole]
conferência (f)	conférence (f)	[kɔ̃ferɑ̃s]
licença (f)	licence (f)	[lisɑ̃s]
confiável	fiable (adj)	[fjabl]
empreendimento (m)	initiative (f)	[inisjativ]
norma (f)	norme (f)	[nɔrm]
circunstância (f)	circonstance (f)	[sirkɔ̃stɑ̃s]
dever (m)	fonction (f)	[fɔ̃ksjɔ̃]
empresa (f)	entreprise (f)	[ɑ̃trœpriz]
organização (f)	organisation (f)	[ɔrganizasjɔ̃]
organizado	organisé (adj)	[ɔrganize]
anulação (f)	annulation (f)	[anylasjɔ̃]
anular, cancelar (vt)	annuler (vt)	[anyle]
relatório (m)	rapport (m)	[rapɔr]
patente (f)	brevet (m)	[brəvɛ]
patentear (vt)	breveter (vt)	[brəvte]
planear (vt)	planifier (vt)	[planifje]
prémio (m)	prime (f)	[prim]
profissional	professionnel (adj)	[prɔfɛsjɔnɛl]
procedimento (m)	procédure (f)	[prɔsedyr]
examinar (a questão)	examiner (vt)	[ɛgzamine]
cálculo (m)	calcul (m)	[kalkyl]
reputação (f)	réputation (f)	[repytasjɔ̃]
risco (m)	risque (m)	[risk]
dirigir (~ uma empresa)	diriger (vt)	[diriʒe]

informação (f)	renseignements (m pl)	[rɑ̃sɛɲəmɑ̃]
propriedade (f)	propriété (f)	[prɔprijete]
união (f)	union (f)	[ynjɔ̃]

seguro (m) de vida	assurance vie (f)	[asyrɑ̃s vi]
fazer um seguro	assurer (vt)	[asyre]
seguro (m)	assurance (f)	[asyrɑ̃s]

leilão (m)	enchères (f pl)	[ɑ̃ʃɛr]
notificar (vt)	notifier (vt)	[nɔtifje]
gestão (f)	gestion (f)	[ʒɛstjɔ̃]
serviço (indústria de ~s)	service (m)	[sɛrvis]

fórum (m)	forum (m)	[fɔrɔm]
funcionar (vi)	fonctionner (vi)	[fɔ̃ksjɔne]
estágio (m)	étape (f)	[etap]
jurídico	juridique (adj)	[ʒyridik]
jurista (m)	juriste (m)	[ʒyrist]

106. Produção. Trabalhos

usina (f)	usine (f)	[yzin]
fábrica (f)	fabrique (f)	[fabrik]
oficina (f)	atelier (m)	[atəlje]
local (m) de produção	site (m) de production	[sit də prɔdyksjɔ̃]

indústria (f)	industrie (f)	[ɛ̃dystri]
industrial	industriel (adj)	[ɛ̃dystrijɛl]
indústria (f) pesada	industrie (f) lourde	[ɛ̃dystri lurd]
indústria (f) ligeira	industrie (f) légère	[ɛ̃dystri leʒɛr]

produção (f)	produit (m)	[prɔdyi]
produzir (vt)	produire (vt)	[prɔdɥir]
matérias-primas (f pl)	matières (f pl) premières	[matjɛr prəmjɛr]

chefe (m) de brigada	chef (m) d'équipe	[ʃɛf dekip]
brigada (f)	équipe (f) d'ouvriers	[ekip duvrije]
operário (m)	ouvrier (m)	[uvrije]

dia (m) de trabalho	jour (m) ouvrable	[ʒur uvrabl]
pausa (f)	pause (f)	[poz]
reunião (f)	réunion (f)	[reynjɔ̃]
discutir (vt)	discuter (vt)	[diskyte]

plano (m)	plan (m)	[plɑ̃]
cumprir o plano	accomplir le plan	[akɔ̃plir lə plɑ̃]
taxa (f) de produção	norme (f) de production	[nɔrm də prɔdyksjɔ̃]
qualidade (f)	qualité (f)	[kalite]
controlo (m)	contrôle (m)	[kɔ̃trol]
controlo (m) da qualidade	contrôle (m) qualité	[kɔ̃trol kalite]

segurança (f) no trabalho	sécurité (f) de travail	[sekyrite də travaj]
disciplina (f)	discipline (f)	[disiplin]
infração (f)	infraction (f)	[ɛ̃fraksjɔ̃]

violar (as regras)	**violer** (vt)	[vjɔle]
greve (f)	**grève** (f)	[grɛv]
grevista (m)	**gréviste** (m)	[grevist]
estar em greve	**faire grève**	[fɛr grɛv]
sindicato (m)	**syndicat** (m)	[sɛ̃dika]

inventar (vt)	**inventer** (vt)	[ɛ̃vɑ̃te]
invenção (f)	**invention** (f)	[ɛ̃vɑ̃sjɔ̃]
pesquisa (f)	**recherche** (f)	[rəʃɛrʃ]
melhorar (vt)	**améliorer** (vt)	[ameljɔre]
tecnologia (f)	**technologie** (f)	[tɛknɔlɔʒi]
desenho (m) técnico	**dessin** (m) **technique**	[desɛ̃ tɛknik]

carga (f)	**charge** (f)	[ʃarʒ]
carregador (m)	**chargeur** (m)	[ʃarʒœr]
carregar (vt)	**charger** (vt)	[ʃarʒe]
carregamento (m)	**chargement** (m)	[ʃarʒəmɑ̃]
descarregar (vt)	**décharger** (vt)	[deʃarʒe]
descarga (f)	**déchargement** (m)	[deʃarʒəmɑ̃]

transporte (m)	**transport** (m)	[trɑ̃spɔr]
companhia (f) de transporte	**compagnie** (f) **de transport**	[kɔ̃paɲi də trɑ̃spɔr]
transportar (vt)	**transporter** (vt)	[trɑ̃spɔrte]

vagão (m) de carga	**wagon** (m) **de marchandise**	[vagɔ̃ də marʃɑ̃diz]
cisterna (f)	**citerne** (f)	[sitɛrn]
camião (m)	**camion** (m)	[kamjɔ̃]

máquina-ferramenta (f)	**machine-outil** (f)	[maʃinuti]
mecanismo (m)	**mécanisme** (m)	[mekanism]

resíduos (m pl) industriais	**déchets** (m pl)	[deʃɛ]
embalagem (f)	**emballage** (m)	[ɑ̃balaʒ]
embalar (vt)	**emballer** (vt)	[ɑ̃bale]

107. Contrato. Acordo

contrato (m)	**contrat** (m)	[kɔ̃tra]
acordo (m)	**accord** (m)	[akɔr]
adenda (f), anexo (m)	**annexe** (f)	[anɛks]

assinar o contrato	**signer un contrat**	[siɲe œ̃ kɔ̃tra]
assinatura (f)	**signature** (f)	[siɲatyr]
assinar (vt)	**signer** (vt)	[siɲe]
carimbo (m)	**cachet** (m)	[kaʃe]

objeto (m) do contrato	**objet** (m) **du contrat**	[ɔbʒɛ dy kɔ̃tra]
cláusula (f)	**clause** (f)	[kloz]
partes (f pl)	**côtés** (m pl)	[kote]
morada (f) jurídica	**adresse** (f) **légale**	[adrɛs legal]

violar o contrato	**violer l'accord**	[vjɔle lakɔr]
obrigação (f)	**obligation** (f)	[ɔbligasjɔ̃]
responsabilidade (f)	**responsabilité** (f)	[rɛspɔ̃sabilite]

força (f) maior	force (f) majeure	[fɔrs maʒœr]
litígio (m), disputa (f)	litige (m)	[litiʒ]
multas (f pl)	pénalités (f pl)	[penalite]

108. Importação & Exportação

importação (f)	importation (f)	[ɛ̃pɔrtasjɔ̃]
importador (m)	importateur (m)	[ɛ̃pɔrtatœr]
importar (vt)	importer (vt)	[ɛ̃pɔrte]
de importação	d'importation	[dɛ̃pɔrtasjɔ̃]

exportação (f)	exportation (f)	[ɛkspɔrtasjɔ̃]
exportador (m)	exportateur (m)	[ɛkspɔrtatœr]
exportar (vt)	exporter (vt)	[ɛkspɔrte]
de exportação	à l'export	[a lɛkspɔr]

| mercadoria (f) | marchandise (f) | [marʃɑ̃diz] |
| lote (de mercadorias) | lot (m) de marchandises | [lo də marʃɑ̃diz] |

peso (m)	poids (m)	[pwa]
volume (m)	volume (m)	[vɔlym]
metro (m) cúbico	mètre (m) cube	[mɛtr kyb]

produtor (m)	producteur (m)	[prɔdyktœr]
companhia (f) de transporte	compagnie (f) de transport	[kɔ̃paɲi də trɑ̃spɔr]
contentor (m)	container (m)	[kɔ̃tɛnɛr]

fronteira (f)	frontière (f)	[frɔ̃tjɛr]
alfândega (f)	douane (f)	[dwan]
taxa (f) alfandegária	droit (m) de douane	[drwa də dwan]
funcionário (m) da alfândega	douanier (m)	[dwanje]
contrabando (atividade)	contrebande (f)	[kɔ̃trəbɑ̃d]
contrabando (produtos)	contrebande (f)	[kɔ̃trəbɑ̃d]

109. Finanças

ação (f)	action (f)	[aksjɔ̃]
obrigação (f)	obligation (f)	[ɔbligasjɔ̃]
nota (f) promissória	lettre (f) de change	[lɛtr də ʃɑ̃ʒ]

| bolsa (f) | bourse (f) | [burs] |
| cotação (m) das ações | cours (m) d'actions | [kur daksjɔ̃] |

| tornar-se mais barato | baisser (vi) | [bese] |
| tornar-se mais caro | augmenter (vi) | [ogmɑ̃te] |

| parte (f) | part (f) | [par] |
| participação (f) maioritária | participation (f) de contrôle | [partisipasjɔ̃ də kɔ̃trol] |

investimento (m)	investissements (m pl)	[ɛ̃vɛstismɑ̃]
investir (vt)	investir (vt)	[ɛ̃vɛstir]
percentagem (f)	pour-cent (m)	[pursɑ̃]

juros (m pl)	intérêts (m pl)	[ɛ̃tɛrɛ]
lucro (m)	profit (m)	[prɔfi]
lucrativo	profitable (adj)	[prɔfitabl]
imposto (m)	impôt (m)	[ɛ̃po]

divisa (f)	devise (f)	[dəviz]
nacional	national (adj)	[nasjɔnal]
câmbio (m)	échange (m)	[eʃɑ̃ʒ]

| contabilista (m) | comptable (m) | [kɔ̃tabl] |
| contabilidade (f) | comptabilité (f) | [kɔ̃tabilite] |

bancarrota (f)	faillite (f)	[fajit]
falência (f)	krach (m)	[krak]
ruína (f)	ruine (f)	[rɥin]
arruinar-se (vr)	se ruiner (vp)	[sə rɥine]
inflação (f)	inflation (f)	[ɛ̃flasjɔ̃]
desvalorização (f)	dévaluation (f)	[devalɥasjɔ̃]

capital (m)	capital (m)	[kapital]
rendimento (m)	revenu (m)	[rəvəny]
volume (m) de negócios	chiffre (m) d'affaires	[ʃifr dafɛr]
recursos (m pl)	ressources (f pl)	[rəsurs]
recursos (m pl) financeiros	moyens (m pl) financiers	[mwajɛ̃ finɑ̃sje]

| despesas (f pl) gerais | frais (m pl) généraux | [frɛ ʒenerø] |
| reduzir (vt) | réduire (vt) | [redɥir] |

110. Marketing

marketing (m)	marketing (m)	[marketiŋ]
mercado (m)	marché (m)	[marʃe]
segmento (m) do mercado	segment (m) du marché	[sɛgmɑ̃ dy marʃe]
produto (m)	produit (m)	[prɔdyi]
mercadoria (f)	marchandise (f)	[marʃɑ̃diz]

marca (f)	marque (f) de fabrique	[mark də fabrik]
marca (f) comercial	marque (f) déposée	[mark depoze]
logotipo (m)	logotype (m)	[lɔgɔtip]
logo (m)	logo (m)	[logo]

demanda (f)	demande (f)	[dəmɑ̃d]
oferta (f)	offre (f)	[ɔfr]
necessidade (f)	besoin (m)	[bəzwɛ̃]
consumidor (m)	consommateur (m)	[kɔ̃sɔmatœr]

análise (f)	analyse (f)	[analiz]
analisar (vt)	analyser (vt)	[analize]
posicionamento (m)	positionnement (m)	[pozisjɔnmɑ̃]
posicionar (vt)	positionner (vt)	[pozisjɔne]

preço (m)	prix (m)	[pri]
política (f) de preços	politique (f) des prix	[pɔlitik de pri]
formação (f) de preços	formation (f) des prix	[fɔrmasjɔ̃ de pri]

111. Publicidade

publicidade (f)	publicité (f), pub (f)	[pyblisite], [pyb]
publicitar (vt)	faire de la publicité	[fɛr də la pyblisite]
orçamento (m)	budget (m)	[bydʒɛ]
anúncio (m) publicitário	annonce (f), pub (f)	[anõs], [pyb]
publicidade (f) televisiva	publicité (f) à la télévision	[pyblisite ala televizjõ]
publicidade (f) na rádio	publicité (f) à la radio	[pyblisite ala radjo]
publicidade (f) exterior	publicité (f) extérieure	[pyblisite ɛksterjœr]
comunicação (f) de massa	mass média (m pl)	[masmedja]
periódico (m)	périodique (m)	[perjɔdik]
imagem (f)	image (f)	[imaʒ]
slogan (m)	slogan (m)	[slɔgã]
mote (m), divisa (f)	devise (f)	[dəviz]
campanha (f)	campagne (f)	[kãpaɲ]
companha (f) publicitária	campagne (f) publicitaire	[kãpaɲ pyblisitɛr]
grupo (m) alvo	public (m) cible	[pyblik sibl]
cartão (m) de visita	carte (f) de visite	[kart də vizit]
flyer (m)	prospectus (m)	[prɔspɛktys]
brochura (f)	brochure (f)	[brɔʃyr]
folheto (m)	dépliant (m)	[deplijã]
boletim (~ informativo)	bulletin (m)	[byltɛ̃]
letreiro (m)	enseigne (f)	[ãsɛɲ]
cartaz, póster (m)	poster (m)	[pɔstɛr]
painel (m) publicitário	panneau-réclame (m)	[pano reklam]

112. Banca

banco (m)	banque (f)	[bãk]
sucursal, balcão (f)	agence (f) bancaire	[aʒãs bãkɛr]
consultor (m)	conseiller (m)	[kõseje]
gerente (m)	gérant (m)	[ʒerã]
conta (f)	compte (m)	[kõt]
número (m) da conta	numéro (m) du compte	[nymero dy kõt]
conta (f) corrente	compte (m) courant	[kõt kurã]
conta (f) poupança	compte (m) sur livret	[kõt syr livrɛ]
abrir uma conta	ouvrir un compte	[uvrir œ̃ kõt]
fechar uma conta	clôturer le compte	[klotyre lə kõt]
depositar na conta	verser dans le compte	[vɛrse dã lə kõt]
levantar (vt)	retirer du compte	[rətire dy kõt]
depósito (m)	dépôt (m)	[depo]
fazer um depósito	faire un dépôt	[fɛr œ̃ depo]
transferência (f) bancária	virement (m) bancaire	[virmã bãkɛr]

transferir (vt)	faire un transfert	[fɛr œ̃ trɑ̃sfɛr]
soma (f)	somme (f)	[sɔm]
Quanto?	Combien?	[kɔ̃bjɛ̃]

| assinatura (f) | signature (f) | [siɲatyr] |
| assinar (vt) | signer (vt) | [siɲe] |

cartão (m) de crédito	carte (f) de crédit	[kart də kredi]
código (m)	code (m)	[kɔd]
número (m)	numéro (m) de carte	[nymero də kart
do cartão de crédito	de crédit	də kredi]
Caixa Multibanco (m)	distributeur (m)	[distribytœr]

cheque (m)	chèque (m)	[ʃɛk]
passar um cheque	faire un chèque	[fɛr œ̃ ʃɛk]
livro (m) de cheques	chéquier (m)	[ʃekje]

empréstimo (m)	crédit (m)	[kredi]
pedir um empréstimo	demander un crédit	[dəmɑ̃de œ̃ kredi]
obter um empréstimo	prendre un crédit	[prɑ̃dr œ̃ kredi]
conceder um empréstimo	accorder un crédit	[akɔrde œ̃ kredi]
garantia (f)	gage (m)	[gaʒ]

113. Telefone. Conversação telefónica

telefone (m)	téléphone (m)	[telefɔn]
telemóvel (m)	portable (m)	[pɔrtabl]
secretária (f) electrónica	répondeur (m)	[repɔ̃dœr]

| fazer uma chamada | téléphoner, appeler | [telefɔne], [aple] |
| chamada (f) | appel (m) | [apɛl] |

marcar um número	composer le numéro	[kɔ̃poze lə nymero]
Alô!	Allô!	[alo]
perguntar (vt)	demander (vt)	[dəmɑ̃de]
responder (vt)	répondre (vi, vt)	[repɔ̃dr]

ouvir (vt)	entendre (vt)	[ɑ̃tɑ̃dr]
bem	bien (adv)	[bjɛ̃]
mal	mal (adv)	[mal]
ruído (m)	bruits (m pl)	[brɥi]

auscultador (m)	récepteur (m)	[resɛptœr]
pegar o telefone	décrocher (vt)	[dekrɔʃe]
desligar (vi)	raccrocher (vi)	[rakrɔʃe]

ocupado	occupé (adj)	[ɔkype]
tocar (vi)	sonner (vi)	[sɔ̃]
lista (f) telefónica	carnet (m) de téléphone	[karnɛ də telefɔn]
local	local (adj)	[lɔkal]
chamada (f) local	appel (m) local	[apɛl lɔkal]
de longa distância	interurbain (adj)	[ɛ̃tɛryrbɛ̃]
chamada (f) de longa distância	appel (m) interurbain	[apɛl ɛ̃tɛryrbɛ̃]

| internacional | international (adj) | [ɛ̃tɛrnasjɔnal] |
| chamada (f) internacional | appel (m) international | [apɛl ɛ̃tɛrnasjɔnal] |

114. Telefone móvel

telemóvel (m)	portable (m)	[pɔrtabl]
ecrã (m)	écran (m)	[ekrɑ̃]
botão (m)	bouton (m)	[butɔ̃]
cartão SIM (m)	carte SIM (f)	[kart sim]

bateria (f)	pile (f)	[pil]
descarregar-se	être déchargé	[ɛtr deʃarʒe]
carregador (m)	chargeur (m)	[ʃarʒœr]

| menu (m) | menu (m) | [mǝny] |
| definições (f pl) | réglages (m pl) | [reglaʒ] |

| melodia (f) | mélodie (f) | [melɔdi] |
| escolher (vt) | sélectionner (vt) | [selɛksjɔne] |

calculadora (f)	calculatrice (f)	[kalkylatris]
correio (m) de voz	répondeur (m)	[repɔ̃dœr]
despertador (m)	réveil (m)	[revɛj]
contatos (m pl)	contacts (m pl)	[kɔ̃takt]

| mensagem (f) de texto | SMS (m) | [esemes] |
| assinante (m) | abonné (m) | [abɔne] |

115. Estacionário

| caneta (f) | stylo (m) à bille | [stilo ɑ bij] |
| caneta (f) tinteiro | stylo (m) à plume | [stilo ɑ plym] |

lápis (m)	crayon (m)	[krɛjɔ̃]
marcador (m)	marqueur (m)	[markœr]
caneta (f) de feltro	feutre (m)	[føtr]

| bloco (m) de notas | bloc-notes (m) | [blɔknɔt] |
| agenda (f) | agenda (m) | [aʒɛ̃da] |

régua (f)	règle (f)	[rɛgl]
calculadora (f)	calculatrice (f)	[kalkylatris]
borracha (f)	gomme (f)	[gɔm]

| pionés (m) | punaise (f) | [pynɛz] |
| clipe (m) | trombone (m) | [trɔ̃bɔn] |

| cola (f) | colle (f) | [kɔl] |
| agrafador (m) | agrafeuse (f) | [agraføz] |

| furador (m) | perforateur (m) | [pɛrfɔratœr] |
| afia-lápis (m) | taille-crayon (m) | [tajkrɛjɔ̃] |

116. Vários tipos de documentos

relatório (m)	rapport (m)	[rapɔr]
acordo (m)	accord (m)	[akɔr]
ficha (f) de inscrição	formulaire (m) d'inscription	[fɔrmylɛr dɛ̃skripsjɔ̃]
autêntico	authentique (adj)	[otɑ̃tik]
crachá (m)	badge (m)	[badʒ]
cartão (m) de visita	carte (f) de visite	[kart də vizit]

certificado (m)	certificat (m)	[sɛrtifika]
cheque (m)	chèque (m) de banque	[ʃɛk də bɑ̃k]
conta (f)	addition (f)	[adisjɔ̃]
constituição (f)	constitution (f)	[kɔ̃stitysjɔ̃]

contrato (m)	contrat (m)	[kɔ̃tra]
cópia (f)	copie (f)	[kɔpi]
exemplar (m)	exemplaire (m)	[ɛgzɑ̃plɛr]

declaração (f) alfandegária	déclaration (f) de douane	[deklarasjɔ̃ də dwan]
documento (m)	document (m)	[dɔkymɑ̃]
carta (f) de condução	permis (m) de conduire	[pɛrmi də kɔ̃dɥir]
adenda (ao contrato)	annexe (f)	[anɛks]
questionário (m)	questionnaire (m)	[kɛstjɔnɛr]

bilhete (m) de identidade	carte (f) d'identité	[kart didɑ̃tite]
inquérito (m)	demande (f) de renseignements	[dəmɑ̃d də rɑ̃sɛɲəmɑ̃]
convite (m)	lettre (f) d'invitation	[lɛtr dɛ̃vitasjɔ̃]
fatura (f)	facture (f)	[faktyr]

lei (f)	loi (f)	[lwa]
carta (correio)	lettre (f)	[lɛtr]
papel (m) timbrado	papier (m) à en-tête	[papje ɑ ɑ̃tɛt]
lista (f)	liste (f)	[list]
manuscrito (m)	manuscrit (m)	[manyskri]
boletim (~ informativo)	bulletin (m)	[byltɛ̃]
bilhete (mensagem breve)	mot (m)	[mo]

passe (m)	laissez-passer (m)	[lese pɑse]
passaporte (m)	passeport (m)	[pɑspɔr]
permissão (f)	permis (m)	[pɛrmi]
CV, currículo (m)	C.V. (m)	[seve]
vale (nota promissória)	reconnaissance (f) de dette	[rəkɔnɛsɑ̃s də dɛt]
recibo (m)	reçu (m)	[rəsy]
talão (f)	ticket (m) de caisse	[tikɛ də kɛs]
relatório (m)	rapport (m)	[rapɔr]

mostrar (vt)	présenter (vt)	[prezɑ̃te]
assinar (vt)	signer (vt)	[siɲe]
assinatura (f)	signature (f)	[siɲatyr]
carimbo (m)	cachet (m)	[kaʃe]
texto (m)	texte (m)	[tɛkst]
bilhete (m)	ticket (m)	[tikɛ]
riscar (vt)	rayer (vt)	[rɛje]
preencher (vt)	remplir (vt)	[rɑ̃plir]

| guia (f) de remessa | bordereau (m) de transport | [bɔrdəro də trãspɔr] |
| testamento (m) | testament (m) | [tɛstamã] |

117. Tipos de negócios

serviços (m pl) de contabilidade	services (m pl) comptables	[sɛrvis kõtabl]
publicidade (f)	publicité (f), pub (f)	[pyblisite], [pyb]
agência (f) de publicidade	agence (f) publicitaire	[aʒãs pyblisitɛr]
ar (m) condicionado	climatisation (m)	[klimatizasjõ]
companhia (f) aérea	compagnie (f) aérienne	[kõpaɲi aerjɛn]

bebidas (f pl) alcoólicas	boissons (f pl) alcoolisées	[bwasõ alkɔlize]
comércio (m) de antiguidades	antiquités (f pl)	[ãtikite]
galeria (f) de arte	galerie (f) d'art	[galri dar]
serviços (m pl) de auditoria	services (m pl) d'audition	[sɛrvis dodisjõ]

negócios (m pl) bancários	banques (f pl)	[bãk]
bar (m)	bar (m)	[bar]
salão (m) de beleza	salon (m) de beauté	[salõ də bote]
livraria (f)	librairie (f)	[librɛri]
cervejaria (f)	brasserie (f)	[brasri]
centro (m) de escritórios	centre (m) d'affaires	[sãtr dafɛr]
escola (f) de negócios	école (f) de commerce	[ekɔl də kɔmɛrs]

casino (m)	casino (m)	[kazino]
construção (f)	bâtiment (m)	[batimã]
serviços (m pl) de consultoria	conseil (m)	[kõsɛj]

estomatologia (f)	dentistes (pl)	[dãtists]
design (m)	design (m)	[dizajn]
farmácia (f)	pharmacie (f)	[farmasi]
lavandaria (f)	pressing (m)	[presiŋ]
agência (f) de emprego	agence (f) de recrutement	[aʒãs də rəkrytmã]

serviços (m pl) financeiros	service (m) financier	[sɛrvis finãsje]
alimentos (m pl)	produits (m pl) alimentaires	[prɔdyi alimãtɛr]
agência (f) funerária	maison (f) funéraire	[mɛzõ fynerɛr]
mobiliário (m)	meubles (m pl)	[mœbl]
roupa (f)	vêtement (m)	[vɛtmã]
hotel (m)	hôtel (m)	[otɛl]

gelado (m)	glace (f)	[glas]
indústria (f)	industrie (f)	[ɛ̃dystri]
seguro (m)	assurance (f)	[asyrãs]
internet (f)	Internet (m)	[ɛ̃tɛrnɛt]
investimento (m)	investissements (m pl)	[ɛ̃vɛstismã]

joalheiro (m)	bijoutier (m)	[biʒutje]
joias (f pl)	bijouterie (f)	[biʒutri]
lavandaria (f)	blanchisserie (f)	[blãʃisri]
serviços (m pl) jurídicos	service (m) juridique	[sɛrvis ʒyridik]
indústria (f) ligeira	industrie (f) légère	[ɛ̃dystri leʒɛr]
revista (f)	revue (f)	[rəvy]

vendas (f pl) por catálogo	vente (f) par catalogue	[vɑ̃t par katalɔg]
medicina (f)	médecine (f)	[medsin]
cinema (m)	cinéma (m)	[sinema]
museu (m)	musée (m)	[myze]
agência (f) de notícias	agence (f) d'information	[aʒɑ̃s dɛ̃fɔrmasjɔ̃]
jornal (m)	journal (m)	[ʒurnal]
clube (m) noturno	boîte (f) de nuit	[bwat də nɥi]
petróleo (m)	pétrole (m)	[petrɔl]
serviço (m) de encomendas	coursiers (m pl)	[kursje]
indústria (f) farmacêutica	industrie (f) pharmaceutique	[ɛ̃dystri farmasøtik]
poligrafia (f)	imprimerie (f)	[ɛ̃primri]
editora (f)	maison (f) d'édition	[mɛzɔ̃ dedisjɔ̃]
rádio (m)	radio (f)	[radjo]
imobiliário (m)	immobilier (m)	[imɔbilje, -ɛr]
restaurante (m)	restaurant (m)	[rɛstɔrɑ̃]
empresa (f) de segurança	agence (f) de sécurité	[aʒɑ̃s də sekyrite]
desporto (m)	sport (m)	[spɔr]
bolsa (f)	bourse (f)	[burs]
loja (f)	magasin (m)	[magazɛ̃]
supermercado (m)	supermarché (m)	[sypɛrmarʃe]
piscina (f)	piscine (f)	[pisin]
alfaiataria (f)	atelier (m) de couture	[atəlje də kutyr]
televisão (f)	télévision (f)	[televizjɔ̃]
teatro (m)	théâtre (m)	[teɑtr]
comércio (atividade)	commerce (m)	[kɔmɛrs]
serviços (m pl) de transporte	sociétés de transport	[sɔsjete trɑ̃spɔr]
viagens (f pl)	tourisme (m)	[turism]
veterinário (m)	vétérinaire (m)	[veterinɛr]
armazém (m)	entrepôt (m)	[ɑ̃trəpo]
recolha (f) do lixo	récupération (f) des déchets	[rekyperasjɔ̃ də deʃɛ]

Emprego. Negócios. Parte 2

118. Espetáculo. Feira

feira (f)	salon (m)	[salɔ̃]
feira (f) comercial	salon (m) commercial	[salɔ̃ kɔmɛrsjal]
participação (f)	participation (f)	[partisipɑsjɔ̃]
participar (vi)	participer à ...	[partisipe a]
participante (m)	participant (m)	[partisipɑ̃]
diretor (m)	directeur (m)	[dirɛktœr]
direção (f)	direction (f)	[dirɛksjɔ̃]
organizador (m)	organisateur (m)	[ɔrganizatœr]
organizar (vt)	organiser (vt)	[ɔrganize]
ficha (f) de inscrição	demande (f) de participation	[dəmɑ̃d də partisipɑsjɔ̃]
preencher (vt)	remplir (vt)	[rɑ̃plir]
detalhes (m pl)	détails (m pl)	[detaj]
informação (f)	information (f)	[ɛ̃fɔrmasjɔ̃]
preço (m)	prix (m)	[pri]
incluindo	y compris	[i kɔ̃pri]
incluir (vt)	inclure (vt)	[ɛ̃klyr]
pagar (vt)	payer (vi, vt)	[peje]
taxa (f) de inscrição	droits (m pl) d'inscription	[drwa dɛ̃skripsjɔ̃]
entrada (f)	entrée (f)	[ɑ̃tre]
pavilhão (m)	pavillon (m)	[pavijɔ̃]
inscrever (vt)	enregistrer (vt)	[ɑ̃rəʒistre]
crachá (m)	badge (m)	[badʒ]
stand (m)	stand (m)	[stɑ̃d]
reservar (vt)	réserver (vt)	[rezɛrve]
vitrina (f)	vitrine (f)	[vitrin]
foco, spot (m)	lampe (f)	[lɑ̃p]
design (m)	design (m)	[dizajn]
pôr, colocar (vt)	mettre, placer	[mɛtr], [plase]
ser colocado, -a	être placé	[ɛtr plase]
distribuidor (m)	distributeur (m)	[distribytœr]
fornecedor (m)	fournisseur (m)	[furnisœr]
fornecer (vt)	fournir (vt)	[furnir]
país (m)	pays (m)	[pei]
estrangeiro	étranger (adj)	[etrɑ̃ʒe]
produto (m)	produit (m)	[prɔdyi]
associação (f)	association (f)	[asɔsjasjɔ̃]

sala (f) de conferências	salle (f) de conférences	[sal də kɔ̃ferãs]
congresso (m)	congrès (m)	[kɔ̃grɛ]
concurso (m)	concours (m)	[kɔ̃kur]

visitante (m)	visiteur (m)	[vizitœr]
visitar (vt)	visiter (vt)	[vizite]
cliente (m)	client (m)	[klijã]

119. Media

jornal (m)	journal (m)	[ʒurnal]
revista (f)	revue (f)	[rəvy]
imprensa (f)	presse (f)	[prɛs]
rádio (m)	radio (f)	[radjo]
estação (f) de rádio	station (f) de radio	[stasjɔ̃ də radjo]
televisão (f)	télévision (f)	[televizjɔ̃]

apresentador (m)	animateur (m)	[animatœr]
locutor (m)	présentateur (m)	[prezãtatœr]
comentador (m)	commentateur (m)	[kɔmãtatœr]

jornalista (m)	journaliste (m)	[ʒurnalist]
correspondente (m)	correspondant (m)	[kɔrɛspɔ̃dã]
repórter (m) fotográfico	reporter photographe (m)	[rəpɔrtœr fɔtɔgraf]
repórter (m)	reporter (m)	[rəpɔrtɛr]

| redator (m) | rédacteur (m) | [redaktœr] |
| redator-chefe (m) | rédacteur (m) en chef | [redaktœr ã ʃɛf] |

assinar a ...	s'abonner (vp)	[sabɔne]
assinatura (f)	abonnement (m)	[abɔnmã]
assinante (m)	abonné (m)	[abɔne]
ler (vt)	lire (vi, vt)	[lir]
leitor (m)	lecteur (m)	[lɛktœr]

tiragem (f)	tirage (m)	[tiraʒ]
mensal	mensuel (adj)	[mãsɥɛl]
semanal	hebdomadaire (adj)	[ɛbdɔmadɛr]
número (jornal, revista)	numéro (m)	[nymero]
recente	nouveau (adj)	[nuvo]

manchete (f)	titre (m)	[titr]
pequeno artigo (m)	entrefilet (m)	[ãtrəfilɛ]
coluna (~ semanal)	rubrique (f)	[rybrik]
artigo (m)	article (m)	[artikl]
página (f)	page (f)	[paʒ]

reportagem (f)	reportage (m)	[rəpɔrtaʒ]
evento (m)	événement (m)	[evɛnmã]
sensação (f)	sensation (f)	[sãsasjɔ̃]
escândalo (m)	scandale (m)	[skãdal]
escandaloso	scandaleux	[skãdalø]
grande	grand (adj)	[grã]
programa (m) de TV	émission (f)	[emisjɔ̃]

entrevista (f)	interview (f)	[ɛ̃tɛrvju]
transmissão (f) em direto	émission (f) en direct	[emisjɔ̃ ɑ̃ dirɛkt]
canal (m)	chaîne (f)	[ʃɛn]

120. Agricultura

agricultura (f)	agriculture (f)	[agrikyltyr]
camponês (m)	paysan (m)	[peizɑ̃]
camponesa (f)	paysanne (f)	[peizan]
agricultor (m)	fermier (m)	[fɛrmje]

| trator (m) | tracteur (m) | [traktœr] |
| ceifeira-debulhadora (f) | moissonneuse-batteuse (f) | [mwasɔnøzbatøz] |

arado (m)	charrue (f)	[ʃary]
arar (vt)	labourer (vt)	[labure]
campo (m) lavrado	champ (m) labouré	[ʃɑ̃ labure]
rego (m)	sillon (m)	[sijɔ̃]

semear (vt)	semer (vt)	[səme]
semeadora (f)	semeuse (f)	[səmøz]
semeadura (f)	semailles (f pl)	[səmaj]

| gadanha (f) | faux (f) | [fo] |
| gadanhar (vt) | faucher (vt) | [foʃe] |

| pá (f) | pelle (f) | [pɛl] |
| cavar (vt) | bêcher (vt) | [beʃe] |

enxada (f)	couperet (m)	[kuprɛ]
carpir (vt)	sarcler (vt)	[sarkle]
erva (f) daninha	mauvaise herbe (f)	[movɛz ɛrb]

regador (m)	arrosoir (m)	[arozwar]
regar (vt)	arroser (vt)	[aroze]
rega (f)	arrosage (m)	[arozaʒ]

| forquilha (f) | fourche (f) | [furʃ] |
| ancinho (m) | râteau (m) | [rɑto] |

fertilizante (m)	engrais (m)	[ɑ̃grɛ]
fertilizar (vt)	engraisser (vt)	[ɑ̃grese]
estrume (m)	fumier (m)	[fymje]

campo (m)	champ (m)	[ʃɑ̃]
prado (m)	pré (m)	[pre]
horta (f)	potager (m)	[potaʒe]
pomar (m)	jardin (m)	[ʒardɛ̃]

pastar (vt)	faire paître	[fɛr pɛtr]
pastor (m)	berger (m)	[bɛrʒe]
pastagem (f)	pâturage (m)	[pɑtyraʒ]
pecuária (f)	élevage (m)	[ɛlvaʒ]
criação (f) de ovelhas	élevage (m) de moutons	[ɛlvaʒ də mutɔ̃]

plantação (f)	plantation (f)	[plãtasjɔ̃]
canteiro (m)	plate-bande (f)	[platbãd]
invernadouro (m)	serre (f)	[sɛr]

| seca (f) | sécheresse (f) | [sɛʃrɛs] |
| seco (verão ~) | sec (adj) | [sɛk] |

cereal (m)	grains (m pl)	[grɛ̃]
cereais (m pl)	céréales (f pl)	[sereal]
colher (vt)	récolter (vt)	[rekɔlte]

moleiro (m)	meunier (m)	[mønje]
moinho (m)	moulin (m)	[mulɛ̃]
moer (vt)	moudre (vt)	[mudr]
farinha (f)	farine (f)	[farin]
palha (f)	paille (f)	[paj]

121. Construção. Processo de construção

canteiro (m) de obras	chantier (m)	[ʃãtje]
construir (vt)	construire (vt)	[kɔ̃strɥir]
construtor (m)	ouvrier (m) du bâtiment	[uvrije dy batimã]

projeto (m)	projet (m)	[prɔʒɛ]
arquiteto (m)	architecte (m)	[arʃitɛkt]
operário (m)	ouvrier (m)	[uvrije]

fundação (f)	fondations (f pl)	[fɔ̃dasjɔ̃]
telhado (m)	toit (m)	[twa]
estaca (f)	pieu (m) de fondation	[pjø də fɔ̃dasjɔ̃]
parede (f)	mur (m)	[myr]

| varões (m pl) para betão | ferraillage (m) | [fɛrajaʒ] |
| andaime (m) | échafaudage (m) | [eʃafodaʒ] |

betão (m)	béton (m)	[betɔ̃]
granito (m)	granit (m)	[grani]
pedra (f)	pierre (f)	[pjɛr]
tijolo (m)	brique (f)	[brik]

areia (f)	sable (m)	[sabl]
cimento (m)	ciment (m)	[simã]
emboço (m)	plâtre (m)	[plɑtr]
emboçar (vt)	plâtrer (vt)	[plɑtre]

tinta (f)	peinture (f)	[pɛ̃tyr]
pintar (vt)	peindre (vt)	[pɛ̃dr]
barril (m)	tonneau (m)	[tɔno]

grua (f), guindaste (m)	grue (f)	[gry]
erguer (vt)	monter (vt)	[mɔ̃te]
baixar (vt)	abaisser (vt)	[abese]
buldózer (m)	bulldozer (m)	[byldozɛr]
escavadora (f)	excavateur (m)	[ɛkskavatœr]

caçamba (f)	**godet** (m)	[gɔdɛ]
escavar (vt)	**creuser** (vt)	[krøze]
capacete (m) de proteção	**casque** (m)	[kask]

122. Ciência. Investigação. Cientistas

ciência (f)	**science** (f)	[sjãs]
científico	**scientifique** (adj)	[sjãtifik]
cientista (m)	**savant** (m)	[savã]
teoria (f)	**théorie** (f)	[teɔri]
axioma (m)	**axiome** (m)	[aksjom]
análise (f)	**analyse** (f)	[analiz]
analisar (vt)	**analyser** (vt)	[analize]
argumento (m)	**argument** (m)	[argymã]
substância (f)	**substance** (f)	[sypstãs]
hipótese (f)	**hypothèse** (f)	[ipɔtɛz]
dilema (m)	**dilemme** (m)	[dilɛm]
tese (f)	**thèse** (f)	[tɛz]
dogma (m)	**dogme** (m)	[dɔgm]
doutrina (f)	**doctrine** (f)	[dɔktrin]
pesquisa (f)	**recherche** (f)	[rəʃɛrʃ]
pesquisar (vt)	**rechercher** (vt)	[rəʃɛrʃe]
teste (m)	**test** (m)	[tɛst]
laboratório (m)	**laboratoire** (m)	[labɔratwar]
método (m)	**méthode** (f)	[metɔd]
molécula (f)	**molécule** (f)	[mɔlekyl]
monitoramento (m)	**monitoring** (m)	[mɔnitɔriŋ]
descoberta (f)	**découverte** (f)	[dekuvɛrt]
postulado (m)	**postulat** (m)	[pɔstyla]
princípio (m)	**principe** (m)	[prɛ̃sip]
prognóstico (previsão)	**prévision** (f)	[previzjɔ̃]
prognosticar (vt)	**prévoir** (vt)	[prevwar]
síntese (f)	**synthèse** (f)	[sɛ̃tɛz]
tendência (f)	**tendance** (f)	[tãdãs]
teorema (m)	**théorème** (m)	[teɔrɛm]
ensinamentos (m pl)	**enseignements** (m pl)	[ãsɛɲmã]
facto (m)	**fait** (m)	[fɛ]
expedição (f)	**expédition** (f)	[ɛkspedisjɔ̃]
experiência (f)	**expérience** (f)	[ɛksperjãs]
académico (m)	**académicien** (m)	[akademisjɛn]
bacharel (m)	**bachelier** (m)	[baʃəlje]
doutor (m)	**docteur** (m)	[dɔktœr]
docente (m)	**chargé** (m) **de cours**	[ʃarʒe də kur]
mestre (m)	**magistère** (m)	[maʒistɛr]
professor (m) catedrático	**professeur** (m)	[prɔfɛsœr]

Profissões e ocupações

123. Procura de emprego. Demissão

trabalho (m)	travail (m)	[travaj]
equipa (f)	employés (pl)	[ãplwaje]
pessoal (m)	personnel (m)	[pɛrsɔnɛl]
carreira (f)	carrière (f)	[karjɛr]
perspetivas (f pl)	perspective (f)	[pɛrspɛktiv]
mestria (f)	maîtrise (f)	[metriz]
seleção (f)	sélection (f)	[selɛksjõ]
agência (f) de emprego	agence (f) de recrutement	[aʒãs də rəkrytmã]
CV, currículo (m)	C.V. (m)	[seve]
entrevista (f) de emprego	entretien (m)	[ãtrətjɛ̃]
vaga (f)	emploi (m) vacant	[ãplwa vakã]
salário (m)	salaire (m)	[salɛr]
salário (m) fixo	salaire (m) fixe	[salɛr fiks]
pagamento (m)	rémunération (f)	[remynerasjõ]
posto (m)	poste (m)	[pɔst]
dever (do empregado)	fonction (f)	[fõksjõ]
gama (f) de deveres	liste (f) des fonctions	[list de fõksjõ]
ocupado	occupé (adj)	[ɔkype]
despedir, demitir (vt)	licencier (vt)	[lisãsje]
demissão (f)	licenciement (m)	[lisãsimã]
desemprego (m)	chômage (m)	[ʃomaʒ]
desempregado (m)	chômeur (m)	[ʃomœr]
reforma (f)	retraite (f)	[rətrɛt]
reformar-se	prendre sa retraite	[prãdr sa rətrɛt]

124. Gente de negócios

diretor (m)	directeur (m)	[dirɛktœr]
gerente (m)	gérant (m)	[ʒerã]
patrão, chefe (m)	patron (m)	[patrõ]
superior (m)	supérieur (m)	[syperjœr]
superiores (m pl)	supérieurs (m pl)	[syperjœr]
presidente (m)	président (m)	[prezidã]
presidente (m) de direção	président (m)	[prezidã]
substituto (m)	adjoint (m)	[adʒwɛ̃]
assistente (m)	assistant (m)	[asistã]

| secretário (m) | secrétaire (m, f) | [səkretɛr] |
| secretário (m) pessoal | secrétaire (m, f) personnel | [səkretɛr pɛrsɔnɛl] |

homem (m) de negócios	homme (m) d'affaires	[ɔm dafɛr]
empresário (m)	entrepreneur (m)	[ɑ̃trəprənœr]
fundador (m)	fondateur (m)	[fɔ̃datœr]
fundar (vt)	fonder (vt)	[fɔ̃de]

fundador, sócio (m)	fondateur (m)	[fɔ̃datœr]
parceiro, sócio (m)	partenaire (m)	[partənɛr]
acionista (m)	actionnaire (m)	[aksjɔnɛr]

milionário (m)	millionnaire (m)	[miljɔnɛr]
bilionário (m)	milliardaire (m)	[miljardɛr]
proprietário (m)	propriétaire (m)	[prɔprijetɛr]
proprietário (m) de terras	propriétaire (m) foncier	[prɔprijetɛr fɔ̃sje]

cliente (m)	client (m)	[klijɑ̃]
cliente (m) habitual	client (m) régulier	[klijɑ̃ regylje]
comprador (m)	acheteur (m)	[aʃtœr]
visitante (m)	visiteur (m)	[vizitœr]

profissional (m)	professionnel (m)	[prɔfɛsjɔnɛl]
perito (m)	expert (m)	[ɛkspɛr]
especialista (m)	spécialiste (m)	[spesjalist]

| banqueiro (m) | banquier (m) | [bɑ̃kje] |
| corretor (m) | courtier (m) | [kurtje] |

caixa (m, f)	caissier (m)	[kesje]
contabilista (m)	comptable (m)	[kɔ̃tabl]
guarda (m)	agent (m) de sécurité	[aʒɑ̃ də sekyrite]

investidor (m)	investisseur (m)	[ɛ̃vɛstisœr]
devedor (m)	débiteur (m)	[debitœr]
credor (m)	créancier (m)	[kreɑ̃sje]
mutuário (m)	emprunteur (m)	[ɑ̃prœ̃tœr]

| importador (m) | importateur (m) | [ɛ̃pɔrtatœr] |
| exportador (m) | exportateur (m) | [ɛkspɔrtatœr] |

produtor (m)	producteur (m)	[prɔdyktœr]
distribuidor (m)	distributeur (m)	[distribytœr]
intermediário (m)	intermédiaire (m)	[ɛ̃tɛrmedjɛr]

consultor (m)	conseiller (m)	[kɔ̃seje]
representante (m)	représentant (m)	[rəprezɑ̃tɑ̃]
agente (m)	agent (m)	[aʒɑ̃]
agente (m) de seguros	agent (m) d'assurances	[aʒɑ̃ dasyrɑ̃s]

125. Profissões de serviços

| cozinheiro (m) | cuisinier (m) | [kɥizinje] |
| cozinheiro chefe (m) | cuisinier (m) en chef | [kɥizinje ɑ̃ ʃɛf] |

padeiro (m)	boulanger (m)	[bulãʒe]
barman (m)	barman (m)	[barman]
empregado (m) de mesa	serveur (m)	[sɛrvœr]
empregada (f) de mesa	serveuse (f)	[sɛrvøz]

advogado (m)	avocat (m)	[avɔka]
jurista (m)	juriste (m)	[ʒyrist]
notário (m)	notaire (m)	[nɔtɛr]

eletricista (m)	électricien (m)	[elɛktrisjɛ̃]
canalizador (m)	plombier (m)	[plɔ̃bje]
carpinteiro (m)	charpentier (m)	[ʃarpɑ̃tje]

massagista (m)	masseur (m)	[masœr]
massagista (f)	masseuse (f)	[masøz]
médico (m)	médecin (m)	[medsɛ̃]

taxista (m)	chauffeur (m) de taxi	[ʃofœr də taksi]
condutor (automobilista)	chauffeur (m)	[ʃofœr]
entregador (m)	livreur (m)	[livrœr]

camareira (f)	femme (f) de chambre	[fam də ʃɑ̃br]
guarda (m)	agent (m) de sécurité	[aʒɑ̃ də sekyrite]
hospedeira (f) de bordo	hôtesse (f) de l'air	[otɛs də lɛr]

professor (m)	professeur (m)	[prɔfɛsœr]
bibliotecário (m)	bibliothécaire (m)	[biblijɔtekɛr]
tradutor (m)	traducteur (m)	[tradyktœr]
intérprete (m)	interprète (m)	[ɛ̃tɛrprɛt]
guia (pessoa)	guide (m)	[gid]

cabeleireiro (m)	coiffeur (m)	[kwafœr]
carteiro (m)	facteur (m)	[faktœr]
vendedor (m)	vendeur (m)	[vɑ̃dœr]

jardineiro (m)	jardinier (m)	[ʒardinje]
criado (m)	serviteur (m)	[sɛrvitœr]
criada (f)	servante (f)	[sɛrvɑ̃t]
empregada (f) de limpeza	femme (f) de ménage	[fam də menaʒ]

126. Profissões militares e postos

soldado (m) raso	soldat (m)	[sɔlda]
sargento (m)	sergent (m)	[sɛrʒɑ̃]
tenente (m)	lieutenant (m)	[ljøtnɑ̃]
capitão (m)	capitaine (m)	[kapitɛn]

major (m)	commandant (m)	[kɔmɑ̃dɑ̃]
coronel (m)	colonel (m)	[kɔlɔnɛl]
general (m)	général (m)	[ʒeneral]
marechal (m)	maréchal (m)	[mareʃal]
almirante (m)	amiral (m)	[amiral]
militar (m)	militaire (m)	[militɛr]
soldado (m)	soldat (m)	[sɔlda]

| oficial (m) | officier (m) | [ɔfisje] |
| comandante (m) | commandant (m) | [kɔmɑ̃dɑ̃] |

guarda (m) fronteiriço	garde-frontière (m)	[gardəfrɔ̃tjɛr]
operador (m) de rádio	opérateur (m) radio	[ɔperatœr radjo]
explorador (m)	éclaireur (m)	[eklɛrœr]
sapador (m)	démineur (m)	[deminœr]
atirador (m)	tireur (m)	[tirœr]
navegador (m)	navigateur (m)	[navigatœr]

127. Oficiais. Padres

| rei (m) | roi (m) | [rwa] |
| rainha (f) | reine (f) | [rɛn] |

| príncipe (m) | prince (m) | [prɛ̃s] |
| princesa (f) | princesse (f) | [prɛ̃sɛs] |

| czar (m) | tsar (m) | [tsar] |
| czarina (f) | tsarine (f) | [tsarin] |

presidente (m)	président (m)	[prezidɑ̃]
ministro (m)	ministre (m)	[ministr]
primeiro-ministro (m)	premier ministre (m)	[prəmje ministɛr]
senador (m)	sénateur (m)	[senatœr]

diplomata (m)	diplomate (m)	[diplɔmat]
cônsul (m)	consul (m)	[kɔ̃syl]
embaixador (m)	ambassadeur (m)	[ɑ̃basadœr]
conselheiro (m)	conseiller (m)	[kɔ̃seje]

funcionário (m)	fonctionnaire (m)	[fɔ̃ksjɔnɛr]
prefeito (m)	préfet (m)	[prefɛ]
Presidente (m) da Câmara	maire (m)	[mɛr]

| juiz (m) | juge (m) | [ʒyʒ] |
| procurador (m) | procureur (m) | [prɔkyrœr] |

missionário (m)	missionnaire (m)	[misjɔnɛr]
monge (m)	moine (m)	[mwan]
abade (m)	abbé (m)	[abe]
rabino (m)	rabbin (m)	[rabɛ̃]

vizir (m)	vizir (m)	[vizir]
xá (m)	shah (m)	[ʃa]
xeque (m)	cheik (m)	[ʃɛjk]

128. Profissões agrícolas

apicultor (m)	apiculteur (m)	[apikyltœr]
pastor (m)	berger (m)	[bɛrʒe]
agrónomo (m)	agronome (m)	[agrɔnɔm]

criador (m) de gado	**éleveur** (m)	[elvœr]
veterinário (m)	**vétérinaire** (m)	[veterinɛr]
agricultor (m)	**fermier** (m)	[fɛrmje]
vinicultor (m)	**vinificateur** (m)	[vinifikatœr]
zoólogo (m)	**zoologiste** (m)	[zɔɔlɔʒist]
cowboy (m)	**cow-boy** (m)	[kɔbɔj]

129. Profissões artísticas

ator (m)	**acteur** (m)	[aktœr]
atriz (f)	**actrice** (f)	[aktris]
cantor (m)	**chanteur** (m)	[ʃɑ̃tœr]
cantora (f)	**cantatrice** (f)	[kɑ̃tatris]
bailarino (m)	**danseur** (m)	[dɑ̃sœr]
bailarina (f)	**danseuse** (f)	[dɑ̃søz]
artista (m)	**artiste** (m)	[artist]
artista (f)	**artiste** (f)	[artist]
músico (m)	**musicien** (m)	[myzisjɛ̃]
pianista (m)	**pianiste** (m)	[pjanist]
guitarrista (m)	**guitariste** (m)	[gitarist]
maestro (m)	**chef** (m) **d'orchestre**	[ʃɛf dɔrkɛstr]
compositor (m)	**compositeur** (m)	[kɔ̃pozitœr]
empresário (m)	**imprésario** (m)	[ɛ̃presarjo]
realizador (m)	**metteur** (m) **en scène**	[mɛtœr ɑ̃ sɛn]
produtor (m)	**producteur** (m)	[prɔdyktœr]
argumentista (m)	**scénariste** (m)	[senarist]
crítico (m)	**critique** (m)	[kritik]
escritor (m)	**écrivain** (m)	[ekrivɛ̃]
poeta (m)	**poète** (m)	[pɔɛt]
escultor (m)	**sculpteur** (m)	[skyltœr]
pintor (m)	**peintre** (m)	[pɛ̃tr]
malabarista (m)	**jongleur** (m)	[ʒɔ̃glœr]
palhaço (m)	**clown** (m)	[klun]
acrobata (m)	**acrobate** (m)	[akrɔbat]
mágico (m)	**magicien** (m)	[maʒisjɛ̃]

130. Várias profissões

médico (m)	**médecin** (m)	[medsɛ̃]
enfermeira (f)	**infirmière** (f)	[ɛ̃firmjɛr]
psiquiatra (m)	**psychiatre** (m)	[psikjatr]
estomatologista (m)	**stomatologue** (m)	[stɔmatɔlɔg]
cirurgião (m)	**chirurgien** (m)	[ʃiryrʒjɛ̃]

astronauta (m)	astronaute (m)	[astrɔnot]
astrónomo (m)	astronome (m)	[astrɔnɔm]
piloto (m)	pilote (m)	[pilɔt]

motorista (m)	chauffeur (m)	[ʃofœr]
maquinista (m)	conducteur (m) de train	[kɔ̃dyktœr də trɛ̃]
mecânico (m)	mécanicien (m)	[mekanisjɛ̃]

mineiro (m)	mineur (m)	[minœr]
operário (m)	ouvrier (m)	[uvrije]
serralheiro (m)	serrurier (m)	[seryrje]
marceneiro (m)	menuisier (m)	[mənɥizje]
torneiro (m)	tourneur (m)	[turnœr]
construtor (m)	ouvrier (m) du bâtiment	[uvrije dy batimã]
soldador (m)	soudeur (m)	[sudœr]

professor (m) catedrático	professeur (m)	[prɔfɛsœr]
arquiteto (m)	architecte (m)	[arʃitɛkt]
historiador (m)	historien (m)	[istɔrjɛ̃]
cientista (m)	savant (m)	[savã]
físico (m)	physicien (m)	[fizisjɛ̃]
químico (m)	chimiste (m)	[ʃimist]

arqueólogo (m)	archéologue (m)	[arkeɔlɔg]
geólogo (m)	géologue (m)	[ʒeɔlɔg]
pesquisador (cientista)	chercheur (m)	[ʃɛrʃœr]

babysitter (f)	baby-sitter (m, f)	[bebisitœr]
professor (m)	pédagogue (m, f)	[pedagɔg]

redator (m)	rédacteur (m)	[redaktœr]
redator-chefe (m)	rédacteur (m) en chef	[redaktœr ã ʃɛf]
correspondente (m)	correspondant (m)	[kɔrɛspɔ̃dã]
datilógrafa (f)	dactylographe (f)	[daktilɔgraf]

designer (m)	designer (m)	[dizajnœr]
especialista (m) em informática	informaticien (m)	[ɛ̃fɔrmatisjɛ̃]
programador (m)	programmeur (m)	[prɔgramœr]
engenheiro (m)	ingénieur (m)	[ɛ̃ʒenjœr]

marujo (m)	marin (m)	[marɛ̃]
marinheiro (m)	matelot (m)	[matlo]
salvador (m)	secouriste (m)	[səkurist]

bombeiro (m)	pompier (m)	[pɔ̃pje]
polícia (m)	policier (m)	[pɔlisje]
guarda-noturno (m)	veilleur (m) de nuit	[vejœr də nɥi]
detetive (m)	détective (m)	[detɛktiv]

funcionário (m) da alfândega	douanier (m)	[dwanje]
guarda-costas (m)	garde (m) du corps	[gard dy kɔr]
guarda (m) prisional	gardien (m) de prison	[gardjɛ̃ də prizɔ̃]
inspetor (m)	inspecteur (m)	[ɛ̃spɛktœr]
desportista (m)	sportif (m)	[spɔrtif]
treinador (m)	entraîneur (m)	[ãtrɛnœr]

talhante (m)	**boucher** (m)	[buʃe]
sapateiro (m)	**cordonnier** (m)	[kɔrdɔnje]
comerciante (m)	**commerçant** (m)	[kɔmɛrsã]
carregador (m)	**chargeur** (m)	[ʃarʒœr]
estilista (m)	**couturier** (m)	[kutyrje]
modelo (f)	**modèle** (f)	[mɔdɛl]

131. Ocupações. Estatuto social

aluno, escolar (m)	**écolier** (m)	[ekɔlje]
estudante (~ universitária)	**étudiant** (m)	[etydjã]
filósofo (m)	**philosophe** (m)	[filozɔf]
economista (m)	**économiste** (m)	[ekɔnɔmist]
inventor (m)	**inventeur** (m)	[ɛ̃vãtœr]
desempregado (m)	**chômeur** (m)	[ʃomœr]
reformado (m)	**retraité** (m)	[rətrɛte]
espião (m)	**espion** (m)	[ɛspjɔ̃]
preso (m)	**prisonnier** (m)	[prizɔnje]
grevista (m)	**gréviste** (m)	[grevist]
burocrata (m)	**bureaucrate** (m)	[byrokrat]
viajante (m)	**voyageur** (m)	[vwajaʒœr]
homossexual (m)	**homosexuel** (m)	[ɔmɔsɛksɥɛl]
hacker (m)	**hacker** (m)	[akeːr]
hippie	**hippie** (m, f)	[ipi]
bandido (m)	**bandit** (m)	[bãdi]
assassino (m) a soldo	**tueur** (m) **à gages**	[tɥœr a gaʒ]
toxicodependente (m)	**drogué** (m)	[drɔge]
traficante (m)	**trafiquant** (m) **de drogue**	[trafikã də drɔg]
prostituta (f)	**prostituée** (f)	[prɔstitɥe]
chulo (m)	**souteneur** (m)	[sutnœr]
bruxo (m)	**sorcier** (m)	[sɔrsje]
bruxa (f)	**sorcière** (f)	[sɔrsjɛr]
pirata (m)	**pirate** (m)	[pirat]
escravo (m)	**esclave** (m)	[ɛsklav]
samurai (m)	**samouraï** (m)	[samuraj]
selvagem (m)	**sauvage** (m)	[sovaʒ]

Desportos

132. Tipos de desportos. Desportistas

desportista (m)	sportif (m)	[spɔrtif]
tipo (m) de desporto	type (m) de sport	[tip də spɔr]
basquetebol (m)	basket-ball (m)	[baskɛtbol]
jogador (m) de basquetebol	basketteur (m)	[baskɛtœr]
beisebol (m)	base-ball (m)	[bɛzbol]
jogador (m) de beisebol	joueur (m) de base-ball	[ʒwœr də bɛzbol]
futebol (m)	football (m)	[futbol]
futebolista (m)	joueur (m) de football	[ʒwœr də futbol]
guarda-redes (m)	gardien (m) de but	[gardjɛ̃ də byt]
hóquei (m)	hockey (m)	[ɔkɛ]
jogador (m) de hóquei	hockeyeur (m)	[ɔkɛjœr]
voleibol (m)	volley-ball (m)	[vɔlɛbol]
jogador (m) de voleibol	joueur (m) de volley-ball	[ʒwœr də vɔlɛbol]
boxe (m)	boxe (f)	[bɔks]
boxeador, pugilista (m)	boxeur (m)	[bɔksœr]
luta (f)	lutte (f)	[lyt]
lutador (m)	lutteur (m)	[lytœr]
karaté (m)	karaté (m)	[karate]
karateca (m)	karatéka (m)	[karateka]
judo (m)	judo (m)	[ʒydo]
judoca (m)	judoka (m)	[ʒydɔka]
ténis (m)	tennis (m)	[tenis]
tenista (m)	joueur (m) de tennis	[ʒwœr də tenis]
natação (f)	natation (f)	[natasjɔ̃]
nadador (m)	nageur (m)	[naʒœr]
esgrima (f)	escrime (f)	[ɛskrim]
esgrimista (m)	escrimeur (m)	[ɛskrimœr]
xadrez (m)	échecs (m pl)	[eʃɛk]
xadrezista (m)	joueur (m) d'échecs	[ʒwœr deʃɛk]
alpinismo (m)	alpinisme (m)	[alpinism]
alpinista (m)	alpiniste (m)	[alpinist]
corrida (f)	course (f)	[kurs]

corredor (m)	coureur (m)	[kurœr]
atletismo (m)	athlétisme (m)	[atletism]
atleta (m)	athlète (m)	[atlɛt]

| hipismo (m) | équitation (f) | [ekitasjɔ̃] |
| cavaleiro (m) | cavalier (m) | [kavalje] |

patinagem (f) artística	patinage (m) artistique	[patinaʒ artistik]
patinador (m)	patineur (m)	[patinœr]
patinadora (f)	patineuse (f)	[patinøz]

| halterofilismo (m) | haltérophilie (f) | [alterɔfili] |
| halterofilista (m) | haltérophile (m) | [alterɔfil] |

| corrida (f) de carros | course (f) automobile | [kurs otomɔbil] |
| piloto (m) | pilote (m) | [pilɔt] |

| ciclismo (m) | cyclisme (m) | [siklism] |
| ciclista (m) | cycliste (m) | [siklist] |

salto (m) em comprimento	sauts (m pl) en longueur	[le so ã lɔ̃gœr]
salto (m) à vara	sauts (m pl) à la perche	[le so ɑla pɛrʃ]
atleta (m) de saltos	sauteur (m)	[sotœr]

133. Tipos de desportos. Diversos

futebol (m) americano	football (m) américain	[futbol amerikɛ̃]
badminton (m)	badminton (m)	[badmintɔn]
biatlo (m)	biathlon (m)	[biatlɔ̃]
bilhar (m)	billard (m)	[bijar]

bobsled (m)	bobsleigh (m)	[bobslɛg]
musculação (f)	bodybuilding (m)	[bɔdibildiŋ]
polo (m) aquático	water-polo (m)	[watɛrpolo]
andebol (m)	handball (m)	[ãdbal]
golfe (m)	golf (m)	[gɔlf]

remo (m)	aviron (m)	[avirɔ̃]
mergulho (m)	plongée (f)	[plɔ̃ʒe]
corrida (f) de esqui	course (f) à skis	[kurs ɑ ski]
ténis (m) de mesa	tennis (m) de table	[tenis də tabl]

vela (f)	voile (f)	[vwal]
rali (m)	rallye (m)	[rali]
râguebi (m)	rugby (m)	[rygbi]
snowboard (m)	snowboard (m)	[snɛubɔːd]
tiro (m) com arco	tir (m) à l'arc	[tir ɑ lark]

134. Ginásio

| barra (f) | barre (f) à disques | [bar ɑ disk] |
| halteres (m pl) | haltères (m pl) | [altɛr] |

aparelho (m) de musculaçao	appareil (m) d'entraînement	[aparɛj dãtrɛnmã]
bicicleta (f) ergométrica	vélo (m) d'exercice	[velo dɛgzɛrsis]
passadeira (f) de corrida	tapis (m) roulant	[tapi rulã]

barra (f) fixa	barre (f) fixe	[bar fiks]
barras (f) paralelas	barres (pl) parallèles	[le bar paralɛl]
cavalo (m)	cheval (m) d'Arçons	[ʃəval darsõ]
tapete (m) de ginástica	tapis (m) gymnastique	[tapi ʒimnastik]

corda (f) de saltar	corde (f) à sauter	[kɔrd a sote]
aeróbica (f)	aérobic (m)	[aerobik]
ioga (f)	yoga (m)	[jɔga]

135. Hóquei

hóquei (m)	hockey (m)	[ɔkɛ]
jogador (m) de hóquei	hockeyeur (m)	[ɔkɛjœr]
jogar hóquei	jouer au hockey	[ʒew o ɔkɛ]
gelo (m)	glace (f)	[glas]

disco (m)	palet (m)	[palɛ]
taco (m) de hóquei	crosse (f)	[krɔs]
patins (m pl) de gelo	patins (m pl)	[patɛ̃]

muro (m)	rebord (m)	[rəbɔr]
tiro (m)	tir (m)	[tir]

guarda-redes (m)	gardien (m) de but	[gardjɛ̃ də byt]
golo (m)	but (m)	[byt]
marcar um golo	marquer un but	[marke œ̃ byt]

tempo (m)	période (f)	[perjɔd]
segundo tempo (m)	deuxième période (f)	[døzjɛm perjɔd]
banco (m) de reservas	banc (m) des remplaçants	[bã de rãplasã]

136. Futebol

futebol (m)	football (m)	[futbol]
futebolista (m)	joueur (m) de football	[ʒwœr də futbol]
jogar futebol	jouer au football	[ʒwe o futbol]

Liga Principal (f)	ligue (f) supérieure	[lig syperjœr]
clube (m) de futebol	club (m) de football	[klœb də futbol]
treinador (m)	entraîneur (m)	[ãtrɛnœr]
proprietário (m)	propriétaire (m)	[prɔprijetɛr]

equipa (f)	équipe (f)	[ekip]
capitão (m) da equipa	capitaine (m) de l'équipe	[kapitɛn də lekip]
jogador (m)	joueur (m)	[ʒwœr]
jogador (m) de reserva	remplaçant (m)	[rãplasã]
atacante (m)	attaquant (m)	[atakã]
avançado (m) centro	avant-centre (m)	[avãsãtr]

marcador (m)	**butteur** (m)	[bytœr]
defesa (f)	**arrière** (m)	[arjɛr]
médio (m)	**demi** (m)	[dəmi]

jogo (desafio)	**match** (m)	[matʃ]
encontrar-se (vr)	**se rencontrer** (vp)	[sə rãkõtre]
final (m)	**finale** (f)	[final]
meia-final (f)	**demi-finale** (f)	[dəmifinal]
campeonato (m)	**championnat** (m)	[ʃãpjɔna]

tempo (m)	**mi-temps** (f)	[mitã]
primeiro tempo (m)	**première mi-temps** (f)	[prəmjɛr mitã]
intervalo (m)	**mi-temps** (f)	[mitã]

baliza (f)	**but** (m)	[byt]
guarda-redes (m)	**gardien** (m) **de but**	[gardjɛ̃ də byt]
trave (f)	**poteau** (m)	[pɔto]
barra (f) transversal	**barre** (f)	[bar]
rede (f)	**filet** (m)	[filɛ]
sofrer um golo	**encaisser un but**	[ãkese ã byt]

bola (f)	**ballon** (m)	[balõ]
passe (m)	**passe** (f)	[pɑs]
chute (m)	**coup** (m)	[ku]
chutar (vt)	**porter un coup**	[pɔrte œ̃ ku]
tiro (m) livre	**coup** (m) **franc**	[ku frã]
canto (m)	**corner** (m)	[kɔrnɛr]

ataque (m)	**attaque** (f)	[atak]
contra-ataque (m)	**contre-attaque** (f)	[kõtratak]
combinação (f)	**combinaison** (f)	[kõbinɛzõ]

árbitro (m)	**arbitre** (m)	[arbitr]
apitar (vi)	**siffler** (vi)	[sifle]
apito (m)	**sifflet** (m)	[sifle]
falta (f)	**faute** (f)	[fot]
cometer a falta	**commettre un foul**	[kɔmɛtr œ̃ ful]
expulsar (vt)	**expulser du terrain**	[ɛkspylse dy tɛrɛ̃]

cartão (m) amarelo	**carton** (m) **jaune**	[kartõ ʒon]
cartão (m) vermelho	**carton** (m) **rouge**	[kartõ ruʒ]
desqualificação (f)	**disqualification** (f)	[diskalifikasjõ]
desqualificar (vt)	**disqualifier** (vt)	[diskalifje]

penálti (m)	**penalty** (m)	[penalti]
barreira (f)	**mur** (m)	[myr]
marcar (vt)	**marquer** (vt)	[marke]
golo (m)	**but** (m)	[byt]
marcar um golo	**marquer un but**	[marke œ̃ byt]

substituição (f)	**remplacement** (m)	[rãplasmã]
substituir (vt)	**remplacer** (vt)	[rãplase]
regras (f pl)	**règles** (f pl)	[rɛgl]
tática (f)	**tactique** (f)	[taktik]
estádio (m)	**stade** (m)	[stad]
bancadas (f pl)	**tribune** (f)	[tribyn]

fã, adepto (m)	supporteur (m)	[sypɔrtœr]
gritar (vi)	crier (vi)	[krije]
marcador (m)	tableau (m)	[tablo]
resultado (m)	score (m)	[skɔr]
derrota (f)	défaite (f)	[defɛt]
perder (vt)	perdre (vi)	[pɛrdr]
empate (m)	match (m) nul	[matʃnyl]
empatar (vi)	faire match nul	[fɛr matʃnyl]
vitória (f)	victoire (f)	[viktwar]
ganhar, vencer (vi, vt)	gagner (vi, vt)	[gaɲe]
campeão (m)	champion (m)	[ʃɑ̃pjɔ̃]
melhor	meilleur (adj)	[mɛjœr]
felicitar (vt)	féliciter (vt)	[felisite]
comentador (m)	commentateur (m)	[kɔmɑ̃tatœr]
comentar (vt)	commenter (vt)	[kɔmɑ̃te]
transmissão (f)	retransmission (f)	[rətrɑ̃smisjɔ̃]

137. Esqui alpino

esqui (m)	skis (m pl)	[ski]
esquiar (vi)	faire du ski	[fɛr dy ski]
estância (f) de esqui	station (f) de ski	[stasjɔ̃ də ski]
teleférico (m)	remontée (f) mécanique	[rəmɔ̃te mekanik]
bastões (m pl) de esqui	bâtons (m pl)	[batɔ̃]
declive (m)	pente (f)	[pɑ̃t]
slalom (m)	slalom (m)	[slalɔm]

138. Ténis. Golfe

golfe (m)	golf (m)	[gɔlf]
clube (m) de golfe	club (m) de golf	[klœb də gɔlf]
jogador (m) de golfe	joueur (m) au golf	[ʒwœr o gɔlf]
buraco (m)	trou (m)	[tru]
taco (m)	club (m)	[klœb]
trolley (m)	chariot (m) de golf	[ʃarjo də gɔlf]
ténis (m)	tennis (m)	[tenis]
quadra (f) de ténis	court (m) de tennis	[kur də tenis]
saque (m)	service (m)	[sɛrvis]
sacar (vi)	servir (vi)	[sɛrvir]
raquete (f)	raquette (f)	[rakɛt]
rede (f)	filet (m)	[filɛ]
bola (f)	balle (f)	[bal]

139. Xadrez

xadrez (m)	échecs (m pl)	[eʃɛk]
peças (f pl) de xadrez	pièces (f pl)	[pjɛs]
xadrezista (m)	joueur (m) d'échecs	[ʒwœr deʃɛk]
tabuleiro (m) de xadrez	échiquier (m)	[eʃikje]
peça (f) de xadrez	pièce (f)	[pjɛs]
brancas (f pl)	blancs (m pl)	[blɑ̃]
pretas (f pl)	noirs (m pl)	[nwar]
peão (m)	pion (m)	[pjɔ̃]
bispo (m)	fou (m)	[fu]
cavalo (m)	cavalier (m)	[kavalje]
torre (f)	tour (f)	[tur]
dama (f)	reine (f)	[rɛn]
rei (m)	roi (m)	[rwa]
vez (m)	coup (m)	[ku]
mover (vt)	jouer (vt)	[ʒwe]
sacrificar (vt)	sacrifier (vt)	[sakrifje]
roque (m)	roque (m)	[rɔk]
xeque (m)	échec (m)	[eʃɛk]
xeque-mate (m)	tapis (m)	[tapi]
torneio (m) de xadrez	tournoi (m) d'échecs	[turnwa deʃɛk]
grão-mestre (m)	grand maître (m)	[grɑ̃ mɛtr]
combinação (f)	combinaison (f)	[kɔ̃binɛzɔ̃]
partida (f)	partie (f)	[parti]
jogo (m) de damas	dames (f pl)	[dam]

140. Boxe

boxe (m)	boxe (f)	[bɔks]
combate (m)	combat (m)	[kɔ̃ba]
duelo (m)	match (m)	[matʃ]
round (m)	round (m)	[rawnd, rund]
ringue (m)	ring (m)	[riŋ]
gongo (m)	gong (m)	[gɔ̃g]
murro, soco (m)	coup (m)	[ku]
knockdown (m)	knock-down (m)	[nɔkdawn]
nocaute (m)	knock-out (m)	[nɔkaut]
nocautear (vt)	mettre KO	[mɛtr kao]
luva (f) de boxe	gant (m) de boxe	[gɑ̃ də bɔks]
árbitro (m)	arbitre (m)	[arbitr]
peso-leve (m)	poids (m) léger	[pwa leʒe]
peso-médio (m)	poids (m) moyen	[pwa mwajɛ̃]
peso-pesado (m)	poids (m) lourd	[pwa lur]

141. Desportos. Diversos

Jogos (m pl) Olímpicos	Jeux (m pl) olympiques	[ʒø zɔlɛ̃pik]
vencedor (m)	gagnant (m)	[gaɲã]
vencer (vi)	remporter (vt)	[rãpɔrte]
vencer, ganhar (vi)	gagner (vi)	[gaɲe]
líder (m)	leader (m)	[lidœr]
liderar (vt)	prendre la tête	[prãdr la tɛt]
primeiro lugar (m)	première place (f)	[prəmjɛr plas]
segundo lugar (m)	deuxième place (f)	[døzjɛm plas]
terceiro lugar (m)	troisième place (f)	[trwazjɛm plas]
medalha (f)	médaille (f)	[medaj]
troféu (m)	trophée (m)	[trɔfe]
taça (f)	coupe (f)	[kup]
prémio (m)	prix (m)	[pri]
prémio (m) principal	prix (m) principal	[pri prɛ̃sipal]
recorde (m)	record (m)	[rəkɔr]
estabelecer um recorde	établir un record	[etablir œ̃ rəkɔr]
final (m)	finale (f)	[final]
final	final (adj)	[final]
campeão (m)	champion (m)	[ʃãpjõ]
campeonato (m)	championnat (m)	[ʃãpjɔna]
estádio (m)	stade (m)	[stad]
bancadas (f pl)	tribune (f)	[tribyn]
fã, adepto (m)	supporteur (m)	[sypɔrtœr]
adversário (m)	adversaire (m)	[advɛrsɛr]
partida (f)	départ (m)	[depar]
chegada, meta (f)	ligne (f) d'arrivée	[liɲ darive]
derrota (f)	défaite (f)	[defɛt]
perder (vt)	perdre (vi)	[pɛrdr]
árbitro (m)	arbitre (m)	[arbitr]
júri (m)	jury (m)	[ʒyri]
resultado (m)	score (m)	[skɔr]
empate (m)	match (m) nul	[matʃnyl]
empatar (vi)	faire match nul	[fɛr matʃnyl]
ponto (m)	point (m)	[pwɛ̃]
resultado (m) final	résultat (m)	[rezylta]
tempo, período (m)	période (f)	[perjɔd]
intervalo (m)	mi-temps (f)	[mitã]
doping (m)	dopage (m)	[dɔpaʒ]
penalizar (vt)	pénaliser (vt)	[penalize]
desqualificar (vt)	disqualifier (vt)	[diskalifje]
aparelho (m)	agrès (m)	[agrɛ]

dardo (m)	lance (f)	[lãs]
peso (m)	poids (m)	[pwa]
bola (f)	bille (f)	[bij]

alvo, objetivo (m)	cible (f)	[sibl]
alvo (~ de papel)	cible (f)	[sibl]
atirar, disparar (vi)	tirer (vi)	[tire]
preciso (tiro ~)	précis (adj)	[presi]

treinador (m)	entraîneur (m)	[ãtrɛnœr]
treinar (vt)	entraîner (vt)	[ãtrene]
treinar-se (vr)	s'entraîner (vp)	[sãtrene]
treino (m)	entraînement (m)	[ãtrɛnmã]

ginásio (m)	salle (f) de gym	[sal də ʒim]
exercício (m)	exercice (m)	[ɛgzɛrsis]
aquecimento (m)	échauffement (m)	[eʃofmã]

Educação

142. Escola

escola (f)	école (f)	[ekɔl]
diretor (m) de escola	directeur (m) d'école	[dirɛktœr dekɔl]
aluno (m)	élève (m)	[elɛv]
aluna (f)	élève (f)	[elɛv]
escolar (m)	écolier (m)	[ekɔlje]
escolar (f)	écolière (f)	[ekɔljɛr]
ensinar (vt)	enseigner (vt)	[ɑ̃seɲe]
aprender (vt)	apprendre (vt)	[aprɑ̃dr]
aprender de cor	apprendre par cœur	[aprɑ̃dr par kœr]
estudar (vi)	apprendre (vi)	[aprɑ̃dr]
andar na escola	être étudiant, -e	[ɛtr etydjɑ̃, -ɑ̃t]
ir à escola	aller à l'école	[ale a lekɔl]
alfabeto (m)	alphabet (m)	[alfabɛ]
disciplina (f)	matière (f)	[matjɛr]
sala (f) de aula	salle (f) de classe	[sal də klas]
lição (f)	leçon (f)	[ləsɔ̃]
recreio (m)	récréation (f)	[rekreasjɔ̃]
toque (m)	sonnerie (f)	[sɔnri]
carteira (f)	pupitre (m)	[pypitr]
quadro (m) negro	tableau (m)	[tablo]
nota (f)	note (f)	[nɔt]
boa nota (f)	bonne note (f)	[bɔnnɔt]
nota (f) baixa	mauvaise note (f)	[movɛz nɔt]
dar uma nota	donner une note	[dɔne yn nɔt]
erro (m)	faute (f)	[fot]
fazer erros	faire des fautes	[fɛr de fot]
corrigir (vt)	corriger (vt)	[kɔriʒe]
cábula (f)	antisèche (f)	[ɑ̃tisɛʃ]
dever (m) de casa	devoir (m)	[dəvwar]
exercício (m)	exercice (m)	[ɛgzɛrsis]
estar presente	être présent	[ɛtr prezɑ̃]
estar ausente	être absent	[ɛtr apsɑ̃]
faltar às aulas	manquer l'école	[mɑ̃ke lekɔl]
punir (vt)	punir (vt)	[pynir]
punição (f)	punition (f)	[pynisjɔ̃]
comportamento (m)	conduite (f)	[kɔ̃dɥit]

boletim (m) escolar	carnet (m) de notes	[karnε də nɔt]
lápis (m)	crayon (m)	[krɛjõ]
borracha (f)	gomme (f)	[gɔm]
giz (m)	craie (f)	[krɛ]
estojo (m)	plumier (m)	[plymje]

pasta (f) escolar	cartable (m)	[kartabl]
caneta (f)	stylo (m)	[stilo]
caderno (m)	cahier (m)	[kaje]
manual (m) escolar	manuel (m)	[manɥεl]
compasso (m)	compas (m)	[kõpa]

traçar (vt)	dessiner (vt)	[desine]
desenho (m) técnico	dessin (m) technique	[desɛ̃ tεknik]

poesia (f)	poésie (f)	[pɔezi]
de cor	par cœur (adv)	[par kœr]
aprender de cor	apprendre par cœur	[aprãdr par kœr]

férias (f pl)	vacances (f pl)	[vakãs]
estar de férias	être en vacances	[εtr ã vakãs]
passar as férias	passer les vacances	[pɑse le vakãs]

teste (m)	interrogation (f) écrite	[ɛ̃terɔgasjõ ekrit]
composição, redação (f)	composition (f)	[kõpozisjõ]
ditado (m)	dictée (f)	[dikte]
exame (m)	examen (m)	[εgzamɛ̃]
fazer exame	passer les examens	[pɑse lezεgzamɛ̃]
experiência (~ química)	expérience (f)	[εksperjãs]

143. Colégio. Universidade

academia (f)	académie (f)	[akademi]
universidade (f)	université (f)	[ynivεrsite]
faculdade (f)	faculté (f)	[fakylte]

estudante (m)	étudiant (m)	[etydjã]
estudante (f)	étudiante (f)	[etydjãt]
professor (m)	enseignant (m)	[ãsɛɲã]

sala (f) de palestras	salle (f)	[sal]
graduado (m)	licencié (m)	[lisãsje]

diploma (m)	diplôme (m)	[diplom]
tese (f)	thèse (f)	[tεz]

estudo (obra)	étude (f)	[etyd]
laboratório (m)	laboratoire (m)	[labɔratwar]

palestra (f)	cours (m)	[kur]
colega (m) de curso	camarade (m) de cours	[kamarad də kur]

bolsa (f) de estudos	bourse (f)	[burs]
grau (m) académico	grade (m) universitaire	[grad ynivεrsitεr]

144. Ciências. Disciplinas

matemática (f)	mathématiques (f pl)	[matematik]
álgebra (f)	algèbre (f)	[alʒɛbr]
geometria (f)	géométrie (f)	[ʒeɔmetri]

astronomia (f)	astronomie (f)	[astrɔnɔmi]
biologia (f)	biologie (f)	[bjɔlɔʒi]
geografia (f)	géographie (f)	[ʒeɔgrafi]
geologia (f)	géologie (f)	[ʒeɔlɔʒi]
história (f)	histoire (f)	[istwar]

medicina (f)	médecine (f)	[medsin]
pedagogia (f)	pédagogie (f)	[pedagɔʒi]
direito (m)	droit (m)	[drwa]

física (f)	physique (f)	[fizik]
química (f)	chimie (f)	[ʃimi]
filosofia (f)	philosophie (f)	[filɔzɔfi]
psicologia (f)	psychologie (f)	[psikɔlɔʒi]

145. Sistema de escrita. Ortografia

gramática (f)	grammaire (f)	[gramɛr]
vocabulário (m)	vocabulaire (m)	[vɔkabylɛr]
fonética (f)	phonétique (f)	[fɔnetik]

substantivo (m)	nom (m)	[nõ]
adjetivo (m)	adjectif (m)	[adʒɛktif]
verbo (m)	verbe (m)	[vɛrb]
advérbio (m)	adverbe (m)	[advɛrb]

pronome (m)	pronom (m)	[prɔnõ]
interjeição (f)	interjection (f)	[ɛ̃tɛrʒɛksjõ]
preposição (f)	préposition (f)	[prepozisjõ]

raiz (f) da palavra	racine (f)	[rasin]
terminação (f)	terminaison (f)	[tɛrminɛzõ]
prefixo (m)	préfixe (m)	[prefiks]
sílaba (f)	syllabe (f)	[silab]
sufixo (m)	suffixe (m)	[syfiks]

| acento (m) | accent (m) tonique | [aksã tɔnik] |
| apóstrofo (m) | apostrophe (f) | [apɔstrɔf] |

ponto (m)	point (m)	[pwɛ̃]
vírgula (f)	virgule (f)	[virgyl]
ponto e vírgula (m)	point (m) virgule	[pwɛ̃ virgyl]
dois pontos (m pl)	deux-points (m)	[døpwɛ̃]
reticências (f pl)	points (m pl) de suspension	[pwɛ̃ də syspãsjõ]

| ponto (m) de interrogação | point (m) d'interrogation | [pwɛ̃ dɛ̃terɔgasjõ] |
| ponto (m) de exclamação | point (m) d'exclamation | [pwɛ̃ dɛksklamasjõ] |

aspas (f pl)	guillemets (m pl)	[gijmɛ]
entre aspas	entre guillemets	[ãtr gijmɛ]
parênteses (m pl)	parenthèses (f pl)	[parãtɛz]
entre parênteses	entre parenthèses	[ãtr parãtɛz]

hífen (m)	trait (m) d'union	[trɛ dynjõ]
travessão (m)	tiret (m)	[tire]
espaço (m)	blanc (m)	[blã]

letra (f)	lettre (f)	[lɛtr]
letra (f) maiúscula	majuscule (f)	[maʒyskyl]

vogal (f)	voyelle (f)	[vwajɛl]
consoante (f)	consonne (f)	[kõsɔn]

frase (f)	proposition (f)	[prɔpozisjõ]
sujeito (m)	sujet (m)	[syʒɛ]
predicado (m)	prédicat (m)	[predika]

linha (f)	ligne (f)	[liɲ]
em uma nova linha	à la ligne	[alaliɲ]
parágrafo (m)	paragraphe (m)	[paragraf]

palavra (f)	mot (m)	[mo]
grupo (m) de palavras	groupe (m) de mots	[grup də mo]
expressão (f)	expression (f)	[ɛkspresjõ]
sinónimo (m)	synonyme (m)	[sinɔnim]
antónimo (m)	antonyme (m)	[ãtɔnim]

regra (f)	règle (f)	[rɛgl]
exceção (f)	exception (f)	[ɛksɛpsjõ]
correto	correct (adj)	[kɔrɛkt]

conjugação (f)	conjugaison (f)	[kõʒygɛzõ]
declinação (f)	déclinaison (f)	[deklinɛzõ]
caso (m)	cas (m)	[ka]
pergunta (f)	question (f)	[kɛstjõ]
sublinhar (vt)	souligner (vt)	[suliɲe]
linha (f) pontilhada	pointillé (m)	[pwẽtije]

146. Línguas estrangeiras

língua (f)	langue (f)	[lãg]
língua (f) estrangeira	langue (f) étrangère	[lãg etrãʒɛr]
estudar (vt)	étudier (vt)	[etydje]
aprender (vt)	apprendre (vt)	[aprãdr]

ler (vt)	lire (vi, vt)	[lir]
falar (vi)	parler (vi)	[parle]
compreender (vt)	comprendre (vt)	[kõprãdr]
escrever (vt)	écrire (vt)	[ekrir]

rapidamente	vite (adv)	[vit]
devagar	lentement (adv)	[lãtmã]

fluentemente	couramment (adv)	[kuramã]
regras (f pl)	règles (f pl)	[rɛgl]
gramática (f)	grammaire (f)	[gramɛr]
vocabulário (m)	vocabulaire (m)	[vɔkabylɛr]
fonética (f)	phonétique (f)	[fɔnetik]
manual (m) escolar	manuel (m)	[manɥɛl]
dicionário (m)	dictionnaire (m)	[diksjɔnɛr]
manual (m) de autoaprendizagem	manuel (m) autodidacte	[manɥɛl otodidakt]
guia (m) de conversação	guide (m) de conversation	[gid də kɔ̃vɛrsasjɔ̃]
cassete (f)	cassette (f)	[kasɛt]
vídeo cassete (m)	cassette (f) vidéo	[kasɛt video]
CD (m)	CD (m)	[sede]
DVD (m)	DVD (m)	[devede]
alfabeto (m)	alphabet (m)	[alfabɛ]
soletrar (vt)	épeler (vt)	[eple]
pronúncia (f)	prononciation (f)	[prɔnɔ̃sjasjɔ̃]
sotaque (m)	accent (m)	[aksã]
com sotaque	avec un accent	[avɛk œn aksã]
sem sotaque	sans accent	[sã zaksã]
palavra (f)	mot (m)	[mo]
sentido (m)	sens (m)	[sãs]
cursos (m pl)	cours (m pl)	[kur]
inscrever-se (vr)	s'inscrire (vp)	[sɛ̃skrir]
professor (m)	professeur (m)	[prɔfɛsœr]
tradução (processo)	traduction (f)	[tradyksjɔ̃]
tradução (texto)	traduction (f)	[tradyksjɔ̃]
tradutor (m)	traducteur (m)	[tradyktœr]
intérprete (m)	interprète (m)	[ɛ̃tɛrprɛt]
poliglota (m)	polyglotte (m)	[pɔliglɔt]
memória (f)	mémoire (f)	[memwar]

147. Personagens de contos de fadas

Pai (m) Natal	Père Noël (m)	[pɛr nɔɛl]
Cinderela (f)	Cendrillon (f)	[sãdrijɔ̃]
sereia (f)	sirène (f)	[sirɛn]
Neptuno (m)	Neptune (m)	[nɛptyn]
mago (m)	magicien (m)	[maʒisjɛ̃]
fada (f)	fée (f)	[fe]
mágico	magique (adj)	[maʒik]
varinha (f) mágica	baguette (f) magique	[bagɛt maʒik]
conto (m) de fadas	conte (m) de fées	[kɔ̃t də fe]
milagre (m)	miracle (m)	[mirakl]

anão (m)	gnome (m)	[gnom]
transformar-se em ...	se transformer en ...	[sə trãsfɔrme ã]

fantasma (m)	fantôme (m)	[fãtom]
espetro (m)	esprit (m)	[ɛspri]
monstro (m)	monstre (m)	[mõstr]
dragão (m)	dragon (m)	[dragõ]
gigante (m)	géant (m)	[ʒeã]

148. Signos do Zodíaco

Carneiro	Bélier (m)	[belje]
Touro	Taureau (m)	[tɔro]
Gémeos	Gémeaux (m pl)	[ʒemo]
Caranguejo	Cancer (m)	[kãsɛr]
Leão	Lion (m)	[ljõ]
Virgem (f)	Vierge (f)	[vjɛrʒ]

Balança	Balance (f)	[balãs]
Escorpião	Scorpion (m)	[skɔrpjõ]
Sagitário	Sagittaire (m)	[saʒitɛr]
Capricórnio	Capricorne (m)	[kaprikɔrn]
Aquário	Verseau (m)	[vɛrso]
Peixes	Poissons (m pl)	[pwasõ]

caráter (m)	caractère (m)	[karaktɛr]
traços (m pl) do caráter	traits (m pl) du caractère	[trɛ dy karaktɛr]
comportamento (m)	conduite (f)	[kõdɥit]
predizer (vt)	dire la bonne aventure	[dir la bɔnavãtyr]
adivinha (f)	diseuse (f) de bonne aventure	[dizøz də bɔnavãtyr]
horóscopo (m)	horoscope (m)	[ɔrɔskɔp]

Artes

149. Teatro

teatro (m)	**théâtre** (m)	[teɑtr]
ópera (f)	**opéra** (m)	[ɔpera]
opereta (f)	**opérette** (f)	[ɔperɛt]
balé (m)	**ballet** (m)	[balɛ]
cartaz (m)	**affiche** (f)	[afiʃ]
companhia (f) teatral	**troupe** (f)	[trup]
turné (digressão)	**tournée** (f)	[turne]
estar em turné	**être en tournée**	[ɛtr ɑ̃ turne]
ensaiar (vt)	**répéter** (vt)	[repete]
ensaio (m)	**répétition** (f)	[repetisjɔ̃]
repertório (m)	**répertoire** (m)	[repɛrtwar]
apresentação (f)	**représentation** (f)	[rəprezɑ̃tasjɔ̃]
espetáculo (m)	**spectacle** (m)	[spɛktakl]
peça (f)	**pièce** (f) **de théâtre**	[pjɛs də teɑtr]
bilhete (m)	**billet** (m)	[bijɛ]
bilheteira (f)	**billetterie** (f)	[bijɛtri]
hall (m)	**hall** (m)	[ol]
guarda-roupa (m)	**vestiaire** (m)	[vɛstjɛr]
senha (f) numerada	**jeton** (m)	[ʒətɔ̃]
binóculo (m)	**jumelles** (f pl)	[ʒymɛl]
lanterninha (m)	**placeur** (m)	[plasœr]
plateia (f)	**parterre** (m)	[partɛr]
balcão (m)	**balcon** (m)	[balkɔ̃]
primeiro balcão (m)	**premier** (m) **balcon**	[prəmje balkɔ̃]
camarote (m)	**loge** (f)	[lɔʒ]
fila (f)	**rang** (m)	[rɑ̃]
assento (m)	**place** (f)	[plas]
público (m)	**public** (m)	[pyblik]
espetador (m)	**spectateur** (m)	[spɛktatœr]
aplaudir (vt)	**applaudir** (vi)	[aplodir]
aplausos (m pl)	**applaudissements** (m pl)	[aplodismɑ̃]
ovação (f)	**ovation** (f)	[ɔvasjɔ̃]
palco (m)	**scène** (f)	[sɛn]
pano (m) de boca	**rideau** (m)	[rido]
cenário (m)	**décor** (m)	[dekɔr]
bastidores (m pl)	**coulisses** (f pl)	[kulis]
cena (f)	**scène** (f)	[sɛn]
ato (m)	**acte** (m)	[akt]
entreato (m)	**entracte** (m)	[ɑ̃trakt]

150. Cinema

ator (m)	acteur (m)	[aktœr]
atriz (f)	actrice (f)	[aktris]
cinema (m)	cinéma (m)	[sinema]
filme (m)	film (m)	[film]
episódio (m)	épisode (m)	[epizɔd]
filme (m) policial	film (m) policier	[film pɔlisje]
filme (m) de ação	film (m) d'action	[film daksjõ]
filme (m) de aventuras	film (m) d'aventures	[film davãtyr]
filme (m) de ficção científica	film (m) de science-fiction	[film də sjãsfiksjõ]
filme (m) de terror	film (m) d'horreur	[film dɔrœr]
comédia (f)	comédie (f)	[kɔmedi]
melodrama (m)	mélodrame (m)	[melɔdram]
drama (m)	drame (m)	[dram]
filme (m) ficcional	film (m) de fiction	[film də fiksjõ]
documentário (m)	documentaire (m)	[dɔkymãtɛr]
desenho (m) animado	dessin (m) animé	[desɛn anime]
cinema (m) mudo	cinéma (m) muet	[sinema mɥɛ]
papel (m)	rôle (m)	[rol]
papel (m) principal	rôle (m) principal	[rəʊl prẽsipal]
representar (vt)	jouer (vt)	[ʒwe]
estrela (f) de cinema	vedette (f)	[vədɛt]
conhecido	connu (adj)	[kɔny]
famoso	célèbre (adj)	[selɛbr]
popular	populaire (adj)	[pɔpylɛr]
argumento (m)	scénario (m)	[senarjo]
argumentista (m)	scénariste (m)	[senarist]
realizador (m)	metteur (m) en scène	[mɛtœr ã sɛn]
produtor (m)	producteur (m)	[prɔdyktœr]
assistente (m)	assistant (m)	[asistã]
diretor (m) de fotografia	opérateur (m)	[ɔperatœr]
duplo (m)	cascadeur (m)	[kaskadœr]
duplo (m) de corpo	doublure (f)	[dublyr]
filmar (vt)	tourner un film	[turne œ̃ film]
audição (f)	audition (f)	[odisjõ]
filmagem (f)	tournage (m)	[turnaʒ]
equipe (f) de filmagem	équipe (f) de tournage	[ekip də turnaʒ]
set (m) de filmagem	plateau (m) de tournage	[plato də turnaʒ]
câmara (f)	caméra (f)	[kamera]
cinema (m)	cinéma (m)	[sinema]
ecrã (m), tela (f)	écran (m)	[ekrã]
exibir um filme	donner un film	[dɔne œ̃ film]
pista (f) sonora	piste (f) sonore	[pist sɔnɔr]
efeitos (m pl) especiais	effets (m pl) spéciaux	[efɛ spesjø]

legendas (f pl)	sous-titres (m pl)	[sutitr]
crédito (m)	générique (m)	[ʒenerik]
tradução (f)	traduction (f)	[tradyksjõ]

151. Pintura

arte (f)	art (m)	[ar]
belas-artes (f pl)	beaux-arts (m pl)	[bozar]
galeria (f) de arte	galerie (f) d'art	[galri dar]
exposição (f) de arte	exposition (f) d'art	[ɛkspozisjõ dar]

pintura (f)	peinture (f)	[pɛ̃tyr]
arte (f) gráfica	graphique (f)	[grafik]
arte (f) abstrata	art (m) abstrait	[ar apstrɛ]
impressionismo (m)	impressionnisme (m)	[ɛ̃presjɔnism]

pintura (f), quadro (m)	tableau (m)	[tablo]
desenho (m)	dessin (m)	[desɛ̃]
cartaz, póster (m)	poster (m)	[pɔstɛr]

ilustração (f)	illustration (f)	[ilystrasjõ]
miniatura (f)	miniature (f)	[minjatyr]
cópia (f)	copie (f)	[kɔpi]
reprodução (f)	reproduction (f)	[rəprɔdyksjõ]

mosaico (m)	mosaïque (f)	[mɔzaik]
vitral (m)	vitrail (m)	[vitraj]
fresco (m)	fresque (f)	[frɛsk]
gravura (f)	gravure (f)	[gravyr]

busto (m)	buste (m)	[byst]
escultura (f)	sculpture (f)	[skyltyr]
estátua (f)	statue (f)	[staty]
gesso (m)	plâtre (m)	[platr]
em gesso	en plâtre	[ã platr]

retrato (m)	portrait (m)	[pɔrtrɛ]
autorretrato (m)	autoportrait (m)	[otopɔrtrɛ]
paisagem (f)	paysage (m)	[peizaʒ]
natureza (f) morta	nature (f) morte	[natyr mɔrt]
caricatura (f)	caricature (f)	[karikatyr]
esboço (m)	croquis (m)	[krɔki]

tinta (f)	peinture (f)	[pɛ̃tyr]
aguarela (f)	aquarelle (f)	[akwarɛl]
óleo (m)	huile (f)	[ɥil]
lápis (m)	crayon (m)	[krɛjõ]
tinta da China (f)	encre (f) de Chine	[ãkr də ʃin]
carvão (m)	fusain (m)	[fyzɛ̃]

desenhar (vt)	dessiner (vi, vt)	[desine]
pintar (vt)	peindre (vi, vt)	[pɛ̃dr]
posar (vi)	poser (vi)	[poze]
modelo (m)	modèle (m)	[mɔdɛl]

modelo (f)	modèle (f)	[mɔdɛl]
pintor (m)	peintre (m)	[pɛ̃tr]
obra (f)	œuvre (f) d'art	[œvr dar]
obra-prima (f)	chef (m) d'œuvre	[ʃɛdœvr]
estúdio (m)	atelier (m) d'artiste	[atəlje dartist]

tela (f)	toile (f)	[twal]
cavalete (m)	chevalet (m)	[ʃəvalɛ]
paleta (f)	palette (f)	[palɛt]

moldura (f)	encadrement (m)	[ãkadrəmã]
restauração (f)	restauration (f)	[rɛstɔrasjɔ̃]
restaurar (vt)	restaurer (vt)	[rɛstɔre]

152. Literatura & Poesia

literatura (f)	littérature (f)	[literatyr]
autor (m)	auteur (m)	[otœr]
pseudónimo (m)	pseudonyme (m)	[psødɔnim]

livro (m)	livre (m)	[livr]
volume (m)	volume (m)	[vɔlym]
índice (m)	table (f) des matières	[tabl de matjɛr]
página (f)	page (f)	[paʒ]
protagonista (m)	protagoniste (m)	[prɔtagɔnist]
autógrafo (m)	autographe (m)	[otograf]

conto (m)	récit (m)	[resi]
novela (f)	nouvelle (f)	[nuvɛl]
romance (m)	roman (m)	[rɔmã]
obra (f)	œuvre (f) littéraire	[œvr literɛr]
fábula (m)	fable (f)	[fabl]
romance (m) policial	roman (m) policier	[rɔmã pɔlisje]

poesia (obra)	vers (m)	[vɛr]
poesia (arte)	poésie (f)	[pɔezi]
poema (m)	poème (m)	[pɔɛm]
poeta (m)	poète (m)	[pɔɛt]

ficção (f)	belles-lettres (f pl)	[bɛllɛtr]
ficção (f) científica	science-fiction (f)	[sjãsfiksjɔ̃]
aventuras (f pl)	aventures (f pl)	[avãtyr]
literatura (f) didática	littérature (f) didactique	[literatyr didaktik]
literatura (f) infantil	littérature (f) pour enfants	[literatyr pur ãfã]

153. Circo

circo (m)	cirque (m)	[sirk]
circo (m) ambulante	chapiteau (m)	[ʃapito]
programa (m)	programme (m)	[prɔgram]
apresentação (f)	représentation (f)	[rəprezãtasjɔ̃]
número (m)	numéro (m)	[nymero]

arena (f)	arène (f)	[arɛn]
pantomima (f)	pantomime (f)	[pɑ̃tɔmim]
palhaço (m)	clown (m)	[klun]

acrobata (m)	acrobate (m)	[akrɔbat]
acrobacia (f)	acrobatie (f)	[akrɔbasi]
ginasta (m)	gymnaste (m)	[ʒimnast]
ginástica (f)	gymnastique (f)	[ʒimnastik]
salto (m) mortal	salto (m)	[salto]

domador (m)	dompteur (m)	[dõtœr]
cavaleiro (m) equilibrista	écuyer (m)	[ekɥije]
assistente (m)	assistant (m)	[asistɑ̃]

truque (m)	truc (m)	[tryk]
truque (m) de mágica	tour (m) de passe-passe	[tur də pɑspɑs]
mágico (m)	magicien (m)	[maʒisjɛ̃]

malabarista (m)	jongleur (m)	[ʒõglœr]
fazer malabarismos	jongler (vi)	[ʒõgle]
domador (m)	dresseur (m)	[drɛsœr]
adestramento (m)	dressage (m)	[drɛsaʒ]
adestrar (vt)	dresser (vt)	[drese]

154. Música. Música popular

música (f)	musique (f)	[myzik]
músico (m)	musicien (m)	[myzisjɛ̃]
instrumento (m) musical	instrument (m) de musique	[ɛ̃strymɑ̃ də myzik]
tocar ...	jouer de ...	[ʒwe də]

guitarra (f)	guitare (f)	[gitar]
violino (m)	violon (m)	[vjɔlõ]
violoncelo (m)	violoncelle (m)	[vjɔlõsɛl]
contrabaixo (m)	contrebasse (f)	[kõtrəbas]
harpa (f)	harpe (f)	[arp]

piano (m)	piano (m)	[pjano]
piano (m) de cauda	piano (m) à queue	[pjano ɑ kø]
órgão (m)	orgue (m)	[ɔrg]

instrumentos (m pl) de sopro	instruments (m pl) à vent	[ɛ̃strymɑ̃ ɑ vɑ̃]
oboé (m)	hautbois (m)	[obwa]
saxofone (m)	saxophone (m)	[saksɔfɔn]
clarinete (m)	clarinette (f)	[klarinɛt]
flauta (f)	flûte (f)	[flyt]
trompete (m)	trompette (f)	[trõpɛt]

| acordeão (m) | accordéon (m) | [akɔrdeõ] |
| tambor (m) | tambour (m) | [tɑ̃bur] |

duo, dueto (m)	duo (m)	[dyo]
trio (m)	trio (m)	[trijo]
quarteto (m)	quartette (m)	[kwartɛt]

coro (m)	chœur (m)	[kœr]
orquestra (f)	orchestre (m)	[ɔrkɛstr]
música (f) pop	musique (f) pop	[myzik pɔp]
música (f) rock	musique (f) rock	[myzik rɔk]
grupo (m) de rock	groupe (m) de rock	[grup də rɔk]
jazz (m)	jazz (m)	[dʒaz]
ídolo (m)	idole (f)	[idɔl]
fã, admirador (m)	admirateur (m)	[admiratœr]
concerto (m)	concert (m)	[kɔ̃sɛr]
sinfonia (f)	symphonie (f)	[sɛ̃fɔni]
composição (f)	œuvre (f) musicale	[œvr myzikal]
compor (vt)	composer (vt)	[kɔ̃poze]
canto (m)	chant (m)	[ʃɑ̃]
canção (f)	chanson (f)	[ʃɑ̃sɔ̃]
melodia (f)	mélodie (f)	[melɔdi]
ritmo (m)	rythme (m)	[ritm]
blues (m)	blues (m)	[bluz]
notas (f pl)	notes (f pl)	[nɔt]
batuta (f)	baguette (f)	[bagɛt]
arco (m)	archet (m)	[arʃɛ]
corda (f)	corde (f)	[kɔrd]
estojo (m)	étui (m)	[etɥi]

Descanso. Entretenimento. Viagens

155. Viagens

turismo (m)	**tourisme** (m)	[turism]
turista (m)	**touriste** (m)	[turist]
viagem (f)	**voyage** (m)	[vwajaʒ]
aventura (f)	**aventure** (f)	[avɑ̃tyr]
viagem (f)	**voyage** (m)	[vwajaʒ]
férias (f pl)	**vacances** (f pl)	[vakɑ̃s]
estar de férias	**être en vacances**	[ɛtr ɑ̃ vakɑ̃s]
descanso (m)	**repos** (m)	[rəpo]
comboio (m)	**train** (m)	[trɛ̃]
de comboio (chegar ~)	**en train**	[ɑ̃ trɛ̃]
avião (m)	**avion** (m)	[avjɔ̃]
de avião	**en avion**	[ɑn avjɔ̃]
de carro	**en voiture**	[ɑ̃ vwatyr]
de navio	**en bateau**	[ɑ̃ bato]
bagagem (f)	**bagage** (m)	[bagaʒ]
mala (f)	**malle** (f)	[mal]
carrinho (m)	**chariot** (m)	[ʃarjo]
passaporte (m)	**passeport** (m)	[pɑspɔr]
visto (m)	**visa** (m)	[viza]
bilhete (m)	**ticket** (m)	[tikɛ]
bilhete (m) de avião	**billet** (m) **d'avion**	[bijɛ davjɔ̃]
guia (m) de viagem	**guide** (m)	[gid]
mapa (m)	**carte** (f)	[kart]
local (m), area (f)	**région** (f)	[reʒjɔ̃]
lugar, sítio (m)	**endroit** (m)	[ɑ̃drwa]
exotismo (m)	**exotisme** (m)	[ɛgzɔtism]
exótico	**exotique** (adj)	[ɛgzɔtik]
surpreendente	**étonnant** (adj)	[etɔnɑ̃]
grupo (m)	**groupe** (m)	[grup]
excursão (f)	**excursion** (f)	[ɛkskyrsjɔ̃]
guia (m)	**guide** (m)	[gid]

156. Hotel

hotel (m)	**hôtel** (m)	[otɛl]
motel (m)	**motel** (m)	[mɔtɛl]
três estrelas	**3 étoiles**	[trwa zetwal]

| cinco estrelas | 5 étoiles | [sɛ̃k etwal] |
| ficar (~ num hotel) | descendre (vi) | [desɑ̃dr] |

quarto (m)	chambre (f)	[ʃɑ̃br]
quarto (m) individual	chambre (f) simple	[ʃɑ̃br sɛ̃pl]
quarto (m) duplo	chambre (f) double	[ʃɑ̃br dubl]
reservar um quarto	réserver une chambre	[rezɛrve yn ʃɑ̃br]

| meia pensão (f) | demi-pension (f) | [dəmipɑ̃sjɔ̃] |
| pensão (f) completa | pension (f) complète | [pɑ̃sjɔ̃ kɔ̃plɛt] |

com banheira	avec une salle de bain	[avɛk yn saldəbɛ̃]
com duche	avec une douche	[avɛk yn duʃ]
televisão (m) satélite	télévision (f) par satellite	[televizjɔ̃ par satelit]
ar (m) condicionado	climatiseur (m)	[klimatizœr]
toalha (f)	serviette (f)	[sɛrvjɛt]
chave (f)	clé, clef (f)	[kle]

administrador (m)	administrateur (m)	[administratœr]
camareira (f)	femme (f) de chambre	[fam də ʃɑ̃br]
bagageiro (m)	porteur (m)	[pɔrtœr]
porteiro (m)	portier (m)	[pɔrtje]

restaurante (m)	restaurant (m)	[rɛstɔrɑ̃]
bar (m)	bar (m)	[bar]
pequeno-almoço (m)	petit déjeuner (m)	[pəti deʒœne]
jantar (m)	dîner (m)	[dine]
buffet (m)	buffet (m)	[byfɛ]

| hall (m) de entrada | hall (m) | [ol] |
| elevador (m) | ascenseur (m) | [asɑ̃sœr] |

| NÃO PERTURBE | PRIÈRE DE NE PAS DÉRANGER | [prijɛr dənəpa derɑ̃ʒe] |
| PROIBIDO FUMAR! | DÉFENSE DE FUMER | [defɑ̃s də fyme] |

157. Livros. Leitura

livro (m)	livre (m)	[livr]
autor (m)	auteur (m)	[otœr]
escritor (m)	écrivain (m)	[ekrivɛ̃]
escrever (vt)	écrire (vt)	[ekrir]

leitor (m)	lecteur (m)	[lɛktœr]
ler (vt)	lire (vi, vt)	[lir]
leitura (f)	lecture (f)	[lɛktyr]

| para si | à part soi | [a par swa] |
| em voz alta | à haute voix | [a ot vwa] |

publicar (vt)	éditer (vt)	[edite]
publicação (f)	édition (f)	[edisjɔ̃]
editor (m)	éditeur (m)	[editœr]
editora (f)	maison (f) d'édition	[mɛzɔ̃ dedisjɔ̃]

sair (vi)	**paraître** (vi)	[parɛtr]
lançamento (m)	**sortie** (f)	[sɔrti]
tiragem (f)	**tirage** (m)	[tiraʒ]
livraria (f)	**librairie** (f)	[librɛri]
biblioteca (f)	**bibliothèque** (f)	[biblijɔtɛk]
novela (f)	**nouvelle** (f)	[nuvɛl]
conto (m)	**récit** (m)	[resi]
romance (m)	**roman** (m)	[rɔmɑ̃]
romance (m) policial	**roman** (m) **policier**	[rɔmɑ̃ pɔlisje]
memórias (f pl)	**mémoires** (m pl)	[memwar]
lenda (f)	**légende** (f)	[leʒɑ̃d]
mito (m)	**mythe** (m)	[mit]
poesia (f)	**vers** (m pl)	[vɛr]
autobiografia (f)	**autobiographie** (f)	[otobjɔgrafi]
obras (f pl) escolhidas	**les œuvres choisies**	[lezœvr ʃwazi]
ficção (f) científica	**science-fiction** (f)	[sjɑ̃sfiksjɔ̃]
título (m)	**titre** (m)	[titr]
introdução (f)	**introduction** (f)	[ɛ̃trɔdyksjɔ̃]
folha (f) de rosto	**page** (f) **de titre**	[paʒ də titr]
capítulo (m)	**chapitre** (m)	[ʃapitr]
excerto (m)	**extrait** (m)	[ɛkstrɛ]
episódio (m)	**épisode** (m)	[epizɔd]
tema (m)	**sujet** (m)	[syʒɛ]
conteúdo (m)	**sommaire** (m)	[sɔmɛr]
índice (m)	**table** (f) **des matières**	[tabl de matjɛr]
protagonista (m)	**protagoniste** (m)	[prɔtagɔnist]
tomo, volume (m)	**volume** (m)	[vɔlym]
capa (f)	**couverture** (f)	[kuvɛrtyr]
encadernação (f)	**reliure** (f)	[rəljyr]
marcador (m) de livro	**marque-page** (m)	[markpaʒ]
página (f)	**page** (f)	[paʒ]
folhear (vt)	**feuilleter** (vt)	[fœjte]
margem (f)	**marges** (f pl)	[marʒ]
anotação (f)	**annotation** (f)	[anɔtasjɔ̃]
nota (f) de rodapé	**note** (f) **de bas de page**	[nɔt dəba dəpaʒ]
texto (m)	**texte** (m)	[tɛkst]
fonte (f)	**police** (f)	[pɔlis]
gralha (f)	**faute** (f) **d'impression**	[fot dɛ̃presjɔ̃]
tradução (f)	**traduction** (f)	[tradyksjɔ̃]
traduzir (vt)	**traduire** (vt)	[tradɥir]
original (m)	**original** (m)	[ɔriʒinal]
famoso	**célèbre** (adj)	[selɛbr]
desconhecido	**inconnu** (adj)	[ɛ̃kɔny]
interessante	**intéressant** (adj)	[ɛ̃terɛsɑ̃]

best-seller (m)	best-seller (m)	[bɛstsɛlœr]
dicionário (m)	dictionnaire (m)	[diksjɔnɛr]
manual (m) escolar	manuel (m)	[manɥɛl]
enciclopédia (f)	encyclopédie (f)	[ãsiklɔpedi]

158. Caça. Pesca

caça (f)	chasse (f)	[ʃas]
caçar (vi)	chasser (vi, vt)	[ʃase]
caçador (m)	chasseur (m)	[ʃasœr]

atirar (vi)	tirer (vi)	[tire]
caçadeira (f)	fusil (m)	[fyzi]
cartucho (m)	cartouche (f)	[kartuʃ]
chumbo (m) de caça	grains (m pl) de plomb	[grɛ̃ də plɔ̃]

armadilha (f)	piège (m) à mâchoires	[pjɛʒ a maʃwar]
armadilha (com corda)	piège (m)	[pjɛʒ]
pôr a armadilha	mettre un piège	[mɛtr œ̃ pjɛʒ]

caçador (m) furtivo	braconnier (m)	[brakɔnje]
caça (f)	gibier (m)	[ʒibje]
cão (m) de caça	chien (m) de chasse	[ʃjɛ̃ də ʃas]

| safári (m) | safari (m) | [safari] |
| animal (m) empalhado | animal (m) empaillé | [animal ãpaje] |

pescador (m)	pêcheur (m)	[pɛʃœr]
pesca (f)	pêche (f)	[pɛʃ]
pescar (vt)	pêcher (vi)	[peʃe]

cana (f) de pesca	canne (f) à pêche	[kan a pɛʃ]
linha (f) de pesca	ligne (f) de pêche	[liɲ də pɛʃ]
anzol (m)	hameçon (m)	[amsɔ̃]

| boia (f) | flotteur (m) | [flɔtœr] |
| isca (f) | amorce (f) | [amɔrs] |

| lançar a linha | lancer la ligne | [lãse la liɲ] |
| morder (vt) | mordre (vt) | [mɔrdr] |

| pesca (f) | pêche (f) | [pɛʃ] |
| buraco (m) no gelo | trou (m) dans la glace | [tru dã la glas] |

rede (f)	filet (m)	[filɛ]
barco (m)	barque (f)	[bark]
pescar com rede	pêcher au filet	[peʃe o filɛ]

| lançar a rede | jeter un filet | [ʒəte ã filɛ] |
| puxar a rede | retirer le filet | [rətire lə filɛ] |

baleeiro (m)	baleinier (m)	[balenje]
baleeira (f)	baleinière (f)	[balenjɛr]
arpão (m)	harpon (m)	[arpɔ̃]

159. Jogos. Bilhar

bilhar (m)	**billard** (m)	[bijar]
sala (f) de bilhar	**salle** (f) **de billard**	[sal də bijar]
bola (f) de bilhar	**bille** (f) **de billard**	[bij də bijar]
embolsar uma bola	**empocher une bille**	[ɑ̃pɔʃe yn bij]
taco (m)	**queue** (f)	[kø]
caçapa (f)	**poche** (f)	[pɔʃ]

160. Jogos. Jogar cartas

ouros (m pl)	**carreau** (m)	[karo]
espadas (f pl)	**pique** (m)	[pik]
copas (f pl)	**cœur** (m)	[kœr]
paus (m pl)	**trèfle** (m)	[trɛfl]
ás (m)	**as** (m)	[as]
rei (m)	**roi** (m)	[rwa]
dama (f)	**dame** (f)	[dam]
valete (m)	**valet** (m)	[valɛ]
carta (f) de jogar	**carte** (f)	[kart]
cartas (f pl)	**jeu** (m) **de cartes**	[ʒø də kart]
trunfo (m)	**atout** (m)	[atu]
baralho (m)	**paquet** (m) **de cartes**	[pakɛ də kart]
ponto (m)	**point** (m)	[pwɛ̃]
dar, distribuir (vt)	**distribuer** (vt)	[distribɥe]
embaralhar (vt)	**battre les cartes**	[batr lekart]
vez, jogada (f)	**tour** (m)	[tur]
batoteiro (m)	**tricheur** (m)	[triʃœr]

161. Casino. Roleta

casino (m)	**casino** (m)	[kazino]
roleta (f)	**roulette** (f)	[rulɛt]
aposta (f)	**mise** (f)	[miz]
apostar (vt)	**miser** (vt)	[mize]
vermelho (m)	**rouge** (m)	[ruʒ]
preto (m)	**noir** (m)	[nwar]
apostar no vermelho	**miser sur le rouge**	[mize syr lə ruʒ]
apostar no preto	**miser sur le noir**	[mize syr lə nwar]
crupiê (m, f)	**croupier** (m)	[krupje]
girar a roda	**faire tourner la roue**	[fɛr turne la ru]
regras (f pl) do jogo	**règles** (f pl) **du jeu**	[rɛgl dy ʒø]
ficha (f)	**fiche** (f)	[fiʃ]
ganhar (vi, vt)	**gagner** (vi, vt)	[gaɲe]
ganho (m)	**gain** (m)	[gɛ̃]

| perder (dinheiro) | perdre (vi) | [pɛrdr] |
| perda (f) | perte (f) | [pɛrt] |

jogador (m)	joueur (m)	[ʒwœr]
blackjack (m)	black-jack (m)	[blakʒak]
jogo (m) de dados	jeu (m) de dés	[ʒø də de]
dados (m pl)	dés (m pl)	[de]
máquina (f) de jogo	machine (f) à sous	[maʃin a su]

162. Descanso. Jogos. Diversos

passear (vi)	se promener (vp)	[sə prɔmne]
passeio (m)	promenade (f)	[prɔmnad]
viagem (f) de carro	tour (m), promenade (f)	[tur], [prɔmnad]
aventura (f)	aventure (f)	[avãtyr]
piquenique (m)	pique-nique (m)	[piknik]

jogo (m)	jeu (m)	[ʒø]
jogador (m)	joueur (m)	[ʒwœr]
partida (f)	partie (f)	[parti]

colecionador (m)	collectionneur (m)	[kɔlɛksjɔnœr]
colecionar (vt)	collectionner (vt)	[kɔlɛksjone]
coleção (f)	collection (f)	[kɔlɛksjɔ̃]

palavras (f pl) cruzadas	mots (m pl) croisés	[mo krwaze]
hipódromo (m)	hippodrome (m)	[ipɔdrom]
discoteca (f)	discothèque (f)	[diskɔtɛk]

| sauna (f) | sauna (m) | [sona] |
| lotaria (f) | loterie (f) | [lɔtri] |

campismo (m)	trekking (m)	[trɛkiŋ]
acampamento (m)	camp (m)	[kã]
tenda (f)	tente (f)	[tãt]
bússola (f)	boussole (f)	[busɔl]
campista (m)	campeur (m)	[kãpœr]

ver (vt), assistir à ...	regarder (vt)	[rəgarde]
telespectador (m)	téléspectateur (m)	[telespɛktatœr]
programa (m) de TV	émission (f) de télé	[emisjɔ̃ də tele]

163. Fotografia

| máquina (f) fotográfica | appareil (m) photo | [aparɛj fɔto] |
| foto, fotografia (f) | photo (f) | [fɔto] |

fotógrafo (m)	photographe (m)	[fɔtɔgraf]
estúdio (m) fotográfico	studio (m) de photo	[stydjo də fɔto]
álbum (m) de fotografias	album (m) de photos	[albɔm də fɔto]
objetiva (f)	objectif (m)	[ɔbʒɛktif]
teleobjetiva (f)	téléobjectif (m)	[teleɔbʒɛktif]

filtro (m)	filtre (m)	[filtr]
lente (f)	lentille (f)	[lɑ̃tij]
ótica (f)	optique (f)	[ɔptik]
abertura (f)	diaphragme (m)	[djafragm]
exposição (f)	temps (m) de pose	[tɑ̃ də poz]
visor (m)	viseur (m)	[vizœr]
câmara (f) digital	appareil (m) photo numérique	[aparɛj foto nymerik]
tripé (m)	trépied (m)	[trepje]
flash (m)	flash (m)	[flaʃ]
fotografar (vt)	photographier (vt)	[fotografje]
tirar fotos	prendre en photo	[prɑ̃dr ɑ̃ foto]
fotografar-se	se faire prendre en photo	[sə fɛr prɑ̃dr ɑ̃ foto]
foco (m)	mise (f) au point	[miz o pwɛ̃]
focar (vt)	mettre au point	[mɛtr o pwɛ̃]
nítido	net (adj)	[nɛt]
nitidez (f)	netteté (f)	[nɛtte]
contraste (m)	contraste (m)	[kɔ̃trast]
contrastante	contrasté (adj)	[kɔ̃traste]
retrato (m)	épreuve (f)	[eprœv]
negativo (m)	négatif (m)	[negatif]
filme (m)	pellicule (f)	[pelikyl]
fotograma (m)	image (f)	[imaʒ]
imprimir (vt)	tirer (vt)	[tire]

164. Praia. Natação

praia (f)	plage (f)	[plaʒ]
areia (f)	sable (m)	[sabl]
deserto	désert (adj)	[dezɛr]
bronzeado (m)	bronzage (m)	[brɔ̃zaʒ]
bronzear-se (vr)	se bronzer (vp)	[sə brɔ̃ze]
bronzeado	bronzé (adj)	[brɔ̃ze]
protetor (m) solar	crème (f) solaire	[krɛm sɔlɛr]
biquíni (m)	bikini (m)	[bikini]
fato (m) de banho	maillot (m) de bain	[majo də bɛ̃]
calção (m) de banho	slip (m) de bain	[slip də bɛ̃]
piscina (f)	piscine (f)	[pisin]
nadar (vi)	nager (vi)	[naʒe]
duche (m)	douche (f)	[duʃ]
mudar de roupa	se changer (vp)	[sə ʃɑ̃ʒe]
toalha (f)	serviette (f)	[sɛrvjɛt]
barco (m)	barque (f)	[bark]
lancha (f)	canot (m) à moteur	[kano a mɔtœr]

esqui (m) aquático	**ski** (m) **nautique**	[ski nɔtik]
barco (m) de pedais	**pédalo** (m)	[pedalo]
surf (m)	**surf** (m)	[sœrf]
surfista (m)	**surfeur** (m)	[sœrfœr]
equipamento (m) de mergulho	**scaphandre** (m) **autonome**	[skafɑ̃dr ɔtɔnɔm]
barbatanas (f pl)	**palmes** (f pl)	[palm]
máscara (f)	**masque** (m)	[mask]
mergulhador (m)	**plongeur** (m)	[plɔ̃ʒœr]
mergulhar (vi)	**plonger** (vi)	[plɔ̃ʒe]
debaixo d'água	**sous l'eau**	[su lo]
guarda-sol (m)	**parasol** (m)	[parasɔl]
espreguiçadeira (f)	**chaise** (f) **longue**	[ʃɛz lɔ̃g]
óculos (m pl) de sol	**lunettes** (f pl) **de soleil**	[lynɛt də sɔlɛj]
colchão (m) de ar	**matelas** (m) **pneumatique**	[matla pnømatik]
brincar (vi)	**jouer** (vi)	[ʒwe]
ir nadar	**se baigner** (vp)	[sə beɲe]
bola (f) de praia	**ballon** (m) **de plage**	[balɔ̃ də plaʒ]
encher (vt)	**gonfler** (vt)	[gɔ̃fle]
inflável, de ar	**gonflable** (adj)	[gɔ̃flabl]
onda (f)	**vague** (f)	[vag]
boia (f)	**bouée** (f)	[bwe]
afogar-se (pessoa)	**se noyer** (vp)	[sə nwaje]
salvar (vt)	**sauver** (vt)	[sove]
colete (m) salva-vidas	**gilet** (m) **de sauvetage**	[ʒilɛ də sovtaʒ]
observar (vt)	**observer** (vt)	[ɔpsɛrve]
nadador-salvador (m)	**maître nageur** (m)	[mɛtr naʒœr]

EQUIPAMENTO TÉCNICO. TRANSPORTES

Equipamento técnico. Transportes

165. Computador

computador (m)	ordinateur (m)	[ɔrdinatœr]
portátil (m)	PC (m) portable	[pese pɔrtabl]
ligar (vt)	allumer (vt)	[alyme]
desligar (vt)	éteindre (vt)	[etɛ̃dr]
teclado (m)	clavier (m)	[klavje]
tecla (f)	touche (f)	[tuʃ]
rato (m)	souris (f)	[suri]
tapete (m) de rato	tapis (m) de souris	[tapi də suri]
botão (m)	bouton (m)	[butɔ̃]
cursor (m)	curseur (m)	[kyrsœr]
monitor (m)	moniteur (m)	[mɔnitœr]
ecrã (m)	écran (m)	[ekrɑ̃]
disco (m) rígido	disque (m) dur	[disk dyr]
capacidade (f) do disco rígido	capacité (f) du disque dur	[kapasite dy disk dyr]
memória (f)	mémoire (f)	[memwar]
memória RAM (f)	mémoire (f) vive	[memwar viv]
ficheiro (m)	fichier (m)	[fiʃje]
pasta (f)	dossier (m)	[dosje]
abrir (vt)	ouvrir (vt)	[uvrir]
fechar (vt)	fermer (vt)	[fɛrme]
guardar (vt)	sauvegarder (vt)	[sovgarde]
apagar, eliminar (vt)	supprimer (vt)	[syprime]
copiar (vt)	copier (vt)	[kɔpje]
ordenar (vt)	trier (vt)	[trije]
copiar (vt)	copier (vt)	[kɔpje]
programa (m)	programme (m)	[prɔgram]
software (m)	logiciel (m)	[lɔʒisjɛl]
programador (m)	programmeur (m)	[prɔgramœr]
programar (vt)	programmer (vt)	[prɔgrame]
hacker (m)	hacker (m)	[akeːr]
senha (f)	mot (m) de passe	[mo də pɑs]
vírus (m)	virus (m)	[virys]
detetar (vt)	découvrir (vt)	[dekuvrir]
byte (m)	bit (m)	[bit]

megabyte (m)	**mégabit** (m)	[megabit]
dados (m pl)	**données** (f pl)	[dɔne]
base (f) de dados	**base** (f) **de données**	[baz də dɔne]

cabo (m)	**câble** (m)	[kabl]
desconectar (vt)	**déconnecter** (vt)	[dekɔnɛkte]
conetar (vt)	**connecter** (vt)	[kɔnɛkte]

166. Internet. E-mail

internet (f)	**Internet** (m)	[ɛ̃tɛrnɛt]
browser (m)	**navigateur** (m)	[navigatœr]
motor (m) de busca	**moteur** (m) **de recherche**	[mɔtœr də rəʃɛrʃ]
provedor (m)	**fournisseur** (m) **d'accès**	[furnisœr daksɛ]

webmaster (m)	**administrateur** (m) **de site**	[administratœr də sit]
website, sítio web (m)	**site** (m) **web**	[sit wɛb]
página (f) web	**page** (f) **web**	[paʒ wɛb]

endereço (m)	**adresse** (f)	[adrɛs]
livro (m) de endereços	**carnet** (m) **d'adresses**	[karnɛ dadrɛs]

caixa (f) de correio	**boîte** (f) **de réception**	[bwat də resɛpsjɔ̃]
correio (m)	**courrier** (m)	[kurje]

mensagem (f)	**message** (m)	[mesaʒ]
mensagens (f pl) recebidas	**messages** (pl) **entrants**	[mesaʒ ɑ̃trɑ̃]
mensagens (f pl) enviadas	**messages** (pl) **sortants**	[mesaʒ sɔrtɑ̃]
remetente (m)	**expéditeur** (m)	[ɛkspeditœr]
enviar (vt)	**envoyer** (vt)	[ɑ̃vwaje]
envio (m)	**envoi** (m)	[ɑ̃vwa]

destinatário (m)	**destinataire** (m)	[dɛstinatɛr]
receber (vt)	**recevoir** (vt)	[rəsəvwar]

correspondência (f)	**correspondance** (f)	[kɔrɛspɔ̃dɑ̃s]
corresponder-se (vr)	**être en correspondance**	[ɛtr ɑ̃ kɔrɛspɔ̃dɑ̃s]

ficheiro (m)	**fichier** (m)	[fiʃje]
fazer download, baixar	**télécharger** (vt)	[teleʃarʒe]
criar (vt)	**créer** (vt)	[kree]
apagar, eliminar (vt)	**supprimer** (vt)	[syprime]
eliminado	**supprimé** (adj)	[syprime]

conexão (f)	**connexion** (f)	[kɔnɛksjɔ̃]
velocidade (f)	**vitesse** (f)	[vitɛs]
modem (m)	**modem** (m)	[mɔdɛm]
acesso (m)	**accès** (m)	[aksɛ]
porta (f)	**port** (m)	[pɔr]

conexão (f)	**connexion** (f)	[kɔnɛksjɔ̃]
conetar (vi)	**se connecter à ...**	[sə kɔnɛkte a]
escolher (vt)	**sélectionner** (vt)	[selɛksjɔne]
buscar (vt)	**rechercher** (vt)	[rəʃɛrʃe]

167. Eletricidade

eletricidade (f)	électricité (f)	[elɛktrisite]
elétrico	électrique (adj)	[elɛktrik]
central (f) elétrica	centrale (f) électrique	[sãtral elɛktrik]
energia (f)	énergie (f)	[enɛrʒi]
energia (f) elétrica	énergie (f) électrique	[enɛrʒi elɛktrik]
lâmpada (f)	ampoule (f)	[ãpul]
lanterna (f)	torche (f)	[tɔrʃ]
poste (m) de iluminação	réverbère (m)	[revɛrbɛr]
luz (f)	lumière (f)	[lymjɛr]
ligar (vt)	allumer (vt)	[alyme]
desligar (vt)	éteindre (vt)	[etɛ̃dr]
apagar a luz	éteindre la lumière	[etɛ̃dr la lymjɛr]
fundir (vi)	être grillé	[ɛtr grije]
curto-circuito (m)	court-circuit (m)	[kursirkɥi]
rutura (f)	rupture (f)	[ryptyr]
contacto (m)	contact (m)	[kõtakt]
interruptor (m)	interrupteur (m)	[ɛ̃teryptœr]
tomada (f)	prise (f)	[priz]
ficha (f)	fiche (f)	[fiʃ]
extensão (f)	rallonge (f)	[ralõʒ]
fusível (m)	fusible (m)	[fyzibl]
fio, cabo (m)	fil (m)	[fil]
instalação (f) elétrica	installation (f) électrique	[ɛ̃stalasjõ elɛktrik]
ampere (m)	ampère (m)	[ãpɛr]
amperagem (f)	intensité (f) du courant	[ɛ̃tãsite dy kurã]
volt (m)	volt (m)	[vɔlt]
voltagem (f)	tension (f)	[tãsjõ]
aparelho (m) elétrico	appareil (m) électrique	[aparɛj elɛktrik]
indicador (m)	indicateur (m)	[ɛ̃dikatœr]
eletricista (m)	électricien (m)	[elɛktrisjɛ̃]
soldar (vt)	souder (vt)	[sude]
ferro (m) de soldar	fer (m) à souder	[fɛr asude]
corrente (f) elétrica	courant (m)	[kurã]

168. Ferramentas

ferramenta (f)	outil (m)	[uti]
ferramentas (f pl)	outils (m pl)	[uti]
equipamento (m)	équipement (m)	[ekipmã]
martelo (m)	marteau (m)	[marto]
chave (f) de fendas	tournevis (m)	[turnəvis]
machado (m)	hache (f)	[aʃ]

serra (f)	scie (f)	[si]
serrar (vt)	scier (vt)	[sje]
plaina (f)	rabot (m)	[rabo]
aplainar (vt)	raboter (vt)	[rabɔte]
ferro (m) de soldar	fer (m) à souder	[fɛr asude]
soldar (vt)	souder (vt)	[sude]
lima (f)	lime (f)	[lim]
tenaz (f)	tenailles (f pl)	[tənɑj]
alicate (m)	pince (f) plate	[pɛ̃s plat]
formão (m)	ciseau (m)	[sizo]
broca (f)	foret (m)	[fɔrɛ]
berbequim (f)	perceuse (f)	[pɛrsøz]
furar (vt)	percer (vt)	[pɛrse]
faca (f)	couteau (m)	[kuto]
lâmina (f)	lame (f)	[lam]
afiado	bien affilé (adj)	[bjɛn afile]
cego	émoussé (adj)	[emuse]
embotar-se (vr)	s'émousser (vp)	[semuse]
afiar, amolar (vt)	affiler (vt)	[afile]
parafuso (m)	boulon (m)	[bulɔ̃]
porca (f)	écrou (m)	[ekru]
rosca (f)	filetage (m)	[filtaʒ]
parafuso (m) para madeira	vis (f) à bois	[vi za bwa]
prego (m)	clou (m)	[klu]
cabeça (f) do prego	tête (f) de clou	[tɛt də klu]
régua (f)	règle (f)	[rɛgl]
fita (f) métrica	mètre (m) à ruban	[mɛtr ɑ rybã]
nível (m)	niveau (m) à bulle	[nivo ɑ byl]
lupa (f)	loupe (f)	[lup]
medidor (m)	appareil (m) de mesure	[aparɛj də məzyr]
medir (vt)	mesurer (vt)	[məzyre]
escala (f)	échelle (f)	[eʃɛl]
indicação (f), registo (m)	relevé (m)	[rəlve]
compressor (m)	compresseur (m)	[kɔ̃presœr]
microscópio (m)	microscope (m)	[mikrɔskɔp]
bomba (f)	pompe (f)	[pɔ̃p]
robô (m)	robot (m)	[rɔbo]
laser (m)	laser (m)	[lazɛr]
chave (f) de boca	clé (f) de serrage	[kle də seraʒ]
fita (f) adesiva	ruban (m) adhésif	[rybã adezif]
cola (f)	colle (f)	[kɔl]
lixa (f)	papier (m) d'émeri	[papje dɛmri]
mola (f)	ressort (m)	[rəsɔr]
íman (m)	aimant (m)	[ɛmã]

luvas (f pl)	gants (m pl)	[gɑ̃]
corda (f)	corde (f)	[kɔrd]
cordel (m)	cordon (m)	[kɔrdɔ̃]
fio (m)	fil (m)	[fil]
cabo (m)	câble (m)	[kabl]

marreta (f)	masse (f)	[mas]
pé de cabra (m)	pic (m)	[pik]
escada (f) de mão	escabeau (m)	[ɛskabo]
escadote (m)	échelle (f) double	[eʃɛl dubl]

enroscar (vt)	visser (vt)	[vise]
desenroscar (vt)	dévisser (vt)	[devise]
apertar (vt)	serrer (vt)	[sere]
colar (vt)	coller (vt)	[kɔle]
cortar (vt)	couper (vt)	[kupe]

falha (mau funcionamento)	défaut (m)	[defo]
conserto (m)	réparation (f)	[reparasjɔ̃]
consertar, reparar (vt)	réparer (vt)	[repare]
regular, ajustar (vt)	régler (vt)	[regle]

verificar (vt)	vérifier (vt)	[verifje]
verificação (f)	vérification (f)	[verifikasjɔ̃]
indicação (f), registo (m)	relevé (m)	[rəlve]

seguro	fiable (adj)	[fjabl]
complicado	complexe (adj)	[kɔ̃plɛks]

enferrujar (vi)	rouiller (vi)	[ruje]
enferrujado	rouillé (adj)	[ruje]
ferrugem (f)	rouille (f)	[ruj]

Transportes

169. Avião

avião (m)	avion (m)	[avjõ]
bilhete (m) de avião	billet (m) d'avion	[bijɛ davjõ]
companhia (f) aérea	compagnie (f) aérienne	[kõpaɲi aerjɛn]
aeroporto (m)	aéroport (m)	[aeropɔr]
supersónico	supersonique (adj)	[sypɛrsɔnik]
comandante (m) do avião	commandant (m) de bord	[kɔmãdã də bɔr]
tripulação (f)	équipage (m)	[ekipaʒ]
piloto (m)	pilote (m)	[pilɔt]
hospedeira (f) de bordo	hôtesse (f) de l'air	[otɛs də lɛr]
copiloto (m)	navigateur (m)	[navigatœr]
asas (f pl)	ailes (f pl)	[ɛl]
cauda (f)	queue (f)	[kø]
cabine (f) de pilotagem	cabine (f)	[kabin]
motor (m)	moteur (m)	[mɔtœr]
trem (m) de aterragem	train (m) d'atterrissage	[trɛ̃ daterisaʒ]
turbina (f)	turbine (f)	[tyrbin]
hélice (f)	hélice (f)	[elis]
caixa-preta (f)	boîte (f) noire	[bwat nwar]
coluna (f) de controlo	gouvernail (m)	[guvɛrnaj]
combustível (m)	carburant (m)	[karbyrã]
instruções (f pl) de segurança	consigne (f) de sécurité	[kõsiɲ də sekyrite]
máscara (f) de oxigénio	masque (m) à oxygène	[mask a ɔksiʒɛn]
uniforme (m)	uniforme (m)	[ynifɔrm]
colete (m) salva-vidas	gilet (m) de sauvetage	[ʒilɛ də sovtaʒ]
paraquedas (m)	parachute (m)	[paraʃyt]
descolagem (f)	décollage (m)	[dekɔlaʒ]
descolar (vi)	décoller (vi)	[dekɔle]
pista (f) de descolagem	piste (f) de décollage	[pist dekɔlaʒ]
visibilidade (f)	visibilité (f)	[vizibilite]
voo (m)	vol (m)	[vɔl]
altura (f)	altitude (f)	[altityd]
poço (m) de ar	trou (m) d'air	[tru dɛr]
assento (m)	place (f)	[plas]
auscultadores (m pl)	écouteurs (m pl)	[ekutœr]
mesa (f) rebatível	tablette (f)	[tablɛt]
vigia (f)	hublot (m)	[yblo]
passagem (f)	couloir (m)	[kulwar]

170. Comboio

comboio (m)	train (m)	[trɛ̃]
comboio (m) suburbano	train (m) de banlieue	[trɛ̃ də bɑ̃ljø]
comboio (m) rápido	TGV (m)	[teʒeve]
locomotiva (f) diesel	locomotive (f) diesel	[lɔkɔmɔtiv djezɛl]
locomotiva (f) a vapor	locomotive (f) à vapeur	[lɔkɔmɔtiv a vapœr]
carruagem (f)	wagon (m)	[vagɔ̃]
carruagem restaurante (f)	wagon-restaurant (m)	[vagɔ̃rɛstɔrɑ̃]
carris (m pl)	rails (m pl)	[raj]
caminho de ferro (m)	chemin (m) de fer	[ʃəmɛ̃ də fɛr]
travessa (f)	traverse (f)	[travɛrs]
plataforma (f)	quai (m)	[kɛ]
linha (f)	voie (f)	[vwa]
semáforo (m)	sémaphore (m)	[semafɔr]
estação (f)	station (f)	[stasjɔ̃]
maquinista (m)	conducteur (m) de train	[kɔ̃dyktœr də trɛ̃]
bagageiro (m)	porteur (m)	[portœr]
hospedeiro, -a (da carruagem)	steward (m)	[stiwart]
passageiro (m)	passager (m)	[pɑsaʒe]
revisor (m)	contrôleur (m)	[kɔ̃trolœr]
corredor (m)	couloir (m)	[kulwar]
freio (m) de emergência	frein (m) d'urgence	[frɛ̃ dyrʒɑ̃s]
compartimento (m)	compartiment (m)	[kɔ̃partimɑ̃]
cama (f)	couchette (f)	[kuʃɛt]
cama (f) de cima	couchette (f) d'en haut	[kuʃɛt dɛ̃ o]
cama (f) de baixo	couchette (f) d'en bas	[kuʃɛt dɛ̃ba]
roupa (f) de cama	linge (m) de lit	[lɛ̃ʒ də li]
bilhete (m)	ticket (m)	[tikɛ]
horário (m)	horaire (m)	[ɔrɛr]
painel (m) de informação	tableau (m) d'informations	[tablo dɛ̃fɔrmasjɔ̃]
partir (vt)	partir (vi)	[partir]
partida (f)	départ (m)	[depar]
chegar (vi)	arriver (vi)	[arive]
chegada (f)	arrivée (f)	[arive]
chegar de comboio	arriver en train	[arive ɑ̃ trɛ̃]
apanhar o comboio	prendre le train	[prɑ̃dr lə trɛ̃]
sair do comboio	descendre du train	[desɑ̃dr dy trɛ̃]
acidente (m) ferroviário	accident (m) ferroviaire	[aksidɑ̃ ferɔvjɛr]
descarrilar (vi)	dérailler (vi)	[deraje]
locomotiva (f) a vapor	locomotive (f) à vapeur	[lɔkɔmɔtiv a vapœr]
fogueiro (m)	chauffeur (m)	[ʃofœr]
fornalha (f)	chauffe (f)	[ʃof]
carvão (m)	charbon (m)	[ʃarbɔ̃]

171. Barco

navio (m)	**bateau** (m)	[bato]
embarcação (f)	**navire** (m)	[navir]
vapor (m)	**bateau** (m) **à vapeur**	[bato a vapœr]
navio (m)	**paquebot** (m)	[pakbo]
transatlântico (m)	**bateau** (m) **de croisière**	[bato də krwazjɛr]
cruzador (m)	**croiseur** (m)	[krwazœr]
iate (m)	**yacht** (m)	[jot]
rebocador (m)	**remorqueur** (m)	[rəmɔrkœr]
barcaça (f)	**péniche** (f)	[peniʃ]
ferry (m)	**ferry** (m)	[feri]
veleiro (m)	**voilier** (m)	[vwalje]
bergantim (m)	**brigantin** (m)	[brigɑ̃tɛ̃]
quebra-gelo (m)	**brise-glace** (m)	[brizglas]
submarino (m)	**sous-marin** (m)	[sumarɛ̃]
bote, barco (m)	**canot** (m) **à rames**	[kano a ram]
bote, dingue (m)	**dinghy** (m)	[diŋgi]
bote (m) salva-vidas	**canot** (m) **de sauvetage**	[kano də sovtaʒ]
lancha (f)	**canot** (m) **à moteur**	[kano a mɔtœr]
capitão (m)	**capitaine** (m)	[kapitɛn]
marinheiro (m)	**matelot** (m)	[matlo]
marujo (m)	**marin** (m)	[marɛ̃]
tripulação (f)	**équipage** (m)	[ekipaʒ]
contramestre (m)	**maître** (m) **d'équipage**	[mɛtr dekipaʒ]
grumete (m)	**mousse** (m)	[mus]
cozinheiro (m) de bordo	**cuisinier** (m) **du bord**	[kɥizinje dy bɔr]
médico (m) de bordo	**médecin** (m) **de bord**	[medsɛ̃ də bɔr]
convés (m)	**pont** (m)	[pɔ̃]
mastro (m)	**mât** (m)	[ma]
vela (f)	**voile** (f)	[vwal]
porão (m)	**cale** (f)	[kal]
proa (f)	**proue** (f)	[pru]
popa (f)	**poupe** (f)	[pup]
remo (m)	**rame** (f)	[ram]
hélice (f)	**hélice** (f)	[elis]
camarote (m)	**cabine** (f)	[kabin]
sala (f) dos oficiais	**carré** (m) **des officiers**	[kare dezɔfisje]
sala (f) das máquinas	**salle** (f) **des machines**	[sal de maʃin]
ponte (m) de comando	**passerelle** (f)	[pasrɛl]
sala (f) de comunicações	**cabine** (f) **de T.S.F.**	[kabin də teɛsɛf]
onda (f) de rádio	**onde** (f)	[ɔ̃d]
diário (m) de bordo	**journal** (m) **de bord**	[ʒurnal də bɔr]
luneta (f)	**longue-vue** (f)	[lɔ̃gvy]
sino (m)	**cloche** (f)	[klɔʃ]

bandeira (f)	pavillon (m)	[pavijɔ̃]
cabo (m)	grosse corde (f) tressée	[gros kɔrd trese]
nó (m)	nœud (m) marin	[nø marɛ̃]

| corrimão (m) | rampe (f) | [rɑ̃p] |
| prancha (f) de embarque | passerelle (f) | [pɑsrɛl] |

âncora (f)	ancre (f)	[ɑ̃kr]
recolher a âncora	lever l'ancre	[ləve lɑ̃kr]
lançar a âncora	jeter l'ancre	[ʒəte lɑ̃kr]
amarra (f)	chaîne (f) d'ancrage	[ʃɛn dɑ̃kraʒ]

porto (m)	port (m)	[pɔr]
cais, amarradouro (m)	embarcadère (m)	[ɑ̃barkadɛr]
atracar (vi)	accoster (vi)	[akɔste]
desatracar (vi)	larguer les amarres	[large lezamar]

viagem (f)	voyage (m)	[vwajaʒ]
cruzeiro (m)	croisière (f)	[krwazjɛr]
rumo (m), rota (f)	cap (m)	[kap]
itinerário (m)	itinéraire (m)	[itinerɛr]

canal (m) navegável	chenal (m)	[ʃənal]
banco (m) de areia	bas-fond (m)	[bafɔ̃]
encalhar (vt)	échouer sur un bas-fond	[eʃwe syr œ̃ bafɔ̃]

tempestade (f)	tempête (f)	[tɑ̃pɛt]
sinal (m)	signal (m)	[siɲal]
afundar-se (vr)	sombrer (vi)	[sɔ̃bre]
Homem ao mar!	Un homme à la mer!	[ynɔm alamɛr]
SOS	SOS (m)	[ɛsoɛs]
boia (f) salva-vidas	bouée (f) de sauvetage	[bwe də sovtaʒ]

172. Aeroporto

aeroporto (m)	aéroport (m)	[aeropɔr]
avião (m)	avion (m)	[avjɔ̃]
companhia (f) aérea	compagnie (f) aérienne	[kɔ̃paɲi aerjɛn]
controlador (m) de tráfego aéreo	contrôleur (m) aérien	[kɔ̃trolœr aerjɛ̃]

partida (f)	départ (m)	[depar]
chegada (f)	arrivée (f)	[arive]
chegar (~ de avião)	arriver (vi)	[arive]

| hora (f) de partida | temps (m) de départ | [tɑ̃ də depar] |
| hora (f) de chegada | temps (m) d'arrivée | [tɑ̃ darive] |

| estar atrasado | être retardé | [ɛtr rətarde] |
| atraso (m) de voo | retard (m) de l'avion | [rətar də lavjɔ̃] |

painel (m) de informação	tableau (m) d'informations	[tablo dɛ̃fɔrmasjɔ̃]
informação (f)	information (f)	[ɛ̃fɔrmasjɔ̃]
anunciar (vt)	annoncer (vt)	[anɔ̃se]

voo (m)	vol (m)	[vɔl]
alfândega (f)	douane (f)	[dwan]
funcionário (m) da alfândega	douanier (m)	[dwanje]

declaração (f) alfandegária	déclaration (f) de douane	[deklarasjɔ̃ də dwan]
preencher (vt)	remplir (vt)	[rãplir]
preencher a declaração	remplir la déclaration	[rãplir la deklarasjɔ̃]
controlo (m) de passaportes	contrôle (m) de passeport	[kɔ̃trol də paspɔr]

bagagem (f)	bagage (m)	[bagaʒ]
bagagem (f) de mão	bagage (m) à main	[bagaʒ a mɛ̃]
carrinho (m)	chariot (m)	[ʃarjo]

aterragem (f)	atterrissage (m)	[aterisaʒ]
pista (f) de aterragem	piste (f) d'atterrissage	[pist daterisaʒ]
aterrar (vi)	atterrir (vi)	[aterir]
escada (f) de avião	escalier (m) d'avion	[ɛskalje davjɔ̃]

check-in (m)	enregistrement (m)	[ãrəʒistrəmã]
balcão (m) do check-in	comptoir (m) d'enregistrement	[kɔ̃twar dãrəʒistrəmã]
fazer o check-in	s'enregistrer (vp)	[sãrəʒistre]
cartão (m) de embarque	carte (f) d'embarquement	[kart dãbarkəmã]
porta (f) de embarque	porte (f) d'embarquement	[pɔrt dãbarkəmã]

trânsito (m)	transit (m)	[trãzit]
esperar (vi, vt)	attendre (vt)	[atãdr]
sala (f) de espera	salle (f) d'attente	[sal datãt]
despedir-se de ...	raccompagner (vt)	[rakɔ̃paɲe]
despedir-se (vr)	dire au revoir	[dir ərəvwar]

173. Bicicleta. Motocicleta

bicicleta (f)	vélo (m)	[velo]
scotter, lambreta (f)	scooter (m)	[skutœr]
mota (f)	moto (f)	[mɔto]

ir de bicicleta	faire du vélo	[fɛr dy velo]
guiador (m)	guidon (m)	[gidɔ̃]
pedal (m)	pédale (f)	[pedal]
travões (m pl)	freins (m pl)	[frɛ̃]
selim (m)	selle (f)	[sɛl]

bomba (f) de ar	pompe (f)	[pɔ̃p]
porta-bagagens (m)	porte-bagages (m)	[portbagaʒ]
lanterna (f)	phare (m)	[far]
capacete (m)	casque (m)	[kask]

roda (f)	roue (f)	[ru]
guarda-lamas (m)	garde-boue (m)	[gardəbu]
aro (m)	jante (f)	[ʒãt]
raio (m)	rayon (m)	[rɛjɔ̃]

Carros

174. Tipos de carros

carro, automóvel (m)	automobile (f)	[ɔtomɔbil]
carro (m) desportivo	voiture (f) de sport	[vwatyr də spɔr]
limusine (f)	limousine (f)	[limuzin]
todo o terreno (m)	tout-terrain (m)	[tutɛrɛ̃]
descapotável (m)	cabriolet (m)	[kabrijɔlɛ]
minibus (m)	minibus (m)	[minibys]
ambulância (f)	ambulance (f)	[ãbylãs]
limpa-neve (m)	chasse-neige (m)	[ʃasnɛʒ]
camião (m)	camion (m)	[kamjõ]
camião-cisterna (m)	camion-citerne (m)	[kamjõ sitɛrn]
carrinha (f)	fourgon (m)	[furgõ]
camião-trator (m)	tracteur (m) routier	[traktœr rutje]
atrelado (m)	remorque (f)	[rəmɔrk]
confortável	confortable (adj)	[kõfɔrtabl]
usado	d'occasion (adj)	[dɔkazjõ]

175. Carros. Carroçaria

capô (m)	capot (m)	[kapo]
guarda-lamas (m)	aile (f)	[ɛl]
tejadilho (m)	toit (m)	[twa]
para-brisa (m)	pare-brise (m)	[parbriz]
espelho (m) retrovisor	rétroviseur (m)	[retrɔvizœr]
lavador (m)	lave-glace (m)	[lavglas]
limpa-para-brisas (m)	essuie-glace (m)	[esɥiglas]
vidro (m) lateral	fenêtre (f) latéral	[fənɛtr lateral]
elevador (m) do vidro	lève-glace (m)	[lɛvglas]
antena (f)	antenne (f)	[ãtɛn]
teto solar (m)	toit (m) ouvrant	[twa uvrã]
para-choques (m pl)	pare-chocs (m)	[parʃɔk]
bagageira (f)	coffre (m)	[kɔfr]
bagageira (f) de tejadilho	galerie (f) de toit	[galri də twa]
porta (f)	portière (f)	[pɔrtjɛr]
maçaneta (f)	poignée (f)	[pwaɲe]
fechadura (f)	serrure (f)	[seryr]
matrícula (f)	plaque (f) d'immatriculation	[plak dimatrikylasjõ]
silenciador (m)	silencieux (m)	[silãsjø]

tanque (m) de gasolina	réservoir (m) d'essence	[rezɛrvwar desɑ̃s]
tubo (m) de escape	pot (m) d'échappement	[po deʃapmɑ̃]
acelerador (m)	accélérateur (m)	[akseleratœr]
pedal (m)	pédale (f)	[pedal]
pedal (m) do acelerador	pédale (f) d'accélérateur	[pedal dakseleratœr]
travão (m)	frein (m)	[frɛ̃]
pedal (m) do travão	pédale (f) de frein	[pedal də frɛ̃]
travar (vt)	freiner (vi)	[frene]
travão (m) de mão	frein (m) à main	[frɛ̃ a mɛ̃]
embraiagem (f)	embrayage (m)	[ɑ̃brɛjaʒ]
pedal (m) da embraiagem	pédale (f) d'embrayage	[pedal dɑ̃brɛjaʒ]
disco (m) de embraiagem	disque (m) d'embrayage	[disk sede]
amortecedor (m)	amortisseur (m)	[amɔrtisœr]
roda (f)	roue (f)	[ru]
pneu (m) sobresselente	roue (f) de rechange	[ru də rəʃɑ̃ʒ]
pneu (m)	pneu (m)	[pnø]
tampão (m) de roda	enjoliveur (m)	[ɑ̃ʒɔlivœr]
rodas (f pl) motrizes	roues (f pl) motrices	[ru mɔtris]
de tração dianteira	à traction avant	[a traksjɔn avɑ̃]
de tração traseira	à traction arrière	[a traksjɔn arjɛr]
de tração às 4 rodas	à traction intégrale	[a traksjɔn ɛ̃tegral]
caixa (f) de mudanças	boîte (f) de vitesses	[bwat də vitɛs]
automático	automatique (adj)	[ɔtɔmatik]
mecânico	mécanique (adj)	[mekanik]
alavanca (f) das mudanças	levier (m) de vitesse	[ləvje də vitɛs]
farol (m)	phare (m)	[far]
faróis, luzes	feux (m pl)	[fø]
médios (m pl)	feux (m pl) de croisement	[fø də krwazmɑ̃]
máximos (m pl)	feux (m pl) de route	[fø də rut]
luzes (f pl) de stop	feux (m pl) stop	[fø stɔp]
mínimos (m pl)	feux (m pl) de position	[fø də pozisjɔ̃]
luzes (f pl) de emergência	feux (m pl) de détresse	[fø də detrɛs]
faróis (m pl) antinevoeiro	feux (m pl) de brouillard	[fø də brujar]
pisca-pisca (m)	clignotant (m)	[kliɲɔtɑ̃]
luz (f) de marcha atrás	feux (m pl) de recul	[fø də rəkyl]

176. Carros. Habitáculo

interior (m) do carro	habitacle (m)	[abitakl]
de couro, de pele	en cuir (adj)	[ɑ̃ kɥir]
de veludo	en velours (adj)	[ɑ̃ vəlur]
estofos (m pl)	revêtement (m)	[rəvɛtmɑ̃]
indicador (m)	instrument (m)	[ɛ̃strymɑ̃]
painel (m) de instrumentos	tableau (m) de bord	[tablo də bɔr]

| velocímetro (m) | indicateur (m) de vitesse | [ɛ̃dikatœr də vitɛs] |
| ponteiro (m) | aiguille (f) | [eguij] |

conta-quilómetros (m)	compteur (m) de kilomètres	[kɔ̃tœr də kilɔmɛtr]
sensor (m)	indicateur (m)	[ɛ̃dikatœr]
nível (m)	niveau (m)	[nivo]
luz (f) avisadora	témoin (m)	[temwɛ̃]

volante (m)	volant (m)	[vɔlɑ̃]
buzina (f)	klaxon (m)	[klaksɔn]
botão (m)	bouton (m)	[butɔ̃]
interruptor (m)	interrupteur (m)	[ɛ̃teryptœr]

assento (m)	siège (m)	[sjɛʒ]
costas (f pl) do assento	dossier (m)	[dosje]
cabeceira (f)	appui-tête (m)	[apɥitɛt]
cinto (m) de segurança	ceinture (f) de sécurité	[sɛ̃tyr də sekyrite]
apertar o cinto	mettre la ceinture	[mɛtr la sɛ̃tyr]
regulação (f)	réglage (m)	[reglaʒ]

| airbag (m) | airbag (m) | [ɛrbag] |
| ar (m) condicionado | climatiseur (m) | [klimatizœr] |

rádio (m)	radio (f)	[radjo]
leitor (m) de CD	lecteur (m) de CD	[lɛktœr də sede]
ligar (vt)	allumer (vt)	[alyme]
antena (f)	antenne (f)	[ɑ̃tɛn]
porta-luvas (m)	boîte (f) à gants	[bwat ɑ gɑ̃]
cinzeiro (m)	cendrier (m)	[sɑ̃drije]

177. Carros. Motor

motor (m)	moteur (m)	[mɔtœr]
diesel	diesel (adj)	[djezɛl]
a gasolina	à essence (adj)	[ɑ esɑ̃s]

cilindrada (f)	capacité (f) du moteur	[kapasite dy mɔtœr]
potência (f)	puissance (f)	[pɥisɑ̃s]
cavalo-vapor (m)	cheval-vapeur (m)	[ʃevalvapœr]
pistão (m)	piston (m)	[pistɔ̃]
cilindro (m)	cylindre (m)	[silɛ̃dr]
válvula (f)	soupape (f)	[supap]

injetor (m)	injecteur (m)	[ɛ̃ʒɛktœr]
gerador (m)	générateur (m)	[ʒeneratœr]
carburador (m)	carburateur (m)	[karbyratœr]
óleo (m) para motor	huile (f) moteur	[ɥil mɔtœr]

| radiador (m) | radiateur (m) | [radjatœr] |
| refrigerante (m) | liquide (m) de refroidissement | [likid də rəfrwadismɑ̃] |

ventilador (m)	ventilateur (m)	[vɑ̃tilatœr]
bateria (f)	batterie (f)	[batri]
dispositivo (m) de arranque	starter (m)	[stɑ̃dar]

| ignição (f) | allumage (m) | [alymaʒ] |
| vela (f) de ignição | bougie (f) d'allumage | [buʒi dalymaʒ] |

borne (m)	borne (f)	[bɔrn]
borne (m) positivo	borne (f) positive	[bɔrn pozitiv]
borne (m) negativo	borne (f) négative	[bɔrn negativ]
fusível (m)	fusible (m)	[fyzibl]

filtro (m) de ar	filtre (m) à air	[filtr ɑ ɛr]
filtro (m) de óleo	filtre (m) à huile	[filtr ɑ ɥil]
filtro (m) de combustível	filtre (m) à essence	[filtr ɑ esɑ̃s]

178. Carros. Batidas. Reparação

acidente (m) de carro	accident (m)	[aksidɑ̃]
acidente (m) rodoviário	accident (m) de route	[aksidɑ̃ də rut]
ir contra ...	percuter contre ...	[pɛrkyte kɔ̃tr]
sofrer um acidente	s'écraser (vp)	[sekraze]
danos (m pl)	dégât (m)	[dega]
intato	intact (adj)	[ɛ̃takt]

avaria (no motor, etc.)	panne (f)	[pan]
avariar (vi)	tomber en panne	[tɔ̃be ɑ̃ pan]
cabo (m) de reboque	corde (f) de remorquage	[kɔrd də rəmɔrkaʒ]

furo (m)	crevaison (f)	[krəvɛzɔ̃]
estar furado	crever (vi)	[krəve]
encher (vt)	gonfler (vt)	[gɔ̃fle]
pressão (f)	pression (f)	[prɛsjɔ̃]
verificar (vt)	vérifier (vt)	[verifje]

reparação (f)	réparation (f)	[reparasjɔ̃]
oficina (f)	garage (m)	[garaʒ]
de reparação de carros		
peça (f) sobresselente	pièce (f) détachée	[pjɛs detaʃe]
peça (f)	pièce (f)	[pjɛs]

parafuso (m)	boulon (m)	[bulɔ̃]
parafuso (m)	vis (f)	[vis]
porca (f)	écrou (m)	[ekru]
anilha (f)	rondelle (f)	[rɔ̃dɛl]
rolamento (m)	palier (m)	[palje]

tubo (m)	tuyau (m)	[tɥijo]
junta (f)	joint (m)	[ʒwɛ̃]
fio, cabo (m)	fil (m)	[fil]

macaco (m)	cric (m)	[krik]
chave (f) de boca	clé (f) de serrage	[kle də seraʒ]
martelo (m)	marteau (m)	[marto]
bomba (f)	pompe (f)	[pɔ̃p]
chave (f) de fendas	tournevis (m)	[turnəvis]
extintor (m)	extincteur (m)	[ɛkstɛ̃ktœr]
triângulo (m) de emergência	triangle (m) de signalisation	[trijɑ̃gl də siɲalizasjɔ̃]

| parar (vi) (motor) | caler (vi) | [kale] |
| estar quebrado | être en panne | [ɛtr ã pan] |

superaquecer-se (vr)	surchauffer (vi)	[syrʃofe]
entupir-se (vr)	se boucher (vp)	[sə buʃe]
congelar-se (vr)	geler (vi)	[ʒəle]
rebentar (vi)	éclater (vi) (tuyau, etc.)	[eklate]

pressão (f)	pression (f)	[prɛsjõ]
nível (m)	niveau (m)	[nivo]
frouxo	lâche (adj)	[laʃ]

mossa (f)	fosse (f)	[fos]
ruído (m)	bruit (m)	[brɥi]
fissura (f)	fissure (f)	[fisyr]
arranhão (m)	égratignure (f)	[egratiɲyr]

179. Carros. Estrada

estrada (f)	route (f)	[rut]
autoestrada (f)	grande route (f)	[grãd rut]
rodovia (f)	autoroute (f)	[otorut]
direção (f)	direction (f)	[dirɛksjõ]
distância (f)	distance (f)	[distãs]

ponte (f)	pont (m)	[põ]
parque (m) de estacionamento	parking (m)	[parkiɲ]
praça (f)	place (f)	[plas]
nó (m) rodoviário	échangeur (m)	[eʃãʒœr]
túnel (m)	tunnel (m)	[tynɛl]

posto (m) de gasolina	station-service (f)	[stasjõsɛrvis]
parque (m) de estacionamento	parking (m)	[parkiɲ]
bomba (f) de gasolina	poste (m) d'essence	[pɔst desãs]
oficina (f) de reparação de carros	garage (m)	[garaʒ]

abastecer (vt)	se ravitailler (vp)	[sə ravitaje]
combustível (m)	carburant (m)	[karbyrã]
bidão (m) de gasolina	jerrycan (m)	[ʒerikan]

asfalto (m)	asphalte (m)	[asfalt]
marcação (f) de estradas	marquage (m)	[markaʒ]
lancil (m)	bordure (f)	[bɔrdyr]
proteção (f) guard-rail	barrière (f) de sécurité	[barjɛr də sekyrite]
valeta (f)	fossé (m)	[fose]
berma (f) da estrada	bas-côté (m)	[bakote]
poste (m) de luz	réverbère (m)	[revɛrbɛr]

conduzir, guiar (vt)	conduire (vt)	[kõdɥir]
virar (ex. ~ à direita)	tourner (vi)	[turne]
dar retorno	faire un demi-tour	[fɛr œ̃ dəmitur]
marcha-atrás (f)	marche (f) arrière	[marʃ arjɛr]
buzinar (vi)	klaxonner (vi)	[klaksɔne]
buzina (f)	coup (m) de klaxon	[ku də klaksɔn]

atolar-se (vr)	s'embourber (vp)	[sãburbe]
patinar (na lama)	déraper (vi)	[derape]
desligar (vt)	couper (vt)	[kupe]

velocidade (f)	vitesse (f)	[vitɛs]
exceder a velocidade	dépasser la vitesse	[depase la vitɛs]
multar (vt)	mettre une amende à qn	[mɛtr yn amãd]
semáforo (m)	feux (m pl) de circulation	[fø də sirkylasjõ]
carta (f) de condução	permis (m) de conduire	[pɛrmi də kõdųir]

passagem (f) de nível	passage (m) à niveau	[pasaʒ a nivo]
cruzamento (m)	carrefour (m)	[karfur]
passadeira (f)	passage (m) piéton	[pasaʒ pjetõ]
curva (f)	virage (m)	[viraʒ]
zona (f) pedonal	zone (f) piétonne	[zon pjetɔn]

180. Sinais de trânsito

código (m) da estrada	code (m) de la route	[kɔd də la rut]
sinal (m) de trânsito	signe (m)	[siɲ]
ultrapassagem (f)	dépassement (m)	[depasmã]
curva (f)	virage (m)	[viraʒ]
inversão (f) de marcha	demi-tour (m)	[dəmitur]
rotunda (f)	sens (m) giratoire	[sãs ʒiratwar]

sentido proibido	sens interdit	[sãs ɛ̃tɛrdi]
trânsito proibido	circulation interdite	[sirkylasjõ ɛ̃tɛrdi]
proibição de ultrapassar	interdiction de dépasser	[ɛ̃tɛrdiksjõ də depase]
estacionamento proibido	stationnement interdit	[stasjɔnmɑn ɛ̃tɛrdi]
paragem proibida	arrêt interdit	[arɛt ɛ̃tɛrdi]

curva (f) perigosa	virage dangereux	[viraʒ dãʒrø]
descida (f) perigosa	descente dangereuse	[desãt dãʒrøz]
trânsito de sentido único	sens unique	[sãs ynik]
passadeira (f)	passage (m) piéton	[pasaʒ pjetõ]
pavimento (m) escorregadio	chaussée glissante	[ʃose glisãt]
cedência de passagem	cédez le passage	[sede lə pasaʒ]

PESSOAS. EVENTOS

Eventos

181. Férias. Evento

festa (f)	fête (f)	[fɛt]
festa (f) nacional	fête (f) nationale	[fɛt nasjɔnal]
feriado (m)	jour (m) férié	[ʒur ferje]
festejar (vt)	célébrer (vt)	[selebre]
evento (festa, etc.)	événement (m)	[evɛnmɑ̃]
evento (banquete, etc.)	événement (m)	[evɛnmɑ̃]
banquete (m)	banquet (m)	[bɑ̃kɛ]
receção (f)	réception (f)	[resɛpsjɔ̃]
festim (m)	festin (m)	[fɛstɛ̃]
aniversário (m)	anniversaire (m)	[anivɛrsɛr]
jubileu (m)	jubilé (m)	[ʒybile]
celebrar (vt)	fêter, célébrer	[fete], [selebre]
Ano (m) Novo	Nouvel An (m)	[nuvɛl ɑ̃]
Feliz Ano Novo!	Bonne année!	[bɔn ane]
Pai (m) Natal	Père Noël (m)	[pɛr nɔɛl]
Natal (m)	Noël (m)	[nɔɛl]
Feliz Natal!	Joyeux Noël!	[ʒwajø nɔɛl]
árvore (f) de Natal	arbre (m) de Noël	[arbr də noɛl]
fogo (m) de artifício	feux (m pl) d'artifice	[fø dartifis]
boda (f)	mariage (m)	[marjaʒ]
noivo (m)	fiancé (m)	[fijɑ̃se]
noiva (f)	fiancée (f)	[fijɑ̃se]
convidar (vt)	inviter (vt)	[ɛ̃vite]
convite (m)	lettre (f) d'invitation	[lɛtr dɛ̃vitasjɔ̃]
convidado (m)	invité (m)	[ɛ̃vite]
visitar (vt)	visiter (vt)	[vizite]
receber os hóspedes	accueillir les invités	[akœjir lezɛ̃vite]
presente (m)	cadeau (m)	[kado]
oferecer (vt)	offrir (vt)	[ɔfrir]
receber presentes	recevoir des cadeaux	[rəsəvwar de kado]
ramo (m) de flores	bouquet (m)	[bukɛ]
felicitações (f pl)	félicitations (f pl)	[felisitasjɔ̃]
felicitar (dar os parabéns)	féliciter (vt)	[felisite]
cartão (m) de parabéns	carte (f) de veux	[kart də vœ]

enviar um postal	**envoyer une carte**	[ɑ̃vwaje yn kart]
receber um postal	**recevoir une carte**	[rəsəvwar yn kart]

brinde (m)	**toast** (m)	[tost]
oferecer (vt)	**offrir** (vt)	[ɔfrir]
champanhe (m)	**champagne** (m)	[ʃɑ̃paɲ]

divertir-se (vr)	**s'amuser** (vp)	[samyze]
diversão (f)	**gaieté** (f)	[gete]
alegria (f)	**joie** (f)	[ʒwa]

dança (f)	**danse** (f)	[dɑ̃s]
dançar (vi)	**danser** (vi, vt)	[dɑ̃se]

valsa (f)	**valse** (f)	[vals]
tango (m)	**tango** (m)	[tɑ̃go]

182. Funerais. Enterro

cemitério (m)	**cimetière** (m)	[simɑ̃tje]
sepultura (f), túmulo (m)	**tombe** (f)	[tɔ̃b]
cruz (f)	**croix** (f)	[krwa]
lápide (f)	**pierre** (f) **tombale**	[pjɛr tɔ̃bal]
cerca (f)	**clôture** (f)	[klotyr]
capela (f)	**chapelle** (f)	[ʃapɛl]

morte (f)	**mort** (f)	[mɔr]
morrer (vi)	**mourir** (vi)	[murir]
defunto (m)	**défunt** (m)	[defœ̃]
luto (m)	**deuil** (m)	[dœj]

enterrar, sepultar (vt)	**enterrer** (vt)	[ɑ̃tere]
agência (f) funerária	**maison** (f) **funéraire**	[mɛzɔ̃ fynerɛr]
funeral (m)	**enterrement** (m)	[ɑ̃tɛrmɑ̃]

coroa (f) de flores	**couronne** (f)	[kurɔn]
caixão (m)	**cercueil** (m)	[sɛrkœj]
carro (m) funerário	**corbillard** (m)	[kɔrbijar]
mortalha (f)	**linceul** (m)	[lɛ̃sœl]

procissão (f) funerária	**cortège** (m) **funèbre**	[kɔrtɛʒ fynɛbr]
urna (f) funerária	**urne** (f) **funéraire**	[yrn fynerɛr]
crematório (m)	**crématoire** (m)	[krematwar]

obituário (m), necrologia (f)	**nécrologue** (m)	[nekrɔlɔg]
chorar (vi)	**pleurer** (vi)	[plœre]
soluçar (vi)	**sangloter** (vi)	[sɑ̃glɔte]

183. Guerra. Soldados

pelotão (m)	**section** (f)	[sɛksjɔ̃]
companhia (f)	**compagnie** (f)	[kɔ̃paɲi]

regimento (m)	**régiment** (m)	[reʒimɑ̃]
exército (m)	**armée** (f)	[arme]
divisão (f)	**division** (f)	[divizjɔ̃]
destacamento (m)	**détachement** (m)	[detaʃmɑ̃]
hoste (f)	**armée** (f)	[arme]
soldado (m)	**soldat** (m)	[sɔlda]
oficial (m)	**officier** (m)	[ɔfisje]
soldado (m) raso	**soldat** (m)	[sɔlda]
sargento (m)	**sergent** (m)	[sɛrʒɑ̃]
tenente (m)	**lieutenant** (m)	[ljøtnɑ̃]
capitão (m)	**capitaine** (m)	[kapitɛn]
major (m)	**commandant** (m)	[kɔmɑ̃dɑ̃]
coronel (m)	**colonel** (m)	[kɔlɔnɛl]
general (m)	**général** (m)	[ʒeneral]
marujo (m)	**marin** (m)	[marɛ̃]
capitão (m)	**capitaine** (m)	[kapitɛn]
contramestre (m)	**maître** (m) **d'équipage**	[mɛtr dekipaʒ]
artilheiro (m)	**artilleur** (m)	[artijœr]
soldado (m) paraquedista	**parachutiste** (m)	[paraʃytist]
piloto (m)	**pilote** (m)	[pilɔt]
navegador (m)	**navigateur** (m)	[navigatœr]
mecânico (m)	**mécanicien** (m)	[mekanisjɛ̃]
sapador (m)	**démineur** (m)	[deminœr]
paraquedista (m)	**parachutiste** (m)	[paraʃytist]
explorador (m)	**éclaireur** (m)	[eklɛrœr]
franco-atirador (m)	**tireur** (m) **d'élite**	[tirœr delit]
patrulha (f)	**patrouille** (f)	[patruj]
patrulhar (vt)	**patrouiller** (vi)	[patruje]
sentinela (f)	**sentinelle** (f)	[sɑ̃tinɛl]
guerreiro (m)	**guerrier** (m)	[gɛrje]
patriota (m)	**patriote** (m)	[patrijɔt]
herói (m)	**héros** (m)	[ero]
heroína (f)	**héroïne** (f)	[erɔin]
traidor (m)	**traître** (m)	[trɛtr]
trair (vt)	**trahir** (vt)	[trair]
desertor (m)	**déserteur** (m)	[dezɛrtœr]
desertar (vt)	**déserter** (vt)	[dezɛrte]
mercenário (m)	**mercenaire** (m)	[mɛrsənɛr]
recruta (m)	**recrue** (f)	[rəkry]
voluntário (m)	**volontaire** (m)	[vɔlɔ̃tɛr]
morto (m)	**mort** (m)	[mɔr]
ferido (m)	**blessé** (m)	[blese]
prisioneiro (m) de guerra	**prisonnier** (m) **de guerre**	[prizɔnje də gɛr]

184. Guerra. Ações militares. Parte 1

guerra (f)	guerre (f)	[gɛr]
guerrear (vt)	faire la guerre	[fɛr la gɛr]
guerra (f) civil	guerre (f) civile	[gɛr sivil]
perfidamente	perfidement (adv)	[pɛrfidmã]
declaração (f) de guerra	déclaration (f) de guerre	[deklarasjõ də gɛr]
declarar (vt) guerra	déclarer (vt)	[deklare]
agressão (f)	agression (f)	[agrɛsjõ]
atacar (vt)	attaquer (vt)	[atake]
invadir (vt)	envahir (vt)	[ãvair]
invasor (m)	envahisseur (m)	[ãvaisœr]
conquistador (m)	conquérant (m)	[kõkerã]
defesa (f)	défense (f)	[defãs]
defender (vt)	défendre (vt)	[defãdr]
defender-se (vr)	se défendre (vp)	[sə defãdr]
inimigo (m)	ennemi (m)	[ɛnmi]
adversário (m)	adversaire (m)	[advɛrsɛr]
inimigo	ennemi (adj)	[ɛnmi]
estratégia (f)	stratégie (f)	[strateʒi]
tática (f)	tactique (f)	[taktik]
ordem (f)	ordre (m)	[ɔrdr]
comando (m)	commande (f)	[kɔmãd]
ordenar (vt)	ordonner (vt)	[ɔrdɔne]
missão (f)	mission (f)	[misjõ]
secreto	secret (adj)	[səkrɛ]
batalha (f)	bataille (f)	[bataj]
combate (m)	combat (m)	[kõba]
ataque (m)	attaque (f)	[atak]
assalto (m)	assaut (m)	[aso]
assaltar (vt)	prendre d'assaut	[prãdr daso]
assédio, sítio (m)	siège (m)	[sjɛʒ]
ofensiva (f)	offensive (f)	[ɔfãsiv]
passar à ofensiva	passer à l'offensive	[pɑse ɑ lɔfãsiv]
retirada (f)	retraite (f)	[rətrɛt]
retirar-se (vr)	faire retraite	[fɛr rətrɛt]
cerco (m)	encerclement (m)	[ãsɛrkləmã]
cercar (vt)	encercler (vt)	[ãsɛrkle]
bombardeio (m)	bombardement (m)	[bõbardəmã]
lançar uma bomba	lancer une bombe	[lãse yn bõb]
bombardear (vt)	bombarder (vt)	[bõbarde]
explosão (f)	explosion (f)	[ɛksplozjõ]
tiro (m)	coup (m) de feu	[ku də fø]

| disparar um tiro | tirer un coup de feu | [tire õe ku də fø] |
| tiroteio (m) | fusillade (f) | [fyzijad] |

apontar para ...	viser (vt)	[vize]
apontar (vt)	pointer (sur ...)	[pwɛ̃te syr]
acertar (vt)	atteindre (vt)	[atɛ̃dr]

afundar (um navio)	faire sombrer	[fɛr sõbre]
brecha (f)	trou (m)	[tru]
afundar-se (vr)	sombrer (vi)	[sõbre]

frente (m)	front (m)	[frõ]
evacuação (f)	évacuation (f)	[evakɥasjõ]
evacuar (vt)	évacuer (vt)	[evakɥe]

trincheira (f)	tranchée (f)	[trãʃe]
arame (m) farpado	barbelés (m pl)	[barbəle]
obstáculo (m) anticarro	barrage (m)	[baraʒ]
torre (f) de vigia	tour (f) de guet	[tur də gɛ]

hospital (m)	hôpital (m)	[ɔpital]
ferir (vt)	blesser (vt)	[blese]
ferida (f)	blessure (f)	[blesyr]
ferido (m)	blessé (m)	[blese]
ficar ferido	être blessé	[ɛtr blese]
grave (ferida ~)	grave (adj)	[grav]

185. Guerra. Ações militares. Parte 2

cativeiro (m)	captivité (f)	[kaptivite]
capturar (vt)	captiver (vt)	[kaptive]
estar em cativeiro	être prisonnier	[ɛtr prizɔnje]
ser aprisionado	être fait prisonnier	[ɛtr fɛ prizɔnje]

campo (m) de concentração	camp (m) de concentration	[kã də kõsãtrasjõ]
prisioneiro (m) de guerra	prisonnier (m) de guerre	[prizɔnje də gɛr]
escapar (vi)	s'enfuir (vp)	[sãfɥir]

trair (vt)	trahir (vt)	[trair]
traidor (m)	traître (m)	[trɛtr]
traição (f)	trahison (f)	[traizõ]

| fuzilar, executar (vt) | fusiller (vt) | [fyzije] |
| fuzilamento (m) | fusillade (f) | [fyzijad] |

equipamento (m)	équipement (m)	[ekipmã]
platina (f)	épaulette (f)	[epolɛt]
máscara (f) antigás	masque (m) à gaz	[mask a gaz]

rádio (m)	émetteur (m) radio	[emetœr radjo]
cifra (f), código (m)	chiffre (m)	[ʃifr]
conspiração (f)	conspiration (f)	[kõspirasjõ]
senha (f)	mot (m) de passe	[mo də pas]
mina (f)	mine (f) terrestre	[min tɛrɛstr]

minar (vt)	miner (vt)	[mine]
campo (m) minado	champ (m) de mines	[ʃɑ̃ də min]
alarme (m) aéreo	alerte (f) aérienne	[alɛrt aerjɛ̃]
alarme (m)	signal (m) d'alarme	[siɲal dalarm]
sinal (m)	signal (m)	[siɲal]
sinalizador (m)	fusée signal (f)	[fyze siɲal]
estado-maior (m)	état-major (m)	[eta maʒɔr]
reconhecimento (m)	reconnaissance (f)	[rəkɔnɛsɑ̃s]
situação (f)	situation (f)	[sitɥasjɔ̃]
relatório (m)	rapport (m)	[rapɔr]
emboscada (f)	embuscade (f)	[ɑ̃byskad]
reforço (m)	renfort (m)	[rɑ̃fɔr]
alvo (m)	cible (f)	[sibl]
campo (m) de tiro	polygone (m)	[pɔligɔn]
manobras (f pl)	manœuvres (f pl)	[manœvr]
pânico (m)	panique (f)	[panik]
devastação (f)	dévastation (f)	[devastasjɔ̃]
ruínas (f pl)	destructions (f pl)	[dɛstryksjɔ̃]
destruir (vt)	détruire (vt)	[detrɥir]
sobreviver (vi)	survivre (vi)	[syrvivr]
desarmar (vt)	désarmer (vt)	[dezarme]
manusear (vt)	manier (vt)	[manje]
Firmes!	Garde-à-vous! Fixe!	[gardavu], [fiks]
Descansar!	Repos!	[rəpo]
façanha (f)	exploit (m)	[ɛksplwa]
juramento (m)	serment (m)	[sɛrmɑ̃]
jurar (vi)	jurer (vi)	[ʒyre]
condecoração (f)	décoration (f)	[dekɔrasjɔ̃]
condecorar (vt)	décorer (vt)	[dekɔre]
medalha (f)	médaille (f)	[medaj]
ordem (f)	ordre (m)	[ɔrdr]
vitória (f)	victoire (f)	[viktwar]
derrota (f)	défaite (f)	[defɛt]
armistício (m)	armistice (m)	[armistis]
bandeira (f)	drapeau (m)	[drapo]
glória (f)	gloire (f)	[glwar]
desfile (m) militar	défilé (m)	[defile]
marchar (vi)	marcher (vi)	[marʃe]

186. Armas

arma (f)	arme (f)	[arm]
arma (f) de fogo	armes (f pl) à feu	[arm ɑ fø]
arma (f) branca	armes (f pl) blanches	[arm blɑ̃ʃ]

arma (f) química	arme (f) chimique	[arm ʃimik]
nuclear	nucléaire (adj)	[nyklɛɛr]
arma (f) nuclear	arme (f) nucléaire	[arm nyklɛɛr]

bomba (f)	bombe (f)	[bɔ̃b]
bomba (f) atómica	bombe (f) atomique	[bɔ̃b atɔmik]

pistola (f)	pistolet (m)	[pistɔlɛ]
caçadeira (f)	fusil (m)	[fyzi]
pistola-metralhadora (f)	mitraillette (f)	[mitrɑjɛt]
metralhadora (f)	mitrailleuse (f)	[mitrɑjøz]

boca (f)	bouche (f)	[buʃ]
cano (m)	canon (m)	[kanɔ̃]
calibre (m)	calibre (m)	[kalibr]

gatilho (m)	gâchette (f)	[gaʃɛt]
mira (f)	mire (f)	[mir]
carregador (m)	magasin (m)	[magazɛ̃]
coronha (f)	crosse (f)	[krɔs]

granada (f) de mão	grenade (f)	[grǝnad]
explosivo (m)	explosif (m)	[ɛksplozif]

bala (f)	balle (f)	[bal]
cartucho (m)	cartouche (f)	[kartuʃ]
carga (f)	charge (f)	[ʃarʒ]
munições (f pl)	munitions (f pl)	[mynisjɔ̃]

bombardeiro (m)	bombardier (m)	[bɔ̃bardje]
avião (m) de caça	avion (m) de chasse	[avjɔ̃ dǝ ʃas]
helicóptero (m)	hélicoptère (m)	[elikɔptɛr]

canhão (m) antiaéreo	pièce (f) de D.C.A.	[pjɛs dǝ desea]
tanque (m)	char (m)	[ʃar]
canhão (de um tanque)	canon (m)	[kanɔ̃]

artilharia (f)	artillerie (f)	[artijri]
canhão (m)	canon (m)	[kanɔ̃]
fazer a pontaria	pointer sur ...	[pwɛ̃te syr]

obus (m)	obus (m)	[ɔby]
granada (f) de morteiro	obus (m) de mortier	[ɔby dǝ mɔrtje]
morteiro (m)	mortier (m)	[mɔrtje]
estilhaço (m)	éclat (m) d'obus	[ekla dɔby]

submarino (m)	sous-marin (m)	[sumarɛ̃]
torpedo (m)	torpille (f)	[tɔrpij]
míssil (m)	missile (m)	[misil]

carregar (uma arma)	charger (vt)	[ʃarʒe]
atirar, disparar (vi)	tirer (vi)	[tire]
apontar para ...	viser (vt)	[vize]
baioneta (f)	baïonnette (f)	[bajɔnɛt]
espada (f)	épée (f)	[epe]
sabre (m)	sabre (m)	[sabr]

lança (f)	lance (f)	[lãs]
arco (m)	arc (m)	[ark]
flecha (f)	flèche (f)	[flɛʃ]
mosquete (m)	mousquet (m)	[muskɛ]
besta (f)	arbalète (f)	[arbalɛt]

187. Povos da antiguidade

primitivo	primitif (adj)	[primitif]
pré-histórico	préhistorique (adj)	[preistɔrik]
antigo	ancien (adj)	[ãsjɛ̃]
Idade (f) da Pedra	Âge (m) de Pierre	[ɑʒ də pjɛr]
Idade (f) do Bronze	Âge (m) de Bronze	[ɑʒ də brɔ̃z]
período (m) glacial	période (f) glaciaire	[perjɔd glasjɛr]
tribo (f)	tribu (f)	[triby]
canibal (m)	cannibale (m)	[kanibal]
caçador (m)	chasseur (m)	[ʃasœr]
caçar (vi)	chasser (vi, vt)	[ʃase]
mamute (m)	mammouth (m)	[mamut]
caverna (f)	caverne (f)	[kavɛrn]
fogo (m)	feu (m)	[fø]
fogueira (f)	feu (m) de bois	[fø də bwa]
pintura (f) rupestre	dessin (m) rupestre	[desɛ̃ rypɛstr]
ferramenta (f)	outil (m)	[uti]
lança (f)	lance (f)	[lãs]
machado (m) de pedra	hache (f) en pierre	[aʃã pjɛr]
guerrear (vt)	faire la guerre	[fɛr la gɛr]
domesticar (vt)	domestiquer (vt)	[dɔmɛstike]
ídolo (m)	idole (f)	[idɔl]
adorar, venerar (vt)	adorer, vénérer (vt)	[adɔre], [venere]
superstição (f)	superstition (f)	[sypɛrstisjɔ̃]
ritual (m)	rite (m)	[rit]
evolução (f)	évolution (f)	[evɔlysjɔ̃]
desenvolvimento (m)	développement (m)	[devlɔpmã]
desaparecimento (m)	disparition (f)	[disparisjɔ̃]
adaptar-se (vr)	s'adapter (vp)	[sadapte]
arqueologia (f)	archéologie (f)	[arkeɔlɔʒi]
arqueólogo (m)	archéologue (m)	[arkeɔlɔg]
arqueológico	archéologique (adj)	[arkeɔlɔʒik]
local (m) das escavações	site (m) d'excavation	[sit dɛkskavasjɔ̃]
escavações (f pl)	fouilles (f pl)	[fuj]
achado (m)	trouvaille (f)	[truvaj]
fragmento (m)	fragment (m)	[fragmã]

188. Idade média

povo (m)	peuple (m)	[pœpl]
povos (m pl)	peuples (m pl)	[pœpl]
tribo (f)	tribu (f)	[triby]
tribos (f pl)	tribus (f pl)	[triby]

bárbaros (m pl)	Barbares (m pl)	[barbar]
gauleses (m pl)	Gaulois (m pl)	[golwa]
godos (m pl)	Goths (m pl)	[go]
eslavos (m pl)	Slaves (m pl)	[slav]
víquingues (m pl)	Vikings (m pl)	[vikiŋ]

| romanos (m pl) | Romains (m pl) | [rɔmɛ̃] |
| romano | romain (adj) | [rɔmɛ̃] |

bizantinos (m pl)	byzantins (m pl)	[bizɑ̃tɛ̃]
Bizâncio	Byzance (f)	[bizɑ̃s]
bizantino	byzantin (adj)	[bizɑ̃tɛ̃]

imperador (m)	empereur (m)	[ɑ̃prœr]
líder (m)	chef (m)	[ʃɛf]
poderoso	puissant (adj)	[pɥisɑ̃]
rei (m)	roi (m)	[rwa]
governante (m)	gouverneur (m)	[guvɛrnœr]

cavaleiro (m)	chevalier (m)	[ʃəvalje]
senhor feudal (m)	féodal (m)	[feɔdal]
feudal	féodal (adj)	[feɔdal]
vassalo (m)	vassal (m)	[vasal]

duque (m)	duc (m)	[dyk]
conde (m)	comte (m)	[kɔ̃t]
barão (m)	baron (m)	[barɔ̃]
bispo (m)	évêque (m)	[evɛk]

armadura (f)	armure (f)	[armyr]
escudo (m)	bouclier (m)	[buklije]
espada (f)	épée (f), glaive (m)	[epe], [glɛv]
viseira (f)	visière (f)	[vizjɛr]
cota (f) de malha	cotte (f) de mailles	[kɔt də maj]

| cruzada (f) | croisade (f) | [krwazad] |
| cruzado (m) | croisé (m) | [krwaze] |

território (m)	territoire (m)	[tɛritwar]
atacar (vt)	attaquer (vt)	[atake]
conquistar (vt)	conquérir (vt)	[kɔ̃kerir]
ocupar, invadir (vt)	occuper (vt)	[ɔkype]

assédio, sítio (m)	siège (m)	[sjɛʒ]
sitiado	assiégé (adj)	[asjeʒe]
assediar, sitiar (vt)	assiéger (vt)	[asjeʒe]
inquisição (f)	inquisition (f)	[ɛ̃kizisjɔ̃]
inquisidor (m)	inquisiteur (m)	[ɛ̃kizitœr]

tortura (f)	torture (f)	[tɔrtyr]
cruel	cruel (adj)	[kryɛl]
herege (m)	hérétique (m)	[eretik]
heresia (f)	hérésie (f)	[erezi]

navegação (f) marítima	navigation (f) en mer	[navigasjɔn ɑ̃ mɛr]
pirata (m)	pirate (m)	[pirat]
pirataria (f)	piraterie (f)	[piratri]
abordagem (f)	abordage (m)	[abɔrdaʒ]
presa (f), butim (m)	butin (m)	[bytɛ̃]
tesouros (m pl)	trésor (m)	[trezɔr]

descobrimento (m)	découverte (f)	[dekuvɛrt]
descobrir (novas terras)	découvrir (vt)	[dekuvrir]
expedição (f)	expédition (f)	[ɛkspedisjɔ̃]

mosqueteiro (m)	mousquetaire (m)	[muskətɛr]
cardeal (m)	cardinal (m)	[kardinal]
heráldica (f)	héraldique (f)	[eraldik]
heráldico	héraldique (adj)	[eraldik]

189. Líder. Chefe. Autoridades

rei (m)	roi (m)	[rwa]
rainha (f)	reine (f)	[rɛn]
real	royal (adj)	[rwajal]
reino (m)	royaume (m)	[rwajom]

| príncipe (m) | prince (m) | [prɛ̃s] |
| princesa (f) | princesse (f) | [prɛ̃sɛs] |

presidente (m)	président (m)	[prezidɑ̃]
vice-presidente (m)	vice-président (m)	[visprezidɑ̃]
senador (m)	sénateur (m)	[senatœr]

monarca (m)	monarque (m)	[mɔnark]
governante (m)	gouverneur (m)	[guvɛrnœr]
ditador (m)	dictateur (m)	[diktatœr]
tirano (m)	tyran (m)	[tirɑ̃]
magnata (m)	magnat (m)	[maɲa]

diretor (m)	directeur (m)	[dirɛktœr]
chefe (m)	chef (m)	[ʃɛf]
dirigente (m)	gérant (m)	[ʒerɑ̃]
patrão (m)	boss (m)	[bɔs]
dono (m)	patron (m)	[patrɔ̃]

líder, chefe (m)	leader (m)	[lidœr]
chefe (~ de delegação)	chef (m)	[ʃɛf]
autoridades (f pl)	autorités (f pl)	[ɔtorite]
superiores (m pl)	supérieurs (m pl)	[syperjœr]

| governador (m) | gouverneur (m) | [guvɛrnœr] |
| cônsul (m) | consul (m) | [kɔ̃syl] |

diplomata (m)	diplomate (m)	[diplɔmat]
Presidente (m) da Câmara	maire (m)	[mɛr]
xerife (m)	shérif (m)	[ʃerif]

imperador (m)	empereur (m)	[ɑ̃prœr]
czar (m)	tsar (m)	[tsar]
faraó (m)	pharaon (m)	[faraɔ̃]
cã (m)	khan (m)	[kɑ̃]

190. Estrada. Caminho. Direções

estrada (f)	route (f)	[rut]
caminho (m)	voie (f)	[vwa]

rodovia (f)	autoroute (f)	[otorut]
autoestrada (f)	grande route (f)	[grɑ̃d rut]
estrada (f) nacional	route (f) nationale	[rut nasjɔnal]

estrada (f) principal	route (f) principale	[rut prɛ̃sipal]
caminho (m) de terra batida	route (f) de campagne	[rut də kɑ̃paɲ]

trilha (f)	chemin (m)	[ʃəmɛ̃]
vereda (f)	sentier (m)	[sɑ̃tje]

Onde?	Où?	[u]
Para onde?	Où?	[u]
De onde?	D'où?	[du]

direção (f)	direction (f)	[dirɛksjɔ̃]
indicar (orientar)	indiquer (vt)	[ɛ̃dike]

para esquerda	à gauche (adv)	[agoʃ]
para direita	à droite (adv)	[adrwat]
em frente	tout droit (adv)	[tu drwa]
para trás	en arrière (adv)	[ɑn arjɛr]

curva (f)	virage (m)	[viraʒ]
virar (ex. ~ à direita)	tourner (vi)	[turne]
dar retorno	faire un demi-tour	[fɛr œ̃ dəmitur]

estar visível	se dessiner (vp)	[sə desine]
aparecer (vi)	apparaître (vi)	[aparɛtr]

paragem (pausa)	halte (f)	[alt]
descansar (vi)	se reposer (vp)	[sə rəpoze]
descanso (m)	repos (m)	[rəpo]

perder-se (vr)	s'égarer (vp)	[segare]
conduzir (caminho)	mener à ...	[məne a]
chegar a ...	arriver à ...	[arive a]
trecho (m)	tronçon (m)	[trɔ̃sɔ̃]

asfalto (m)	asphalte (m)	[asfalt]
lancil (m)	bordure (f)	[bɔrdyr]

valeta (f)	**fossé** (m)	[fose]
tampa (f) de esgoto	**bouche** (f) **d'égout**	[buʃ degu]
berma (f) da estrada	**bas-côté** (m)	[bakote]
buraco (m)	**nid-de-poule** (m)	[nidpul]
ir (a pé)	**aller** (vi)	[ale]
ultrapassar (vt)	**dépasser** (vt)	[depase]
passo (m)	**pas** (m)	[pɑ]
a pé	**à pied** (adv)	[ɑ pje]
bloquear (vt)	**barrer** (vt)	[bare]
cancela (f)	**barrière** (f)	[barjɛr]
beco (m) sem saída	**impasse** (f)	[ɛ̃pas]

191. Viloação da lei. Criminosos. Parte 1

bandido (m)	**bandit** (m)	[bɑ̃di]
crime (m)	**crime** (m)	[krim]
criminoso (m)	**criminel** (m)	[kriminɛl]
ladrão (m)	**voleur** (m)	[vɔlœr]
roubar (vt)	**voler** (vt)	[vɔle]
furto, roubo (m)	**vol** (m)	[vɔl]
raptar (ex. ~ uma criança)	**kidnapper** (vt)	[kidnape]
rapto (m)	**kidnapping** (m)	[kidnapiŋ]
raptor (m)	**kidnappeur** (m)	[kidnapœr]
resgate (m)	**rançon** (f)	[rɑ̃sɔ̃]
pedir resgate	**exiger une rançon**	[ɛgziʒe yn rɑ̃sɔ̃]
roubar (vt)	**cambrioler** (vt)	[kɑ̃brijɔle]
assalto, roubo (m)	**cambriolage** (m)	[kɑ̃brijɔlaʒ]
assaltante (m)	**cambrioleur** (m)	[kɑ̃brijɔlœr]
extorquir (vt)	**extorquer** (vt)	[ɛkstɔrke]
extorsionário (m)	**extorqueur** (m)	[ɛkstɔrkœr]
extorsão (f)	**extorsion** (f)	[ɛkstɔrsjɔ̃]
matar, assassinar (vt)	**tuer** (vt)	[tɥe]
homicídio (m)	**meurtre** (m)	[mœrtr]
homicida, assassino (m)	**meurtrier** (m)	[mœrtrije]
tiro (m)	**coup** (m) **de feu**	[ku də fø]
dar um tiro	**tirer un coup de feu**	[tire œ̃ ku də fø]
matar a tiro	**abattre** (vt)	[abatr]
atirar, disparar (vi)	**tirer** (vi)	[tire]
tiroteio (m)	**coups** (m pl) **de feu**	[ku də fø]
incidente (m)	**incident** (m)	[ɛ̃sidɑ̃]
briga (~ de rua)	**bagarre** (f)	[bagar]
Socorro!	**Au secours!**	[osəkur]
vítima (f)	**victime** (f)	[viktim]

danificar (vt)	endommager (vt)	[ãdɔmaʒe]
dano (m)	dommage (m)	[dɔmaʒ]
cadáver (m)	cadavre (m)	[kadavr]
grave	grave (adj)	[grav]

atacar (vt)	attaquer (vt)	[atake]
bater (espancar)	battre (vt)	[batr]
espancar (vt)	passer à tabac	[pɑse ɑ taba]
tirar, roubar (dinheiro)	prendre (vt)	[prãdr]
esfaquear (vt)	poignarder (vt)	[pwaɲarde]
mutilar (vt)	mutiler (vt)	[mytile]
ferir (vt)	blesser (vt)	[blese]

chantagem (f)	chantage (m)	[ʃãtaʒ]
chantagear (vt)	faire chanter	[fɛr ʃãte]
chantagista (m)	maître (m) chanteur	[mɛtr ʃãtœr]

extorsão	racket (m) de protection	[rakɛt də prɔtɛksjõ]
(em troca de proteção)		
extorsionário (m)	racketteur (m)	[rakɛtœr]
gângster (m)	gangster (m)	[gãgstɛr]
máfia (f)	mafia (f)	[mafja]

carteirista (m)	pickpocket (m)	[pikpɔkɛt]
assaltante, ladrão (m)	cambrioleur (m)	[kãbrijɔlœr]
contrabando (m)	contrebande (f)	[kõtrəbãd]
contrabandista (m)	contrebandier (m)	[kõtrebãdje]

falsificação (f)	contrefaçon (f)	[kõtrəfasõ]
falsificar (vt)	falsifier (vt)	[falsifje]
falsificado	faux (adj)	[fo]

192. Viloação da lei. Criminosos. Parte 2

violação (f)	viol (m)	[vjɔl]
violar (vt)	violer (vt)	[vjɔle]
violador (m)	violeur (m)	[vjɔlœr]
maníaco (m)	maniaque (m)	[manjak]

prostituta (f)	prostituée (f)	[prɔstitɥe]
prostituição (f)	prostitution (f)	[prɔstitysjõ]
chulo (m)	souteneur (m)	[sutnœr]

| toxicodependente (m) | drogué (m) | [drɔge] |
| traficante (m) | trafiquant (m) de drogue | [trafikã də drɔg] |

explodir (vt)	faire exploser	[fɛr ɛksploze]
explosão (f)	explosion (f)	[ɛksplozjõ]
incendiar (vt)	mettre feu	[mɛtr fø]
incendiário (m)	incendiaire (m)	[ɛ̃sãdjɛr]

terrorismo (m)	terrorisme (m)	[tɛrɔrism]
terrorista (m)	terroriste (m)	[tɛrorist]
refém (m)	otage (m)	[ɔtaʒ]

enganar (vt)	escroquer (vt)	[ɛskrɔke]
engano (m)	escroquerie (f)	[ɛskrɔkri]
vigarista (m)	escroc (m)	[ɛskro]

subornar (vt)	soudoyer (vt)	[sudwaje]
suborno (atividade)	corruption (f)	[kɔrypsjɔ̃]
suborno (dinheiro)	pot-de-vin (m)	[podvɛ̃]

veneno (m)	poison (m)	[pwazɔ̃]
envenenar (vt)	empoisonner (vt)	[ɑ̃pwazɔne]
envenenar-se (vr)	s'empoisonner (vp)	[sɑ̃pwazɔne]

suicídio (m)	suicide (m)	[sɥisid]
suicida (m)	suicidé (m)	[sɥiside]

ameaçar (vt)	menacer (vt)	[mənase]
ameaça (f)	menace (f)	[mənas]
atentar contra a vida de ...	attenter (vt)	[atɑ̃te]
atentado (m)	attentat (m)	[atɑ̃ta]

roubar (o carro)	voler (vt)	[vɔle]
desviar (o avião)	détourner (vt)	[deturne]

vingança (f)	vengeance (f)	[vɑ̃ʒɑ̃s]
vingar (vt)	se venger (vp)	[sə vɑ̃ʒe]

torturar (vt)	torturer (vt)	[tɔrtyre]
tortura (f)	torture (f)	[tɔrtyr]
atormentar (vt)	tourmenter (vt)	[turmɑ̃te]

pirata (m)	pirate (m)	[pirat]
desordeiro (m)	voyou (m)	[vwaju]
armado	armé (adj)	[arme]
violência (f)	violence (f)	[vjɔlɑ̃s]
ilegal	illégal (adj)	[ilegal]

espionagem (f)	espionnage (m)	[ɛspjɔnaʒ]
espionar (vi)	espionner (vt)	[ɛspjɔne]

193. Polícia. Lei. Parte 1

justiça (f)	justice (f)	[ʒystis]
tribunal (m)	tribunal (m)	[tribynal]

juiz (m)	juge (m)	[ʒyʒ]
jurados (m pl)	jury (m)	[ʒyri]
tribunal (m) do júri	cour (f) d'assises	[kur dasiz]
julgar (vt)	juger (vt)	[ʒyʒe]

advogado (m)	avocat (m)	[avɔka]
réu (m)	accusé (m)	[akyze]
banco (m) dos réus	banc (m) des accusés	[bɑ̃ dezakyze]
acusação (f)	inculpation (f)	[ɛ̃kylpasjɔ̃]
acusado (m)	inculpé (m)	[ɛ̃kylpe]

sentença (f)	condamnation (f)	[kõdanasjõ]
sentenciar (vt)	condamner (vt)	[kõdane]
culpado (m)	coupable (m)	[kupabl]
punir (vt)	punir (vt)	[pynir]
punição (f)	punition (f)	[pynisjõ]
multa (f)	amende (f)	[amãd]
prisão (f) perpétua	détention (f) à vie	[detãsjõ a vi]
pena (f) de morte	peine (f) de mort	[pɛn də mɔr]
cadeira (f) elétrica	chaise (f) électrique	[ʃɛz elɛktrik]
forca (f)	potence (f)	[potãs]
executar (vt)	exécuter (vt)	[ɛgzekyte]
execução (f)	exécution (f)	[ɛgzekysjõ]
prisão (f)	prison (f)	[prizõ]
cela (f) de prisão	cellule (f)	[selyl]
escolta (f)	escorte (f)	[ɛskɔrt]
guarda (m) prisional	gardien (m) de prison	[gardjɛ̃ də prizõ]
preso (m)	prisonnier (m)	[prizɔnje]
algemas (f pl)	menottes (f pl)	[mənɔt]
algemar (vt)	mettre les menottes	[mɛtr le mənɔt]
fuga, evasão (f)	évasion (f)	[evazjõ]
fugir (vi)	s'évader (vp)	[sevade]
desaparecer (vi)	disparaître (vi)	[disparɛtr]
soltar, libertar (vt)	libérer (vt)	[libere]
amnistia (f)	amnistie (f)	[amnisti]
polícia (instituição)	police (f)	[polis]
polícia (m)	policier (m)	[polisje]
esquadra (f) de polícia	commissariat (m) de police	[kɔmisarja də polis]
cassetete (m)	matraque (f)	[matrak]
megafone (m)	haut parleur (m)	[o parlœr]
carro (m) de patrulha	voiture (f) de patrouille	[vwatyr də patruj]
sirene (f)	sirène (f)	[sirɛn]
ligar a sirene	enclencher la sirène	[ãklãʃe la sirɛn]
toque (m) da sirene	hurlement (m) de la sirène	[yrləmã dəla sirɛn]
cena (f) do crime	lieu (m) du crime	[ljø dy krim]
testemunha (f)	témoin (m)	[temwɛ̃]
liberdade (f)	liberté (f)	[libɛrte]
cúmplice (m)	complice (m)	[kõplis]
escapar (vi)	s'enfuir (vp)	[sãfɥir]
traço (não deixar ~s)	trace (f)	[tras]

194. Polícia. Lei. Parte 2

procura (f)	recherche (f)	[rəʃɛrʃ]
procurar (vt)	rechercher (vt)	[rəʃɛrʃe]

suspeita (f)	**suspicion** (f)	[syspisjɔ̃]
suspeito	**suspect** (adj)	[syspɛ]
parar (vt)	**arrêter** (vt)	[arete]
deter (vt)	**détenir** (vt)	[detnir]
caso (criminal)	**affaire** (f)	[afɛr]
investigação (f)	**enquête** (f)	[ɑ̃kɛt]
detetive (m)	**détective** (m)	[detɛktiv]
investigador (m)	**enquêteur** (m)	[ɑ̃kɛtœr]
versão (f)	**hypothèse** (f)	[ipɔtɛz]
motivo (m)	**motif** (m)	[mɔtif]
interrogatório (m)	**interrogatoire** (m)	[ɛ̃terɔgatwar]
interrogar (vt)	**interroger** (vt)	[ɛ̃terɔʒe]
questionar (vt)	**interroger** (vt)	[ɛ̃terɔʒe]
verificação (f)	**inspection** (f)	[ɛ̃spɛksjɔ̃]
batida (f) policial	**rafle** (f)	[rafl]
busca (f)	**perquisition** (f)	[pɛrkizisjɔ̃]
perseguição (f)	**poursuite** (f)	[pursɥit]
perseguir (vt)	**poursuivre** (vt)	[pursɥivr]
seguir (vt)	**dépister** (vt)	[depiste]
prisão (f)	**arrestation** (f)	[arɛstasjɔ̃]
prender (vt)	**arrêter** (vt)	[arete]
pegar, capturar (vt)	**attraper** (vt)	[atrape]
captura (f)	**capture** (f)	[kaptyr]
documento (m)	**document** (m)	[dɔkymɑ̃]
prova (f)	**preuve** (f)	[prœv]
provar (vt)	**prouver** (vt)	[pruve]
pegada (f)	**empreinte** (f) **de pied**	[ɑ̃prɛt də pje]
impressões (f pl) digitais	**empreintes** (f pl) **digitales**	[ɑ̃prɛt diʒital]
prova (f)	**élément** (m) **de preuve**	[elemɑ̃ də prœv]
álibi (m)	**alibi** (m)	[alibi]
inocente	**innocent** (adj)	[inɔsɑ̃]
injustiça (f)	**injustice** (f)	[ɛ̃ʒystis]
injusto	**injuste** (adj)	[ɛ̃ʒyst]
criminal	**criminel** (adj)	[kriminɛl]
confiscar (vt)	**confisquer** (vt)	[kɔ̃fiske]
droga (f)	**drogue** (f)	[drɔg]
arma (f)	**arme** (f)	[arm]
desarmar (vt)	**désarmer** (vt)	[dezarme]
ordenar (vt)	**ordonner** (vt)	[ɔrdɔne]
desaparecer (vi)	**disparaître** (vi)	[disparɛtr]
lei (f)	**loi** (f)	[lwa]
legal	**légal** (adj)	[legal]
ilegal	**illégal** (adj)	[ilegal]
responsabilidade (f)	**responsabilité** (f)	[rɛspɔ̃sabilite]
responsável	**responsable** (adj)	[rɛspɔ̃sabl]

NATUREZA

A Terra. Parte 1

195. Espaço sideral

cosmos (m)	cosmos (m)	[kɔsmos]
cósmico	cosmique (adj)	[kɔsmik]
espaço (m) cósmico	espace (m) cosmique	[ɛspas kɔsmik]
mundo (m)	monde (m)	[mõd]
universo (m)	univers (m)	[ynivɛr]
galáxia (f)	galaxie (f)	[galaksi]
estrela (f)	étoile (f)	[etwal]
constelação (f)	constellation (f)	[kõstelasjõ]
planeta (m)	planète (f)	[planɛt]
satélite (m)	satellite (m)	[satelit]
meteorito (m)	météorite (m)	[meteɔrit]
cometa (m)	comète (f)	[kɔmɛt]
asteroide (m)	astéroïde (m)	[asterɔid]
órbita (f)	orbite (f)	[ɔrbit]
girar (vi)	tourner (vi)	[turne]
atmosfera (f)	atmosphère (f)	[atmɔsfɛr]
Sol (m)	Soleil (m)	[sɔlɛj]
Sistema (m) Solar	système (m) solaire	[sistɛm sɔlɛr]
eclipse (m) solar	éclipse (f) de soleil	[leklips də sɔlɛj]
Terra (f)	Terre (f)	[tɛr]
Lua (f)	Lune (f)	[lyn]
Marte (m)	Mars (m)	[mars]
Vénus (f)	Vénus (f)	[venys]
Júpiter (m)	Jupiter (m)	[ʒypitɛr]
Saturno (m)	Saturne (m)	[satyrn]
Mercúrio (m)	Mercure (m)	[mɛrkyr]
Urano (m)	Uranus (m)	[yranys]
Neptuno (m)	Neptune	[nɛptyn]
Plutão (m)	Pluton (m)	[plytõ]
Via Láctea (f)	la Voie Lactée	[la vwa lakte]
Ursa Maior (f)	la Grande Ours	[la grõd urs]
Estrela Polar (f)	la Polaire	[la pɔlɛr]
marciano (m)	martien (m)	[marsjɛ̃]
extraterrestre (m)	extraterrestre (m)	[ɛkstratɛrɛstr]

| alienígena (m) | alien (m) | [aljen] |
| disco (m) voador | soucoupe (f) volante | [sukup vɔlɑ̃t] |

nave (f) espacial	vaisseau (m) spatial	[vɛso spasjal]
estação (f) orbital	station (f) orbitale	[stasjɔ̃ ɔrbital]
lançamento (m)	lancement (m)	[lɑ̃smɑ̃]

motor (m)	moteur (m)	[mɔtœr]
bocal (m)	tuyère (f)	[tyjɛr]
combustível (m)	carburant (m)	[karbyrɑ̃]

cabine (f)	cabine (f)	[kabin]
antena (f)	antenne (f)	[ɑ̃tɛn]
vigia (f)	hublot (m)	[yblo]
bateria (f) solar	batterie (f) solaire	[batri sɔlɛr]
traje (m) espacial	scaphandre (m)	[skafɑ̃dr]

| imponderabilidade (f) | apesanteur (f) | [apəzɑ̃tœr] |
| oxigénio (m) | oxygène (m) | [ɔksiʒɛn] |

| acoplagem (f) | arrimage (m) | [arimaʒ] |
| fazer uma acoplagem | s'arrimer à ... | [sarime a] |

observatório (m)	observatoire (m)	[ɔpsɛrvatwar]
telescópio (m)	télescope (m)	[teleskɔp]
observar (vt)	observer (vt)	[ɔpsɛrve]
explorar (vt)	explorer (vt)	[ɛksplɔre]

196. A Terra

Terra (f)	Terre (f)	[tɛr]
globo terrestre (Terra)	globe (m) terrestre	[glɔb tɛrɛstr]
planeta (m)	planète (f)	[planɛt]

atmosfera (f)	atmosphère (f)	[atmɔsfɛr]
geografia (f)	géographie (f)	[ʒeografi]
natureza (f)	nature (f)	[natyr]

globo (mapa esférico)	globe (m) de table	[glɔb də tabl]
mapa (m)	carte (f)	[kart]
atlas (m)	atlas (m)	[atlas]

| Europa (f) | Europe (f) | [ørɔp] |
| Ásia (f) | Asie (f) | [azi] |

| África (f) | Afrique (f) | [afrik] |
| Austrália (f) | Australie (f) | [ostrali] |

América (f)	Amérique (f)	[amerik]
América (f) do Norte	Amérique (f) du Nord	[amerik dy nɔr]
América (f) do Sul	Amérique (f) du Sud	[amerik dy syd]

| Antártida (f) | l'Antarctique (m) | [lɑ̃tarktik] |
| Ártico (m) | l'Arctique (m) | [larktik] |

197. Pontos cardeais

norte (m)	nord (m)	[nɔr]
para norte	vers le nord	[vɛr lə nɔr]
no norte	au nord	[onɔr]
do norte	du nord (adj)	[dy nɔr]

sul (m)	sud (m)	[syd]
para sul	vers le sud	[vɛr lə syd]
no sul	au sud	[osyd]
do sul	du sud (adj)	[dy syd]

oeste, ocidente (m)	ouest (m)	[wɛst]
para oeste	vers l'occident	[vɛr lɔksidã]
no oeste	à l'occident	[ɑlɔksidã]
ocidental	occidental (adj)	[ɔksidãtal]

leste, oriente (m)	est (m)	[ɛst]
para leste	vers l'orient	[vɛr lɔrjã]
no leste	à l'orient	[ɑlɔrjã]
oriental	oriental (adj)	[ɔrjãtal]

198. Mar. Oceano

mar (m)	mer (f)	[mɛr]
oceano (m)	océan (m)	[ɔseã]
golfo (m)	golfe (m)	[gɔlf]
estreito (m)	détroit (m)	[detrwa]

terra (f) firme	terre (f) ferme	[tɛr fɛrm]
continente (m)	continent (m)	[kõtinã]
ilha (f)	île (f)	[il]
península (f)	presqu'île (f)	[prɛskil]
arquipélago (m)	archipel (m)	[arʃipɛl]

baía (f)	baie (f)	[bɛ]
porto (m)	port (m)	[pɔr]
lagoa (f)	lagune (f)	[lagyn]
cabo (m)	cap (m)	[kap]

atol (m)	atoll (m)	[atɔl]
recife (m)	récif (m)	[resif]
coral (m)	corail (m)	[kɔraj]
recife (m) de coral	récif (m) de corail	[resif də kɔraj]

profundo	profond (adj)	[prɔfõ]
profundidade (f)	profondeur (f)	[prɔfõdœr]
abismo (m)	abîme (m)	[abim]
fossa (f) oceânica	fosse (f) océanique	[fos ɔseanik]

corrente (f)	courant (m)	[kurã]
banhar (vt)	baigner (vt)	[beɲe]
litoral (m)	littoral (m)	[litɔral]

costa (f)	côte (f)	[kot]
maré (f) alta	marée (f) haute	[mare ot]
refluxo (m), maré (f) baixa	marée (f) basse	[mare bas]
restinga (f)	banc (m) de sable	[bɑ̃ də sabl]
fundo (m)	fond (m)	[fɔ̃]
onda (f)	vague (f)	[vag]
crista (f) da onda	crête (f) de la vague	[krɛt də la vag]
espuma (f)	mousse (f)	[mus]
tempestade (f)	tempête (f) en mer	[tɑ̃pɛt ɑ̃mɛr]
furacão (m)	ouragan (m)	[uragɑ̃]
tsunami (m)	tsunami (m)	[tsynami]
calmaria (f)	calme (m)	[kalm]
calmo	calme (adj)	[kalm]
polo (m)	pôle (m)	[pol]
polar	polaire (adj)	[pɔlɛr]
latitude (f)	latitude (f)	[latityd]
longitude (f)	longitude (f)	[lɔ̃ʒityd]
paralela (f)	parallèle (f)	[paralɛl]
equador (m)	équateur (m)	[ekwatœr]
céu (m)	ciel (m)	[sjɛl]
horizonte (m)	horizon (m)	[ɔrizɔ̃]
ar (m)	air (m)	[ɛr]
farol (m)	phare (m)	[far]
mergulhar (vi)	plonger (vi)	[plɔ̃ʒe]
afundar-se (vr)	sombrer (vi)	[sɔ̃bre]
tesouros (m pl)	trésor (m)	[trezɔr]

199. Nomes de Mares e Oceanos

Oceano (m) Atlântico	océan (m) Atlantique	[ɔseɑn atlɑ̃tik]
Oceano (m) Índico	océan (m) Indien	[ɔseɑn ɛ̃djɛ̃]
Oceano (m) Pacífico	océan (m) Pacifique	[ɔseɑ̃ pasifik]
Oceano (m) Ártico	océan (m) Glacial	[ɔseɑ̃ glasjal]
Mar (m) Negro	mer (f) Noire	[mɛr nwar]
Mar (m) Vermelho	mer (f) Rouge	[mɛr ruʒ]
Mar (m) Amarelo	mer (f) Jaune	[mɛr ʒon]
Mar (m) Branco	mer (f) Blanche	[mɛr blɑ̃ʃ]
Mar (m) Cáspio	mer (f) Caspienne	[mɛr kaspjɛn]
Mar (m) Morto	mer (f) Morte	[mɛr mɔrt]
Mar (m) Mediterrâneo	mer (f) Méditerranée	[mɛr meditɛrane]
Mar (m) Egeu	mer (f) Égée	[mɛr eʒe]
Mar (m) Adriático	mer (f) Adriatique	[mɛr adrijatik]
Mar (m) Arábico	mer (f) Arabique	[mɛr arabik]
Mar (m) do Japão	mer (f) du Japon	[mɛr dy ʒapɔ̃]

| Mar (m) de Bering | mer (f) de Béring | [mɛr də beriŋ] |
| Mar (m) da China Meridional | mer (f) de Chine Méridionale | [mɛr də ʃin meridjɔnal] |

Mar (m) de Coral	mer (f) de Corail	[mɛr də kɔraj]
Mar (m) de Tasman	mer (f) de Tasman	[mɛr də tasman]
Mar (m) do Caribe	mer (f) Caraïbe	[mɛr karaib]

| Mar (m) de Barents | mer (f) de Barents | [mɛr də barɛ̃s] |
| Mar (m) de Kara | mer (f) de Kara | [mɛr də kara] |

Mar (m) do Norte	mer (f) du Nord	[mɛr dy nɔr]
Mar (m) Báltico	mer (f) Baltique	[mɛr baltik]
Mar (m) da Noruega	mer (f) de Norvège	[mɛr də nɔrvɛʒ]

200. Montanhas

montanha (f)	montagne (f)	[mɔ̃taɲ]
cordilheira (f)	chaîne (f) de montagnes	[ʃɛn də mɔ̃taɲ]
serra (f)	crête (f)	[krɛt]

cume (m)	sommet (m)	[sɔmɛ]
pico (m)	pic (m)	[pik]
sopé (m)	pied (m)	[pje]
declive (m)	pente (f)	[pɑ̃t]

vulcão (m)	volcan (m)	[vɔlkɑ̃]
vulcão (m) ativo	volcan (m) actif	[vɔlkɑn aktif]
vulcão (m) extinto	volcan (m) éteint	[vɔlkɑn etɛ̃]

erupção (f)	éruption (f)	[erypsjɔ̃]
cratera (f)	cratère (m)	[kratɛr]
magma (m)	magma (m)	[magma]
lava (f)	lave (f)	[lav]
fundido (lava ~a)	en fusion	[ɑ̃ fyzjɔ̃]

desfiladeiro (m)	canyon (m)	[kanjɔ̃]
garganta (f)	défilé (m)	[defile]
fenda (f)	crevasse (f)	[krəvas]
precipício (m)	précipice (m)	[presipis]

passo, colo (m)	col (m)	[kɔl]
planalto (m)	plateau (m)	[plato]
falésia (f)	rocher (m)	[rɔʃe]
colina (f)	colline (f)	[kɔlin]

glaciar (m)	glacier (m)	[glasje]
queda (f) d'água	chute (f) d'eau	[ʃyt do]
géiser (m)	geyser (m)	[ʒɛzɛr]
lago (m)	lac (m)	[lak]

planície (f)	plaine (f)	[plɛn]
paisagem (f)	paysage (m)	[peizaʒ]
eco (m)	écho (m)	[eko]
alpinista (m)	alpiniste (m)	[alpinist]

escalador (m)	**varappeur** (m)	[varapœr]
conquistar (vt)	**conquérir** (vt)	[kɔ̃kerir]
subida, escalada (f)	**ascension** (f)	[asɑ̃sjɔ̃]

201. Nomes de montanhas

Alpes (m pl)	**Alpes** (f pl)	[alp]
monte Branco (m)	**Mont Blanc** (m)	[mɔ̃blɑ̃]
Pirineus (m pl)	**Pyrénées** (f pl)	[pirene]
Cárpatos (m pl)	**Carpates** (f pl)	[karpat]
montes (m pl) Urais	**Monts Oural** (m pl)	[mɔ̃ ural]
Cáucaso (m)	**Caucase** (m)	[kokaz]
Elbrus (m)	**Elbrous** (m)	[ɛlbrys]
Altai (m)	**Altaï** (m)	[altaj]
Tian Shan (m)	**Tian Chan** (m)	[tjɑ̃ ʃɑ̃]
Pamir (m)	**Pamir** (m)	[pamir]
Himalaias (m pl)	**Himalaya** (m)	[imalaja]
monte (m) Everest	**Everest** (m)	[evrɛst]
Cordilheira (f) dos Andes	**Andes** (f pl)	[ɑ̃d]
Kilimanjaro (m)	**Kilimandjaro** (m)	[kilimɑ̃dʒaro]

202. Rios

rio (m)	**rivière** (f), **fleuve** (m)	[rivjɛr], [flœv]
fonte, nascente (f)	**source** (f)	[surs]
leito (m) do rio	**lit** (m)	[li]
bacia (f)	**bassin** (m)	[basɛ̃]
desaguar no …	**se jeter dans …**	[sə ʒete dɑ̃]
afluente (m)	**affluent** (m)	[aflyɑ̃]
margem (do rio)	**rive** (f)	[riv]
corrente (f)	**courant** (m)	[kurɑ̃]
rio abaixo	**en aval**	[ɑn aval]
rio acima	**en amont**	[ɑn amɔ̃]
inundação (f)	**inondation** (f)	[inɔ̃dasjɔ̃]
cheia (f)	**les grandes crues**	[le grɑ̃d kry]
transbordar (vi)	**déborder** (vt)	[debɔrde]
inundar (vt)	**inonder** (vt)	[inɔ̃de]
banco (m) de areia	**bas-fond** (m)	[bafɔ̃]
rápidos (m pl)	**rapide** (m)	[rapid]
barragem (f)	**barrage** (m)	[baraʒ]
canal (m)	**canal** (m)	[kanal]
reservatório (m) de água	**lac** (m) **de barrage**	[lak də baraʒ]
eclusa (f)	**écluse** (f)	[eklyz]
corpo (m) de água	**plan** (m) **d'eau**	[plɑ̃ do]

pântano (m)	**marais** (m)	[marɛ]
tremedal (m)	**fondrière** (f)	[fõdrijɛr]
remoinho (m)	**tourbillon** (m)	[turbijõ]

arroio, regato (m)	**ruisseau** (m)	[rɥiso]
potável	**potable** (adj)	[pɔtabl]
doce (água)	**douce** (adj)	[dus]

gelo (m)	**glace** (f)	[glas]
congelar-se (vr)	**être gelé**	[ɛtr ʒəle]

203. Nomes de rios

rio Sena (m)	**Seine** (f)	[sɛn]
rio Loire (m)	**Loire** (f)	[lwar]

rio Tamisa (m)	**Tamise** (f)	[tamiz]
rio Reno (m)	**Rhin** (m)	[rɛ̃]
rio Danúbio (m)	**Danube** (m)	[danyb]

rio Volga (m)	**Volga** (f)	[vɔlga]
rio Don (m)	**Don** (m)	[dõ]
rio Lena (m)	**Lena** (f)	[lena]

rio Amarelo (m)	**Huang He** (m)	[waŋ e]
rio Yangtzé (m)	**Yangzi Jiang** (m)	[jãgzijãg]
rio Mekong (m)	**Mékong** (m)	[mekõg]
rio Ganges (m)	**Gange** (m)	[gãʒ]

rio Nilo (m)	**Nil** (m)	[nil]
rio Congo (m)	**Congo** (m)	[kõgo]
rio Cubango (m)	**Okavango** (m)	[ɔkavango]
rio Zambeze (m)	**Zambèze** (m)	[zãbɛz]
rio Limpopo (m)	**Limpopo** (m)	[limpopo]
rio Mississípi (m)	**Mississippi** (m)	[misisipi]

204. Floresta

floresta (f), bosque (m)	**forêt** (f)	[fɔrɛ]
florestal	**forestier** (adj)	[fɔrɛstje]

mata (f) cerrada	**fourré** (m)	[fure]
arvoredo (m)	**bosquet** (m)	[bɔskɛ]
clareira (f)	**clairière** (f)	[klɛrjɛr]

matagal (m)	**broussailles** (f pl)	[brusaj]
mato (m)	**taillis** (m)	[taji]

vereda (f)	**sentier** (m)	[sãtje]
ravina (f)	**ravin** (m)	[ravɛ̃]
árvore (f)	**arbre** (m)	[arbr]
folha (f)	**feuille** (f)	[fœj]

folhagem (f)	**feuillage** (m)	[fœjaʒ]
queda (f) das folhas	**chute** (f) **de feuilles**	[ʃyt də fœj]
cair (vi)	**tomber** (vi)	[tõbe]
topo (m)	**sommet** (m)	[sɔmɛ]
ramo (m)	**rameau** (m)	[ramo]
galho (m)	**branche** (f)	[brãʃ]
botão, rebento (m)	**bourgeon** (m)	[burʒõ]
agulha (f)	**aiguille** (f)	[egɥij]
pinha (f)	**pomme** (f) **de pin**	[pɔm də pɛ̃]
buraco (m) de árvore	**creux** (m)	[krø]
ninho (m)	**nid** (m)	[ni]
toca (f)	**terrier** (m)	[tɛrje]
tronco (m)	**tronc** (m)	[trõ]
raiz (f)	**racine** (f)	[rasin]
casca (f) de árvore	**écorce** (f)	[ekɔrs]
musgo (m)	**mousse** (f)	[mus]
arrancar pela raiz	**déraciner** (vt)	[derasine]
cortar (vt)	**abattre** (vt)	[abatr]
desflorestar (vt)	**déboiser** (vt)	[debwaze]
toco, cepo (m)	**souche** (f)	[suʃ]
fogueira (f)	**feu** (m) **de bois**	[fø də bwa]
incêndio (m) florestal	**incendie** (m)	[ɛ̃sãdi]
apagar (vt)	**éteindre** (vt)	[etɛ̃dr]
guarda-florestal (m)	**garde** (m) **forestier**	[gard fɔrɛstje]
proteção (f)	**protection** (f)	[prɔtɛksjõ]
proteger (a natureza)	**protéger** (vt)	[prɔteʒe]
caçador (m) furtivo	**braconnier** (m)	[brakɔnje]
armadilha (f)	**piège** (m) **à mâchoires**	[pjɛʒ a maʃwar]
colher (cogumelos, bagas)	**cueillir** (vt)	[kœjir]
perder-se (vr)	**s'égarer** (vp)	[segare]

205. Recursos naturais

recursos (m pl) naturais	**ressources** (f pl) **naturelles**	[rəsurs natyrɛl]
minerais (m pl)	**minéraux** (m pl)	[minero]
depósitos (m pl)	**gisement** (m)	[ʒizmã]
jazida (f)	**champ** (m)	[ʃã]
extrair (vt)	**extraire** (vt)	[ɛkstrɛr]
extração (f)	**extraction** (f)	[ɛkstraksjõ]
minério (m)	**minerai** (m)	[minrɛ]
mina (f)	**mine** (f)	[min]
poço (m) de mina	**puits** (m) **de mine**	[pɥi də min]
mineiro (m)	**mineur** (m)	[minœr]
gás (m)	**gaz** (m)	[gaz]
gasoduto (m)	**gazoduc** (m)	[gazɔdyk]

petróleo (m)	**pétrole** (m)	[petrɔl]
oleoduto (m)	**pipeline** (m)	[piplin]
poço (m) de petróleo	**tour** (f) **de forage**	[tur də fɔraʒ]
torre (f) petrolífera	**derrick** (m)	[derik]
petroleiro (m)	**pétrolier** (m)	[petrɔlje]
areia (f)	**sable** (m)	[sabl]
calcário (m)	**calcaire** (m)	[kalkɛr]
cascalho (m)	**gravier** (m)	[gravje]
turfa (f)	**tourbe** (f)	[turb]
argila (f)	**argile** (f)	[arʒil]
carvão (m)	**charbon** (m)	[ʃarbɔ̃]
ferro (m)	**fer** (m)	[fɛr]
ouro (m)	**or** (m)	[ɔr]
prata (f)	**argent** (m)	[arʒɑ̃]
níquel (m)	**nickel** (m)	[nikɛl]
cobre (m)	**cuivre** (m)	[kɥivr]
zinco (m)	**zinc** (m)	[zɛ̃g]
manganês (m)	**manganèse** (m)	[mɑ̃ganɛz]
mercúrio (m)	**mercure** (m)	[mɛrkyr]
chumbo (m)	**plomb** (m)	[plɔ̃]
mineral (m)	**minéral** (m)	[mineral]
cristal (m)	**cristal** (m)	[kristal]
mármore (m)	**marbre** (m)	[marbr]
urânio (m)	**uranium** (m)	[yranjɔm]

A Terra. Parte 2

206. Tempo

tempo (m)	temps (m)	[tɑ̃]
previsão (f) do tempo	météo (f)	[meteo]
temperatura (f)	température (f)	[tɑ̃peratyr]
termómetro (m)	thermomètre (m)	[tɛrmɔmɛtr]
barómetro (m)	baromètre (m)	[barɔmɛtr]
húmido	humide (adj)	[ymid]
humidade (f)	humidité (f)	[ymidite]
calor (m)	chaleur (f)	[ʃalœr]
cálido	torride (adj)	[tɔrid]
está muito calor	il fait très chaud	[il fɛ trɛ ʃo]
está calor	il fait chaud	[il fɛʃo]
quente	chaud (adj)	[ʃo]
está frio	il fait froid	[il fɛ frwa]
frio	froid (adj)	[frwa]
sol (m)	soleil (m)	[sɔlɛj]
brilhar (vi)	briller (vi)	[brije]
de sol, ensolarado	ensoleillé (adj)	[ɑ̃sɔleje]
nascer (vi)	se lever (vp)	[sə ləve]
pôr-se (vr)	se coucher (vp)	[sə kuʃe]
nuvem (f)	nuage (m)	[nɥaʒ]
nublado	nuageux (adj)	[nɥaʒø]
nuvem (f) preta	nuée (f)	[nɥe]
escuro, cinzento	sombre (adj)	[sɔ̃br]
chuva (f)	pluie (f)	[plɥi]
está a chover	il pleut	[il plø]
chuvoso	pluvieux (adj)	[plyvjø]
chuviscar (vi)	bruiner (v imp)	[brɥine]
chuva (f) torrencial	pluie (f) torrentielle	[plɥi tɔrɑ̃sjɛl]
chuvada (f)	averse (f)	[avɛrs]
forte (chuva)	forte (adj)	[fɔrt]
poça (f)	flaque (f)	[flak]
molhar-se (vr)	se faire mouiller	[sə fɛr muje]
nevoeiro (m)	brouillard (m)	[brujar]
de nevoeiro	brumeux (adj)	[brymø]
neve (f)	neige (f)	[nɛʒ]
está a nevar	il neige	[il nɛʒ]

207. Tempo extremo. Catástrofes naturais

trovoada (f)	orage (m)	[ɔraʒ]
relâmpago (m)	éclair (m)	[eklɛr]
relampejar (vi)	éclater (vi)	[eklate]
trovão (m)	tonnerre (m)	[tɔnɛr]
trovejar (vi)	gronder (vi)	[grõde]
está a trovejar	le tonnerre gronde	[lə tɔnɛr grõd]
granizo (m)	grêle (f)	[grɛl]
está a cair granizo	il grêle	[il grɛl]
inundar (vt)	inonder (vt)	[inõde]
inundação (f)	inondation (f)	[inõdasjõ]
terremoto (m)	tremblement (m) de terre	[trãbləmã də tɛr]
abalo, tremor (m)	secousse (f)	[səkus]
epicentro (m)	épicentre (m)	[episãtr]
erupção (f)	éruption (f)	[erypsjõ]
lava (f)	lave (f)	[lav]
turbilhão (m)	tourbillon (m)	[turbijõ]
tornado (m)	tornade (f)	[tɔrnad]
tufão (m)	typhon (m)	[tifõ]
furacão (m)	ouragan (m)	[uragã]
tempestade (f)	tempête (f)	[tãpɛt]
tsunami (m)	tsunami (m)	[tsynami]
ciclone (m)	cyclone (m)	[siklon]
mau tempo (m)	intempéries (f pl)	[ɛ̃tãperi]
incêndio (m)	incendie (m)	[ɛ̃sãdi]
catástrofe (f)	catastrophe (f)	[katastrɔf]
meteorito (m)	météorite (m)	[meteɔrit]
avalanche (f)	avalanche (f)	[avalãʃ]
deslizamento (m) de neve	éboulement (m)	[ebulmã]
nevasca (f)	blizzard (m)	[blizar]
tempestade (f) de neve	tempête (f) de neige	[tãpɛt də nɛʒ]

208. Ruídos. Sons

silêncio (m)	silence (m)	[silãs]
som (m)	son (m)	[sõ]
ruído, barulho (m)	bruit (m)	[brɥi]
fazer barulho	faire du bruit	[fɛr dy brɥi]
ruidoso, barulhento	bruyant (adj)	[brɥijã]
alto (adv)	fort (adv)	[fɔr]
alto (adj)	fort (adj)	[fɔr]
constante (ruído, etc.)	constant (adj)	[kõstã]

grito (m)	cri (m)	[kri]
gritar (vi)	crier (vi)	[krije]
sussurro (m)	chuchotement (m)	[ʃyʃɔtmã]
sussurrar (vt)	chuchoter (vi, vt)	[ʃyʃɔte]
latido (m)	aboiement (m)	[abwamã]
latir (vi)	aboyer (vi)	[abwaje]
gemido (m)	gémissement (m)	[ʒemismã]
gemer (vi)	gémir (vi)	[ʒemir]
tosse (f)	toux (f)	[tu]
tossir (vi)	tousser (vi)	[tuse]
assobio (m)	sifflement (m)	[siflәmã]
assobiar (vi)	siffler (vi)	[sifle]
batida (f)	coups (m pl) à la porte	[ku ɑla pɔrt]
bater (vi)	frapper (vi)	[frape]
estalar (vi)	craquer (vi)	[krake]
estalido (m)	craquement (m)	[krakmã]
sirène (f)	sirène (f)	[sirɛn]
apito (m)	sifflement (m)	[siflәmã]
apitar (vi)	siffler (vi)	[sifle]
buzina (f)	coup (m) de klaxon	[ku dә klaksɔn]
buzinar (vi)	klaxonner (vi)	[klaksɔne]

209. Inverno

inverno (m)	hiver (m)	[ivɛr]
de inverno	d'hiver (adj)	[divɛr]
no inverno	en hiver	[ɑn ivɛr]
neve (f)	neige (f)	[nɛʒ]
está a nevar	il neige	[il nɛʒ]
queda (f) de neve	chute (f) de neige	[ʃyt dә nɛʒ]
amontoado (m) de neve	congère (f)	[kõʒɛr]
floco (m) de neve	flocon (m) de neige	[flɔkõ dә nɛʒ]
bola (f) de neve	boule (f) de neige	[bul dә nɛʒ]
boneco (m) de neve	bonhomme (m) de neige	[bonɔm dә nɛʒ]
sincelo (m)	glaçon (m)	[glasõ]
dezembro (m)	décembre (m)	[desãbr]
janeiro (m)	janvier (m)	[ʒãvje]
fevereiro (m)	février (m)	[fevrije]
gelo (m)	gel (m)	[ʒɛl]
gelado, glacial	glacial (adj)	[glasjal]
abaixo de zero	au-dessous de zéro	[odsu dә zero]
geada (f)	premières gelées (f pl)	[prәmjɛr ʒәle]
geada (f) branca	givre (m)	[ʒivr]
frio (m)	froid (m)	[frwa]

está frio	**il fait froid**	[il fɛ frwa]
casaco (m) de peles	**manteau** (m) **de fourrure**	[mɑ̃to də furyr]
mitenes (f pl)	**moufles** (f pl)	[mufl]
adoecer (vi)	**tomber malade**	[tɔ̃be malad]
constipação (f)	**refroidissement** (m)	[rəfrwadismɑ̃]
constipar-se (vr)	**prendre froid**	[prɑ̃dr frwa]
gelo (m)	**glace** (f)	[glas]
gelo (m) na estrada	**verglas** (m)	[vɛrgla]
congelar-se (vr)	**être gelé**	[ɛtr ʒəle]
bloco (m) de gelo	**bloc** (m) **de glace**	[blɔk də glas]
esqui (m)	**skis** (m pl)	[ski]
esquiador (m)	**skieur** (m)	[skjœr]
esquiar (vi)	**faire du ski**	[fɛr dy ski]
patinar (vi)	**patiner** (vi)	[patine]

Fauna

210. Mamíferos. Predadores

predador (m)	**prédateur** (m)	[predatœr]
tigre (m)	**tigre** (m)	[tigr]
leão (m)	**lion** (m)	[ljõ]
lobo (m)	**loup** (m)	[lu]
raposa (f)	**renard** (m)	[rənar]
jaguar (m)	**jaguar** (m)	[ʒagwar]
leopardo (m)	**léopard** (m)	[leɔpar]
chita (f)	**guépard** (m)	[gepar]
pantera (f)	**panthère** (f)	[pãtɛr]
puma (m)	**puma** (m)	[pyma]
leopardo-das-neves (m)	**léopard** (m) **de neiges**	[leɔpar də nɛʒ]
lince (m)	**lynx** (m)	[lĕks]
coiote (m)	**coyote** (m)	[kɔjɔt]
chacal (m)	**chacal** (m)	[ʃakal]
hiena (f)	**hyène** (f)	[jɛn]

211. Animais selvagens

animal (m)	**animal** (m)	[animal]
besta (f)	**bête** (f)	[bɛt]
esquilo (m)	**écureuil** (m)	[ekyrœj]
ouriço (m)	**hérisson** (m)	[erisõ]
lebre (f)	**lièvre** (m)	[ljɛvr]
coelho (m)	**lapin** (m)	[lapĕ]
texugo (m)	**blaireau** (m)	[blɛro]
guaxinim (m)	**raton** (m)	[ratõ]
hamster (m)	**hamster** (m)	[amstɛr]
marmota (f)	**marmotte** (f)	[marmɔt]
toupeira (f)	**taupe** (f)	[top]
rato (m)	**souris** (f)	[suri]
ratazana (f)	**rat** (m)	[ra]
morcego (m)	**chauve-souris** (f)	[ʃovsuri]
arminho (m)	**hermine** (f)	[ɛrmin]
zibelina (f)	**zibeline** (f)	[ziblin]
marta (f)	**martre** (f)	[martr]
doninha (f)	**belette** (f)	[bəlɛt]
vison (m)	**vison** (m)	[vizõ]

castor (m)	castor (m)	[kastɔr]
lontra (f)	loutre (f)	[lutr]

cavalo (m)	cheval (m)	[ʃəval]
alce (m)	élan (m)	[elɑ̃]
veado (m)	cerf (m)	[sɛr]
camelo (m)	chameau (m)	[ʃamo]

bisão (m)	bison (m)	[bizɔ̃]
auroque (m)	aurochs (m)	[orɔk]
búfalo (m)	buffle (m)	[byfl]

zebra (f)	zèbre (m)	[zɛbr]
antílope (m)	antilope (f)	[ɑ̃tilɔp]
corça (f)	chevreuil (m)	[ʃəvrœj]
gamo (m)	biche (f)	[biʃ]
camurça (f)	chamois (m)	[ʃamwa]
javali (m)	sanglier (m)	[sɑ̃glije]

baleia (f)	baleine (f)	[balɛn]
foca (f)	phoque (m)	[fɔk]
morsa (f)	morse (m)	[mɔrs]
urso-marinho (m)	ours (m) de mer	[urs də mɛr]
golfinho (m)	dauphin (m)	[dofɛ̃]

urso (m)	ours (m)	[urs]
urso (m) branco	ours (m) blanc	[urs blɑ̃]
panda (m)	panda (m)	[pɑ̃da]

macaco (em geral)	singe (m)	[sɛ̃ʒ]
chimpanzé (m)	chimpanzé (m)	[ʃɛ̃pɑ̃ze]
orangotango (m)	orang-outang (m)	[ɔrɑ̃utɑ̃]
gorila (m)	gorille (m)	[gɔrij]
macaco (m)	macaque (m)	[makak]
gibão (m)	gibbon (m)	[ʒibɔ̃]

elefante (m)	éléphant (m)	[elefɑ̃]
rinoceronte (m)	rhinocéros (m)	[rinɔserɔs]
girafa (f)	girafe (f)	[ʒiraf]
hipopótamo (m)	hippopotame (m)	[ipɔpotam]

canguru (m)	kangourou (m)	[kɑ̃guru]
coala (m)	koala (m)	[kɔala]

mangusto (m)	mangouste (f)	[mɑ̃gust]
chinchila (m)	chinchilla (m)	[ʃɛ̃ʃila]
doninha-fedorenta (f)	mouffette (f)	[mufɛt]
porco-espinho (m)	porc-épic (m)	[pɔrkepik]

212. Animais domésticos

gata (f)	chat (m)	[ʃa]
gato (m) macho	chat (m)	[ʃa]
cão (m)	chien (m)	[ʃjɛ̃]

cavalo (m)	**cheval** (m)	[ʃəval]
garanhão (m)	**étalon** (m)	[etalɔ̃]
égua (f)	**jument** (f)	[ʒymɑ̃]

vaca (f)	**vache** (f)	[vaʃ]
touro (m)	**taureau** (m)	[tɔro]
boi (m)	**bœuf** (m)	[bœf]

ovelha (f)	**brebis** (f)	[brəbi]
carneiro (m)	**mouton** (m)	[mutɔ̃]
cabra (f)	**chèvre** (f)	[ʃɛvr]
bode (m)	**bouc** (m)	[buk]

burro (m)	**âne** (m)	[ɑn]
mula (f)	**mulet** (m)	[mylɛ]

porco (m)	**cochon** (m)	[kɔʃɔ̃]
leitão (m)	**pourceau** (m)	[purso]
coelho (m)	**lapin** (m)	[lapɛ̃]

galinha (f)	**poule** (f)	[pul]
galo (m)	**coq** (m)	[kɔk]

pata (f)	**canard** (m)	[kanar]
pato (macho)	**canard** (m) **mâle**	[kanar mal]
ganso (m)	**oie** (f)	[wa]

peru (m)	**dindon** (m)	[dɛ̃dɔ̃]
perua (f)	**dinde** (f)	[dɛ̃d]

animais (m pl) domésticos	**animaux** (m pl) **domestiques**	[animo dɔmɛstik]
domesticado	**apprivoisé** (adj)	[aprivwaze]
domesticar (vt)	**apprivoiser** (vt)	[aprivwaze]
criar (vt)	**élever** (vt)	[elve]

quinta (f)	**ferme** (f)	[fɛrm]
aves (f pl) domésticas	**volaille** (f)	[vɔlaj]
gado (m)	**bétail** (m)	[betaj]
rebanho (m), manada (f)	**troupeau** (m)	[trupo]

estábulo (m)	**écurie** (f)	[ekyri]
pocilga (f)	**porcherie** (f)	[pɔrʃəri]
estábulo (m)	**vacherie** (f)	[vaʃri]
coelheira (f)	**cabane** (f) **à lapins**	[kaban a lapɛ̃]
galinheiro (m)	**poulailler** (m)	[pulaje]

213. Cães. Raças de cães

cão (m)	**chien** (m)	[ʃjɛ̃]
cão pastor (m)	**berger** (m)	[bɛrʒe]
pastor-alemão (m)	**berger** (m) **allemand**	[bɛrʒe almɑ̃]
caniche (f)	**caniche** (f)	[kaniʃ]
teckel (m)	**teckel** (m)	[tekɛl]
buldogue (m)	**bouledogue** (m)	[buldɔg]

boxer (m)	boxer (m)	[bɔksɛr]
mastim (m)	mastiff (m)	[mastif]
rottweiler (m)	rottweiler (m)	[rɔtvajlœr]
dobermann (m)	doberman (m)	[dɔbɛrman]

basset (m)	basset (m)	[basɛ]
pastor inglês (m)	bobtail (m)	[bɔbtɛjl]
dálmata (m)	dalmatien (m)	[dalmasjɛ̃]
cocker spaniel (m)	cocker (m)	[kɔkɛr]

| terra-nova (m) | terre-neuve (m) | [tɛrnœv] |
| são-bernardo (m) | saint-bernard (m) | [sɛ̃bɛrnar] |

husky (m)	husky (m)	[œski]
Chow-chow (m)	chow-chow (m)	[ʃoʃo]
spitz alemão (m)	spitz (m)	[spitz]
carlindogue (m)	carlin (m)	[karlɛ̃]

214. Sons produzidos pelos animais

latido (m)	aboiement (m)	[abwamɑ̃]
latir (vi)	aboyer (vi)	[abwaje]
miar (vi)	miauler (vi)	[mjole]
ronronar (vi)	ronronner (vi)	[rɔ̃rɔne]

mugir (vaca)	meugler (vi)	[møgle]
bramir (touro)	beugler (vi)	[bøgle]
rosnar (vi)	rugir (vi)	[ryʒir]

uivo (m)	hurlement (m)	[yrləmɑ̃]
uivar (vi)	hurler (vi)	[yrle]
ganir (vi)	geindre (vi)	[ʒɛ̃dr]

balir (vi)	bêler (vi)	[bele]
grunhir (porco)	grogner (vi)	[grɔɲe]
guinchar (vi)	glapir (vi)	[glapir]

coaxar (sapo)	coasser (vi)	[kɔase]
zumbir (inseto)	bourdonner (vi)	[burdɔne]
estridular, ziziar (vi)	striduler (vi)	[stridyle]

215. Animais jovens

cria (f), filhote (m)	bébé (m)	[bebe]
gatinho (m)	chaton (m)	[ʃatɔ̃]
ratinho (m)	souriceau (m)	[suriso]
cãozinho (m)	chiot (m)	[ʃjo]

filhote (m) de lebre	levraut (m)	[ləvro]
coelhinho (m)	lapereau (m)	[lapro]
lobinho (m)	louveteau (m)	[luvto]
raposinho (m)	renardeau (m)	[rənardo]

ursinho (m)	ourson (m)	[ursɔ̃]
leãozinho (m)	lionceau (m)	[ljɔ̃so]
filhote (m) de tigre	bébé (m) tigre	[bebe tigr]
filhote (m) de elefante	éléphanteau (m)	[elefɑ̃to]
leitão (m)	pourceau (m)	[purso]
bezerro (m)	veau (m)	[vo]
cabrito (m)	chevreau (m)	[ʃəvro]
cordeiro (m)	agneau (m)	[aɲo]
cria (f) de veado	faon (m)	[fɑ̃]
cria (f) de camelo	bébé (m) chameau	[bebe ʃamo]
filhote (m) de serpente	serpenteau (m)	[sɛrpɑ̃to]
cria (f) de rã	bébé (m) grenouille	[bebe grənuj]
cria (f) de ave	oisillon (m)	[wazijɔ̃]
pinto (m)	poussin (m)	[pusɛ̃]
patinho (m)	canardeau (m)	[kanardo]

216. Pássaros

pássaro (m), ave (f)	oiseau (m)	[wazo]
pombo (m)	pigeon (m)	[piʒɔ̃]
pardal (m)	moineau (m)	[mwano]
chapim-real (m)	mésange (f)	[mezɑ̃ʒ]
pega-rabuda (f)	pie (f)	[pi]
corvo (m)	corbeau (m)	[kɔrbo]
gralha (f) cinzenta	corneille (f)	[kɔrnɛj]
gralha-de-nuca-cinzenta (f)	choucas (m)	[ʃuka]
gralha-calva (f)	freux (m)	[frø]
pato (m)	canard (m)	[kanar]
ganso (m)	oie (f)	[wa]
faisão (m)	faisan (m)	[fəzɑ̃]
águia (f)	aigle (m)	[ɛgl]
açor (m)	épervier (m)	[epɛrvje]
falcão (m)	faucon (m)	[fokɔ̃]
abutre (m)	vautour (m)	[votur]
condor (m)	condor (m)	[kɔ̃dɔr]
cisne (m)	cygne (m)	[siɲ]
grou (m)	grue (f)	[gry]
cegonha (f)	cigogne (f)	[sigɔɲ]
papagaio (m)	perroquet (m)	[perɔkɛ]
beija-flor (m)	colibri (m)	[kɔlibri]
pavão (m)	paon (m)	[pɑ̃]
avestruz (m)	autruche (f)	[otryʃ]
garça (f)	héron (m)	[erɔ̃]
flamingo (m)	flamant (m)	[flamɑ̃]
pelicano (m)	pélican (m)	[pelikɑ̃]

| rouxinol (m) | rossignol (m) | [rɔsiɲɔl] |
| andorinha (f) | hirondelle (f) | [irõdɛl] |

tordo-zornal (m)	merle (m)	[mɛrl]
tordo-músico (m)	grive (f)	[griv]
melro-preto (m)	merle (m) noir	[mɛrl nwar]

andorinhão (m)	martinet (m)	[martinɛ]
cotovia (f)	alouette (f) des champs	[alwɛt de ʃã]
codorna (f)	caille (f)	[kaj]

pica-pau (m)	pivert (m)	[pivɛr]
cuco (m)	coucou (m)	[kuku]
coruja (f)	chouette (f)	[ʃwɛt]
corujão, bufo (m)	hibou (m)	[ibu]
tetraz-grande (m)	tétras (m)	[tetra]
tetraz-lira (m)	tétras-lyre (m)	[tetralir]
perdiz-cinzenta (f)	perdrix (f)	[pɛrdri]

estorninho (m)	étourneau (m)	[eturno]
canário (m)	canari (m)	[kanari]
galinha-do-mato (f)	gélinotte (f) des bois	[ʒelinɔt də bwa]
tentilhão (m)	pinson (m)	[pɛ̃sõ]
dom-fafe (m)	bouvreuil (m)	[buvrœj]

gaivota (f)	mouette (f)	[mwɛt]
albatroz (m)	albatros (m)	[albatros]
pinguim (m)	pingouin (m)	[pɛ̃gwɛ̃]

217. Pássaros. Canto e sons

cantar (vi)	chanter (vi)	[ʃãte]
gritar (vi)	crier (vi)	[krije]
cantar (o galo)	chanter (vi)	[ʃãte]
cocorocó (m)	cocorico (m)	[kɔkɔriko]

cacarejar (vi)	glousser (vi)	[gluse]
crocitar (vi)	croasser (vi)	[krɔase]
grasnar (vi)	cancaner (vi)	[kãkane]
piar (vi)	piauler (vi)	[pjole]
chilrear, gorjear (vi)	pépier (vi)	[pepje]

218. Peixes. Animais marinhos

brema (f)	brème (f)	[brɛm]
carpa (f)	carpe (f)	[karp]
perca (f)	perche (f)	[pɛrʃ]
siluro (m)	silure (m)	[silyr]
lúcio (m)	brochet (m)	[brɔʃɛ]

| salmão (m) | saumon (m) | [somõ] |
| esturjão (m) | esturgeon (m) | [ɛstyrʒõ] |

arenque (m)	hareng (m)	[arã]
salmão (m)	saumon (m) atlantique	[somõ atlãtik]
cavala, sarda (f)	maquereau (m)	[makro]
solha (f)	flet (m)	[flɛ]

lúcio perca (m)	sandre (f)	[sãdr]
bacalhau (m)	morue (f)	[mɔry]
atum (m)	thon (m)	[tõ]
truta (f)	truite (f)	[trɥit]

enguia (f)	anguille (f)	[ãgij]
raia elétrica (f)	torpille (f)	[tɔrpij]
moreia (f)	murène (f)	[myrɛn]
piranha (f)	piranha (m)	[piraɲa]

tubarão (m)	requin (m)	[rəkɛ̃]
golfinho (m)	dauphin (m)	[dofɛ̃]
baleia (f)	baleine (f)	[balɛn]

caranguejo (m)	crabe (m)	[krab]
medusa, alforreca (f)	méduse (f)	[medyz]
polvo (m)	pieuvre (f), poulpe (m)	[pjœvr], [pulp]

estrela-do-mar (f)	étoile (f) de mer	[etwal də mɛr]
ouriço-do-mar (m)	oursin (m)	[ursɛ̃]
cavalo-marinho (m)	hippocampe (m)	[ipɔkãp]

ostra (f)	huître (f)	[ɥitr]
camarão (m)	crevette (f)	[krəvɛt]
lavagante (m)	homard (m)	[ɔmar]
lagosta (f)	langoustine (f)	[lãgustin]

219. Amfíbios. Répteis

serpente, cobra (f)	serpent (m)	[sɛrpã]
venenoso	venimeux (adj)	[vənimø]

víbora (f)	vipère (f)	[vipɛr]
cobra-capelo, naja (f)	cobra (m)	[kɔbra]
pitão (m)	python (m)	[pitõ]
jiboia (f)	boa (m)	[bɔa]

cobra-de-água (f)	couleuvre (f)	[kulœvr]
cascavel (f)	serpent (m) à sonnettes	[sɛrpã ɑ sɔnɛt]
anaconda (f)	anaconda (m)	[anakõda]

lagarto (m)	lézard (m)	[lezar]
iguana (f)	iguane (m)	[igwan]
varano (m)	varan (m)	[varã]
salamandra (f)	salamandre (f)	[salamãdr]
camaleão (m)	caméléon (m)	[kameleõ]
escorpião (m)	scorpion (m)	[skɔrpjõ]
tartaruga (f)	tortue (f)	[tɔrty]
rã (f)	grenouille (f)	[grənuj]

sapo (m)	crapaud (m)	[krapo]
crocodilo (m)	crocodile (m)	[krɔkɔdil]

220. Insetos

inseto (m)	insecte (m)	[ɛ̃sɛkt]
borboleta (f)	papillon (m)	[papijɔ̃]
formiga (f)	fourmi (f)	[furmi]
mosca (f)	mouche (f)	[muʃ]
mosquito (m)	moustique (m)	[mustik]
escaravelho (m)	scarabée (m)	[skarabe]
vespa (f)	guêpe (f)	[gɛp]
abelha (f)	abeille (f)	[abɛj]
mamangava (f)	bourdon (m)	[burdɔ̃]
moscardo (m)	œstre (m)	[ɛstr]
aranha (f)	araignée (f)	[areɲe]
teia (f) de aranha	toile (f) d'araignée	[twal dareɲe]
libélula (f)	libellule (f)	[libelyl]
gafanhoto-do-campo (m)	sauterelle (f)	[sotrɛl]
traça (f)	papillon (m)	[papijɔ̃]
barata (f)	cafard (m)	[kafar]
carraça (f)	tique (f)	[tik]
pulga (f)	puce (f)	[pys]
borrachudo (m)	moucheron (m)	[muʃrɔ̃]
gafanhoto (m)	criquet (m)	[krikɛ]
caracol (m)	escargot (m)	[ɛskargo]
grilo (m)	grillon (m)	[grijɔ̃]
pirilampo (m)	luciole (f)	[lysjɔl]
joaninha (f)	coccinelle (f)	[kɔksinɛl]
besouro (m)	hanneton (m)	[antɔ̃]
sanguessuga (f)	sangsue (f)	[sɑ̃sy]
lagarta (f)	chenille (f)	[ʃənij]
minhoca (f)	ver (m)	[vɛr]
larva (f)	larve (f)	[larv]

221. Animais. Partes do corpo

bico (m)	bec (m)	[bɛk]
asas (f pl)	ailes (f pl)	[ɛl]
pata (f)	patte (f)	[pat]
plumagem (f)	plumage (m)	[plymaʒ]
pena, pluma (f)	plume (f)	[plym]
crista (f)	houppe (f)	[up]
brânquias, guelras (f pl)	ouïes (f pl)	[wi]
ovas (f pl)	les œufs (m pl)	[lezø]

larva (f)	**larve** (f)	[larv]
barbatana (f)	**nageoire** (f)	[naʒwar]
escama (f)	**écaille** (f)	[ekaj]

canino (m)	**croc** (m)	[kro]
pata (f)	**patte** (f)	[pat]
focinho (m)	**museau** (m)	[myzo]
boca (f)	**gueule** (f)	[gœl]
cauda (f), rabo (m)	**queue** (f)	[kø]
bigodes (m pl)	**moustaches** (f pl)	[mustaʃ]

casco (m)	**sabot** (m)	[sabo]
corno (m)	**corne** (f)	[kɔrn]

carapaça (f)	**carapace** (f)	[karapas]
concha (f)	**coquillage** (m)	[kɔkijaʒ]
casca (f) de ovo	**coquille** (f) **d'œuf**	[kɔkij dœf]

pelo (m)	**poil** (m)	[pwal]
pele (f), couro (m)	**peau** (f)	[po]

222. Ações dos animais

voar (vi)	**voler** (vi)	[vɔle]
dar voltas	**faire des cercles**	[fɛr de sɛrkl]

voar (para longe)	**s'envoler** (vp)	[sɑ̃vɔle]
bater as asas	**battre des ailes**	[batr dezɛl]

bicar (vi)	**picorer** (vt)	[pikɔre]
incubar (vt)	**couver** (vt)	[kuve]

sair do ovo	**éclore** (vt)	[eklɔr]
fazer o ninho	**faire un nid**	[fɛr œ̃ ni]

rastejar (vi)	**ramper** (vi)	[rɑ̃pe]
picar (vt)	**piquer** (vi)	[pike]
morder (vt)	**mordre** (vt)	[mɔrdr]

cheirar (vt)	**flairer** (vt)	[flɛre]
latir (vi)	**aboyer** (vi)	[abwaje]
silvar (vi)	**siffler** (vi)	[sifle]

assustar (vt)	**effrayer** (vt)	[efreje]
atacar (vt)	**attaquer** (vt)	[atake]

roer (vt)	**ronger** (vt)	[rɔ̃ʒe]
arranhar (vt)	**griffer** (vt)	[grife]
esconder-se (vr)	**se cacher** (vp)	[sə kaʃe]

brincar (vi)	**jouer** (vt)	[ʒwe]
caçar (vi)	**chasser** (vi, vt)	[ʃase]
hibernar (vi)	**être en hibernation**	[ɛtr ɑ̃ ibɛrnasjɔ̃]
extinguir-se (vr)	**disparaître** (vi)	[disparɛtr]

223. Animais. Habitats

| hábitat | habitat (m) naturel | [abita natyrɛl] |
| migração (f) | migration (f) | [migrasjõ] |

montanha (f)	montagne (f)	[mõtaɲ]
recife (m)	récif (m)	[resif]
falésia (f)	rocher (m)	[rɔʃe]

floresta (f)	forêt (f)	[fɔrɛ]
selva (f)	jungle (f)	[ʒœ̃gl]
savana (f)	savane (f)	[savan]
tundra (f)	toundra (f)	[tundra]

estepe (f)	steppe (f)	[stɛp]
deserto (m)	désert (m)	[dezɛr]
oásis (m)	oasis (f)	[ɔazis]

mar (m)	mer (f)	[mɛr]
lago (m)	lac (m)	[lak]
oceano (m)	océan (m)	[ɔseã]

pântano (m)	marais (m)	[marɛ]
de água doce	d'eau douce (adj)	[do dus]
lagoa (f)	étang (m)	[etã]
rio (m)	rivière (f), fleuve (m)	[rivjɛr], [flœv]

toca (f) do urso	tanière (f)	[tanjɛr]
ninho (m)	nid (m)	[ni]
buraco (m) de árvore	creux (m)	[krø]
toca (f)	terrier (m)	[tɛrje]
formigueiro (m)	fourmilière (f)	[furmiljɛr]

224. Cuidados com os animais

| jardim (m) zoológico | zoo (m) | [zoo] |
| reserva (f) natural | réserve (f) naturelle | [rezɛrv natyrɛl] |

viveiro (m)	pépinière (f)	[pepinjɛr]
jaula (f) de ar livre	volière (f)	[vɔljɛr]
jaula, gaiola (f)	cage (f)	[kaʒ]
casinha (f) de cão	niche (f)	[niʃ]

pombal (m)	pigeonnier (m)	[piʒɔnje]
aquário (m)	aquarium (m)	[akwarjɔm]
delfinário (m)	delphinarium (m)	[dɛlfinarjɔm]

criar (vt)	élever (vt)	[elve]
ninhada (f)	nichée (f), portée (f)	[niʃe], [pɔrte]
domesticar (vt)	apprivoiser (vt)	[aprivwaze]
adestrar (vt)	dresser (vt)	[drese]
ração (f)	aliments (pl) pour animaux	[alimã pur animo]
alimentar (vt)	nourrir (vt)	[nurir]

loja (f) de animais	magasin (m) d'animaux	[magazɛ̃ danimo]
açaime (m)	muselière (f)	[myzəljɛr]
coleira (f)	collier (m)	[kɔlje]
nome (m)	nom (m)	[nɔ̃]
pedigree (m)	pedigree (m)	[pedigre]

225. Animais. Diversos

alcateia (f)	meute (f)	[møt]
bando (pássaros)	volée (f)	[vɔle]
cardume (peixes)	banc (m)	[bɑ̃]
manada (cavalos)	troupeau (m)	[trupo]

| macho (m) | mâle (m) | [mal] |
| fêmea (f) | femelle (f) | [fəmɛl] |

faminto	affamé (adj)	[afame]
selvagem	sauvage (adj)	[sovaʒ]
perigoso	dangereux (adj)	[dɑ̃ʒrø]

226. Cavalos

| cavalo (m) | cheval (m) | [ʃəval] |
| raça (f) | race (f) | [ras] |

| potro (m) | poulain (m) | [pulɛ̃] |
| égua (f) | jument (f) | [ʒymɑ̃] |

mustangue (m)	mustang (m)	[mystɑ̃g]
pónei (m)	poney (m)	[pɔnɛ]
cavalo (m) de tiro	cheval (m) de trait	[ʃəval də trɛ]

| crina (f) | crin (m) | [krɛ̃] |
| cauda (f) | queue (f) | [kø] |

casco (m)	sabot (m)	[sabo]
ferradura (f)	fer (m) à cheval	[fɛr a ʃəval]
ferrar (vt)	ferrer (vt)	[fɛre]
ferreiro (m)	maréchal-ferrant (m)	[mareʃalferɑ̃]

sela (f)	selle (f)	[sɛl]
estribo (m)	étrier (m)	[etrije]
brida (f)	bride (f)	[brid]
rédeas (f pl)	rênes (f pl)	[rɛn]
chicote (m)	fouet (m)	[fwɛ]

cavaleiro (m)	cavalier (m)	[kavalje]
colocar sela	seller (vt)	[sele]
montar no cavalo	se mettre en selle	[sə mɛtr ɑ̃ sɛl]

| galope (m) | galop (m) | [galo] |
| galopar (vi) | aller au galop | [ale o galo] |

trote (m)	**trot** (m)	[tro]
a trote	**au trot** (adv)	[otro]
ir a trote	**aller au trot**	[ale otro]
cavalo (m) de corrida	**cheval** (m) **de course**	[ʃəval də kurs]
corridas (f pl)	**courses** (f pl) **à chevaux**	[kurs ɑ ʃəvø]
estábulo (m)	**écurie** (f)	[ekyri]
alimentar (vt)	**nourrir** (vt)	[nurir]
feno (m)	**foin** (m)	[fwɛ̃]
dar água	**abreuver** (vt)	[abrœve]
limpar (vt)	**laver** (vt)	[lave]
carroça (f)	**charrette** (f)	[ʃarɛt]
pastar (vi)	**paître** (vi)	[pɛtr]
relinchar (vi)	**hennir** (vi)	[enir]
dar um coice	**ruer** (vi)	[rɥe]

Flora

227. Árvores

árvore (f)	arbre (m)	[arbr]
decídua	à feuilles caduques	[a fœj kadyk]
conífera	conifère (adj)	[kɔnifɛr]
perene	à feuilles persistantes	[a fœj pɛrsistãt]

macieira (f)	pommier (m)	[pɔmje]
pereira (f)	poirier (m)	[pwarje]
cerejeira (f)	merisier (m)	[mərizje]
ginjeira (f)	cerisier (m)	[sərizje]
ameixeira (f)	prunier (m)	[prynje]

bétula (f)	bouleau (m)	[bulo]
carvalho (m)	chêne (m)	[ʃɛn]
tília (f)	tilleul (m)	[tijœl]
choupo-tremedor (m)	tremble (m)	[trãbl]
bordo (m)	érable (m)	[erabl]
espruce-europeu (m)	épicéa (m)	[episea]
pinheiro (m)	pin (m)	[pɛ̃]
alerce, lariço (m)	mélèze (m)	[melɛz]
abeto (m)	sapin (m)	[sapɛ̃]
cedro (m)	cèdre (m)	[sɛdr]

choupo, álamo (m)	peuplier (m)	[pøplije]
tramazeira (f)	sorbier (m)	[sɔrbje]
salgueiro (m)	saule (m)	[sol]
amieiro (m)	aune (m)	[on]
faia (f)	hêtre (m)	[ɛtr]
ulmeiro (m)	orme (m)	[ɔrm]
freixo (m)	frêne (m)	[frɛn]
castanheiro (m)	marronnier (m)	[marɔnje]

magnólia (f)	magnolia (m)	[maɲɔlja]
palmeira (f)	palmier (m)	[palmje]
cipreste (m)	cyprès (m)	[siprɛ]

mangue (m)	palétuvier (m)	[paletyvje]
embondeiro, baobá (m)	baobab (m)	[baɔbab]
eucalipto (m)	eucalyptus (m)	[økaliptys]
sequoia (f)	séquoia (m)	[sekɔja]

228. Arbustos

| arbusto (m) | buisson (m) | [bɥisɔ̃] |
| arbusto (m), moita (f) | arbrisseau (m) | [arbriso] |

| videira (f) | vigne (f) | [viɲ] |
| vinhedo (m) | vigne (f) | [viɲ] |

framboeseira (f)	framboise (f)	[frãbwaz]
groselheira-preta (f)	cassis (m)	[kasis]
groselheira-vermelha (f)	groseille (f) rouge	[grozɛj ruʒ]
groselheira (f) espinhosa	groseille (f) verte	[grozɛj vɛrt]

acácia (f)	acacia (m)	[akasja]
bérberis (f)	berbéris (m)	[bɛrberis]
jasmim (m)	jasmin (m)	[ʒasmɛ̃]

junípero (m)	genévrier (m)	[ʒenevrije]
roseira (f)	rosier (m)	[rozje]
roseira (f) brava	églantier (m)	[eglãtje]

229. Cogumelos

cogumelo (m)	champignon (m)	[ʃãpiɲõ]
cogumelo (m) comestível	champignon (m) comestible	[ʃãpiɲõ kɔmɛstibl]
cogumelo (m) venenoso	champignon (m) vénéneux	[ʃãpiɲõ venenø]
chapéu (m)	chapeau (m)	[ʃapo]
pé, caule (m)	pied (m)	[pje]

boleto (m)	cèpe (m)	[sɛp]
boleto (m) alaranjado	bolet (m) orangé	[bolɛ ɔrãʒe]
míscaro (m) das bétulas	bolet (m) bai	[bolɛ bɛ]
cantarela (f)	girolle (f)	[ʒirɔl]
rússula (f)	russule (f)	[rysyl]

morchella (f)	morille (f)	[mɔrij]
agário-das-moscas (m)	amanite (f) tue-mouches	[amanit tymuʃ]
cicuta (f) verde	oronge (f) verte	[ɔrõʒ vɛrt]

230. Frutos. Bagas

fruta (f)	fruit (m)	[frɥi]
frutas (f pl)	fruits (m pl)	[frɥi]
maçã (f)	pomme (f)	[pɔm]
pera (f)	poire (f)	[pwar]
ameixa (f)	prune (f)	[pryn]

morango (m)	fraise (f)	[frɛz]
ginja (f)	cerise (f)	[səriz]
cereja (f)	merise (f)	[məriz]
uva (f)	raisin (m)	[rɛzɛ̃]

framboesa (f)	framboise (f)	[frãbwaz]
groselha (f) preta	cassis (m)	[kasis]
groselha (f) vermelha	groseille (f) rouge	[grozɛj ruʒ]
groselha (f) espinhosa	groseille (f) verte	[grozɛj vɛrt]
oxicoco (m)	canneberge (f)	[kanbɛrʒ]

laranja (f)	orange (f)	[ɔrãʒ]
tangerina (f)	mandarine (f)	[mãdarin]
ananás (m)	ananas (m)	[anana]
banana (f)	banane (f)	[banan]
tâmara (f)	datte (f)	[dat]

limão (m)	citron (m)	[sitrõ]
damasco (m)	abricot (m)	[abriko]
pêssego (m)	pêche (f)	[pɛʃ]
kiwi (m)	kiwi (m)	[kiwi]
toranja (f)	pamplemousse (m)	[pãpləmus]

baga (f)	baie (f)	[bɛ]
bagas (f pl)	baies (f pl)	[bɛ]
arando (m) vermelho	airelle (f) rouge	[ɛrɛl ruʒ]
morango-silvestre (m)	fraise (f) des bois	[frɛz de bwa]
mirtilo (m)	myrtille (f)	[mirtij]

231. Flores. Plantas

| flor (f) | fleur (f) | [flœr] |
| ramo (m) de flores | bouquet (m) | [bukɛ] |

rosa (f)	rose (f)	[roz]
tulipa (f)	tulipe (f)	[tylip]
cravo (m)	oeillet (m)	[œjɛ]
gladíolo (m)	glaïeul (m)	[glajœl]

centáurea (f)	bleuet (m)	[bløɛ]
campânula (f)	campanule (f)	[kãpanyl]
dente-de-leão (m)	dent-de-lion (f)	[dãdəljõ]
camomila (f)	marguerite (f)	[margerit]

aloé (m)	aloès (m)	[alɔɛs]
cato (m)	cactus (m)	[kaktys]
fícus (m)	ficus (m)	[fikys]

lírio (m)	lis (m)	[li]
gerânio (m)	géranium (m)	[ʒeranjɔm]
jacinto (m)	jacinthe (f)	[ʒasɛ̃t]

mimosa (f)	mimosa (m)	[mimɔza]
narciso (m)	jonquille (f)	[ʒõkij]
capuchinha (f)	capucine (f)	[kapysin]

orquídea (f)	orchidée (f)	[ɔrkide]
peónia (f)	pivoine (f)	[pivwan]
violeta (f)	violette (f)	[vjɔlɛt]

amor-perfeito (m)	pensée (f)	[pãse]
não-me-esqueças (m)	myosotis (m)	[mjɔzɔtis]
margarida (f)	pâquerette (f)	[pɑkrɛt]
papoula (f)	coquelicot (m)	[kɔkliko]
cânhamo (m)	chanvre (m)	[ʃãvr]

hortelã (f)	menthe (f)	[mɑ̃t]
lírio-do-vale (m)	muguet (m)	[mygɛ]
campânula-branca (f)	perce-neige (f)	[pɛrsənɛʒ]

urtiga (f)	ortie (f)	[ɔrti]
azeda (f)	oseille (f)	[ozɛj]
nenúfar (m)	nénuphar (m)	[nenyfar]
feto (m), samambaia (f)	fougère (f)	[fuʒɛr]
líquen (m)	lichen (m)	[likɛn]

estufa (f)	serre (f) tropicale	[sɛr trɔpikal]
relvado (m)	gazon (m)	[gazɔ̃]
canteiro (m) de flores	parterre (m) de fleurs	[partɛr də flœr]

planta (f)	plante (f)	[plɑ̃t]
erva (f)	herbe (f)	[ɛrb]
folha (f) de erva	brin (m) d'herbe	[brɛ̃ dɛrb]

folha (f)	feuille (f)	[fœj]
pétala (f)	pétale (m)	[petal]
talo (m)	tige (f)	[tiʒ]
tubérculo (m)	tubercule (m)	[tybɛrkyl]

broto, rebento (m)	pousse (f)	[pus]
espinho (m)	épine (f)	[epin]

florescer (vi)	fleurir (vi)	[flœrir]
murchar (vi)	se faner (vp)	[sə fane]
cheiro (m)	odeur (f)	[ɔdœr]
cortar (flores)	couper (vt)	[kupe]
colher (uma flor)	cueillir (vt)	[kœjir]

232. Cereais, grãos

grão (m)	grains (m pl)	[grɛ̃]
cereais (plantas)	céréales (f pl)	[sereal]
espiga (f)	épi (m)	[epi]

trigo (m)	blé (m)	[ble]
centeio (m)	seigle (m)	[sɛgl]
aveia (f)	avoine (f)	[avwan]

milho-miúdo (m)	millet (m)	[mijɛ]
cevada (f)	orge (f)	[ɔrʒ]

milho (m)	maïs (m)	[mais]
arroz (m)	riz (m)	[ri]
trigo-sarraceno (m)	sarrasin (m)	[sarazɛ̃]

ervilha (f)	pois (m)	[pwa]
feijão (m)	haricot (m)	[ariko]

soja (f)	soja (m)	[sɔʒa]
lentilha (f)	lentille (f)	[lɑ̃tij]

233. Vegetais. Verduras

legumes (m pl)	**légumes** (m pl)	[legym]
verduras (f pl)	**verdure** (f)	[vɛrdyr]
tomate (m)	**tomate** (f)	[tɔmat]
pepino (m)	**concombre** (m)	[kɔ̃kɔ̃br]
cenoura (f)	**carotte** (f)	[karɔt]
batata (f)	**pomme** (f) **de terre**	[pɔm də tɛr]
cebola (f)	**oignon** (m)	[ɔɲɔ̃]
alho (m)	**ail** (m)	[aj]
couve (f)	**chou** (m)	[ʃu]
couve-flor (f)	**chou-fleur** (m)	[ʃuflœr]
couve-de-bruxelas (f)	**chou** (m) **de Bruxelles**	[ʃu də brysɛl]
brócolos (m pl)	**brocoli** (m)	[brɔkɔli]
beterraba (f)	**betterave** (f)	[bɛtrav]
beringela (f)	**aubergine** (f)	[obɛrʒin]
curgete (f)	**courgette** (f)	[kurʒɛt]
abóbora (f)	**potiron** (m)	[pɔtirɔ̃]
nabo (m)	**navet** (m)	[navɛ]
salsa (f)	**persil** (m)	[pɛrsi]
funcho, endro (m)	**fenouil** (m)	[fənuj]
alface (f)	**laitue** (f)	[lety]
aipo (m)	**céleri** (m)	[sɛlri]
espargo (m)	**asperge** (f)	[aspɛrʒ]
espinafre (m)	**épinard** (m)	[epinar]
ervilha (f)	**pois** (m)	[pwa]
fava (f)	**fèves** (f pl)	[fɛv]
milho (m)	**maïs** (m)	[mais]
feijão (m)	**haricot** (m)	[ariko]
pimentão (m)	**poivron** (m)	[pwavrɔ̃]
rabanete (m)	**radis** (m)	[radi]
alcachofra (f)	**artichaut** (m)	[artiʃo]

GEOGRAFIA REGIONAL

Países. Nacionalidades

234. Europa Ocidental

Europa (f)	Europe (f)	[ørɔp]
União (f) Europeia	Union (f) européenne	[ynjɔn ørɔpeɛn]
europeu (m)	européen (m)	[ørɔpeɛ̃]
europeu	européen (adj)	[ørɔpeɛ̃]
Áustria (f)	Autriche (f)	[otriʃ]
austríaco (m)	Autrichien (m)	[otriʃjɛ̃]
austríaca (f)	Autrichienne (f)	[otriʃjɛn]
austríaco	autrichien (adj)	[otriʃjɛ̃]
Grã-Bretanha (f)	Grande-Bretagne (f)	[grãdbrətaɲ]
Inglaterra (f)	Angleterre (f)	[ãglətɛr]
inglês (m)	Anglais (m)	[ãglɛ]
inglesa (f)	Anglaise (f)	[ãglɛz]
inglês	anglais (adj)	[ãglɛ]
Bélgica (f)	Belgique (f)	[bɛʤik]
belga (m)	Belge (m)	[bɛʤ]
belga (f)	Belge (f)	[bɛʤ]
belga	belge (adj)	[bɛʤ]
Alemanha (f)	Allemagne (f)	[almaɲ]
alemão (m)	Allemand (m)	[almã]
alemã (f)	Allemande (f)	[almãd]
alemão	allemand (adj)	[almã]
Países (m pl) Baixos	Pays-Bas (m)	[peiba]
Holanda (f)	Hollande (f)	[ɔlãd]
holandês (m)	Hollandais (m)	[ɔlãdɛ]
holandesa (f)	Hollandaise (f)	[ɔlãdɛz]
holandês	hollandais (adj)	[ɔlãdɛ]
Grécia (f)	Grèce (f)	[grɛs]
grego (m)	Grec (m)	[grɛk]
grega (f)	Grecque (f)	[grɛk]
grego	grec (adj)	[grɛk]
Dinamarca (f)	Danemark (m)	[danmark]
dinamarquês (m)	Danois (m)	[danwa]
dinamarquesa (f)	Danoise (f)	[danwaz]
dinamarquês	danois (adj)	[danwa]
Irlanda (f)	Irlande (f)	[irlãd]
irlandês (m)	Irlandais (m)	[irlãdɛ]

irlandesa (f)	**Irlandaise** (f)	[irlɑ̃dɛz]
irlandês	**irlandais** (adj)	[irlɑ̃dɛ]
Islândia (f)	**Islande** (f)	[islɑ̃d]
islandês (m)	**Islandais** (m)	[islɑ̃dɛ]
islandesa (f)	**Islandaise** (f)	[islɑ̃dɛz]
islandês	**islandais** (adj)	[islɑ̃dɛ]
Espanha (f)	**Espagne** (f)	[ɛspaɲ]
espanhol (m)	**Espagnol** (m)	[ɛspaɲɔl]
espanhola (f)	**Espagnole** (f)	[ɛspaɲɔl]
espanhol	**espagnol** (adj)	[ɛspaɲɔl]
Itália (f)	**Italie** (f)	[itali]
italiano (m)	**Italien** (m)	[italjɛ̃]
italiana (f)	**Italienne** (f)	[italjɛn]
italiano	**italien** (adj)	[italjɛ̃]
Chipre (m)	**Chypre** (m)	[ʃipr]
cipriota (m)	**Chypriote** (m)	[ʃiprijɔt]
cipriota (f)	**Chypriote** (f)	[ʃiprijɔt]
cipriota	**chypriote** (adj)	[ʃiprijɔt]
Malta (f)	**Malte** (f)	[malt]
maltês (m)	**Maltais** (m)	[maltɛ]
maltesa (f)	**Maltaise** (f)	[maltɛz]
maltês	**maltais** (adj)	[maltɛ]
Noruega (f)	**Norvège** (f)	[nɔrvɛʒ]
norueguês (m)	**Norvégien** (m)	[nɔrveʒjɛ̃]
norueguesa (f)	**Norvégienne** (f)	[nɔrveʒjɛn]
norueguês	**norvégien** (adj)	[nɔrveʒjɛ̃]
Portugal (m)	**Portugal** (m)	[pɔrtygal]
português (m)	**Portugais** (m)	[pɔrtygɛ]
portuguesa (f)	**Portugaise** (f)	[pɔrtygɛz]
português	**portugais** (adj)	[pɔrtygɛ]
Finlândia (f)	**Finlande** (f)	[fɛ̃lɑ̃d]
finlandês (m)	**Finlandais** (m)	[fɛ̃lɑ̃dɛ]
finlandesa (f)	**Finlandaise** (f)	[fɛ̃lɑ̃dɛz]
finlandês	**finlandais** (adj)	[fɛ̃lɑ̃dɛ]
França (f)	**France** (f)	[frɑ̃s]
francês (m)	**Français** (m)	[frɑ̃sɛ]
francesa (f)	**Française** (f)	[frɑ̃sɛz]
francês	**français** (adj)	[frɑ̃sɛ]
Suécia (f)	**Suède** (f)	[sɥɛd]
sueco (m)	**Suédois** (m)	[sɥedwa]
sueca (f)	**Suédoise** (f)	[sɥedwaz]
sueco	**suédois** (adj)	[sɥedwa]
Suíça (f)	**Suisse** (f)	[sɥis]
suíço (m)	**Suisse** (m)	[sɥis]
suíça (f)	**Suissesse** (f)	[sɥisɛs]

suíço	suisse (adj)	[sɥis]
Escócia (f)	Écosse (f)	[ekɔs]
escocês (m)	Écossais (m)	[ekɔsɛ]
escocesa (f)	Écossaise (f)	[ekɔsɛz]
escocês	écossais (adj)	[ekɔsɛ]

Vaticano (m)	Vatican (m)	[vatikɑ̃]
Liechtenstein (m)	Liechtenstein (m)	[liʃtɛnʃtajn]
Luxemburgo (m)	Luxembourg (m)	[lyksãbur]
Mónaco (m)	Monaco (m)	[mɔnako]

235. Europa Central e de Leste

Albânia (f)	Albanie (f)	[albani]
albanês (m)	Albanais (m)	[albanɛ]
albanesa (f)	Albanaise (f)	[albanɛz]
albanês	albanais (adj)	[albanɛ]

Bulgária (f)	Bulgarie (f)	[bylgari]
búlgaro (m)	Bulgare (m)	[bylgar]
búlgara (f)	Bulgare (f)	[bylgar]
búlgaro	bulgare (adj)	[bylgar]

Hungria (f)	Hongrie (f)	[ɔ̃gri]
húngaro (m)	Hongrois (m)	[ɔ̃grwa]
húngara (f)	Hongroise (f)	[ɔ̃grwaz]
húngaro	hongrois (adj)	[ɔ̃grwa]

Letónia (f)	Lettonie (f)	[lɛtɔni]
letão (m)	Letton (m)	[lɛtɔ̃]
letã (f)	Lettonne (f)	[letɔn]
letão	letton (adj)	[lɛtɔ̃]

Lituânia (f)	Lituanie (f)	[litɥani]
lituano (m)	Lituanien (m)	[litɥanjɛ̃]
lituana (f)	Lituanienne (f)	[litɥanjɛn]
lituano	lituanien (adj)	[litɥanjɛ̃]

Polónia (f)	Pologne (f)	[pɔlɔɲ]
polaco (m)	Polonais (m)	[pɔlɔnɛ]
polaca (f)	Polonaise (f)	[pɔlɔnɛz]
polaco	polonais (adj)	[pɔlɔnɛ]

Roménia (f)	Roumanie (f)	[rumani]
romeno (m)	Roumain (m)	[rumɛ̃]
romena (f)	Roumaine (f)	[rumɛn]
romeno	roumain (adj)	[rumɛ̃]

Sérvia (f)	Serbie (f)	[sɛrbi]
sérvio (m)	Serbe (m)	[sɛrb]
sérvia (f)	Serbe (f)	[sɛrb]
sérvio	serbe (adj)	[sɛrb]
Eslováquia (f)	Slovaquie (f)	[slɔvaki]
eslovaco (m)	Slovaque (m)	[slɔvak]

eslovaca (f)	**Slovaque** (f)	[slɔvak]
eslovaco	**slovaque** (adj)	[slɔvak]
Croácia (f)	**Croatie** (f)	[krɔasi]
croata (m)	**Croate** (m)	[krɔat]
croata (f)	**Croate** (f)	[krɔat]
croata	**croate** (adj)	[krɔat]
República (f) Checa	**République** (f) **Tchèque**	[repyblik tʃɛk]
checo (m)	**Tchèque** (m)	[tʃɛk]
checa (f)	**Tchèque** (f)	[tʃɛk]
checo	**tchèque** (adj)	[tʃɛk]
Estónia (f)	**Estonie** (f)	[ɛstɔni]
estónio (m)	**Estonien** (m)	[ɛstɔnjɛ̃]
estónia (f)	**Estonienne** (f)	[ɛstɔnjɛn]
estónio	**estonien** (adj)	[ɛstɔnjɛ̃]
Bósnia e Herzegovina (f)	**Bosnie** (f)	[bɔsni]
Macedónia (f)	**Macédoine** (f)	[masedwan]
Eslovénia (f)	**Slovénie** (f)	[slɔveni]
Montenegro (m)	**Monténégro** (m)	[mɔ̃tenegro]

236. Países da ex-URSS

Azerbaijão (m)	**Azerbaïdjan** (m)	[azɛrbajdʒɑ̃]
azeri (m)	**Azerbaïdjanais** (m)	[azɛrbaidʒanɛ]
azeri (f)	**Azerbaïdjanaise** (f)	[azɛrbaidʒanɛz]
azeri, azerbaijano	**azerbaïdjanais** (adj)	[azɛrbaidʒanɛ]
Arménia (f)	**Arménie** (f)	[armeni]
arménio (m)	**Arménien** (m)	[armenjɛ̃]
arménia (f)	**Arménienne** (f)	[armenjɛn]
arménio	**arménien** (adj)	[armenjɛ̃]
Bielorrússia (f)	**Biélorussie** (f)	[bjelɔrysi]
bielorrusso (m)	**Biélorusse** (m)	[bjelɔrys]
bielorrussa (f)	**Biélorusse** (f)	[bjelɔrys]
bielorrusso	**biélorusse** (adj)	[bjelɔrys]
Geórgia (f)	**Géorgie** (f)	[ʒeɔrʒi]
georgiano (m)	**Géorgien** (m)	[ʒeɔrʒjɛ̃]
georgiana (f)	**Géorgienne** (f)	[ʒeɔrʒjɛn]
georgiano	**géorgien** (adj)	[ʒeɔrʒjɛ̃]
Cazaquistão (m)	**Kazakhstan** (m)	[kazakstɑ̃]
cazaque (m)	**Kazakh** (m)	[kazak]
cazaque (f)	**Kazakhe** (f)	[kazak]
cazaque	**kazakh** (adj)	[kazak]
Quirguistão (m)	**Kirghizistan** (m)	[kirgizistɑ̃]
quirguiz (m)	**Kirghiz** (m)	[kirgiz]
quirguiz (f)	**Kirghize** (f)	[kirgiz]
quirguiz	**kirghiz** (adj)	[kirgiz]

Moldávia (f)	Moldavie (f)	[mɔldavi]
moldavo (m)	Moldave (m)	[mɔldav]
moldava (f)	Moldave (f)	[mɔldav]
moldavo	moldave (adj)	[mɔldav]

Rússia (f)	Russie (f)	[rysi]
russo (m)	Russe (m)	[rys]
russa (f)	Russe (f)	[rys]
russo	russe (adj)	[rys]

Tajiquistão (m)	Tadjikistan (m)	[tadʒikistɑ̃]
tajique (m)	Tadjik (m)	[tadʒik]
tajique (f)	Tadjik (f)	[tadʒik]
tajique	tadjik (adj)	[tadʒik]

Turquemenistão (m)	Turkménistan (m)	[tyrkmenistɑ̃]
turcomeno (m)	Turkmène (m)	[tyrkmɛn]
turcomena (f)	Turkmène (f)	[tyrkmɛn]
turcomeno	turkmène (adj)	[tyrkmɛn]

Uzbequistão (f)	Ouzbékistan (m)	[uzbekistɑ̃]
uzbeque (m)	Ouzbek (m)	[uzbɛk]
uzbeque (f)	Ouzbek (f)	[uzbɛk]
uzbeque	ouzbek (adj)	[uzbɛk]

Ucrânia (f)	Ukraine (f)	[ykrɛn]
ucraniano (m)	Ukrainien (m)	[ykrɛnjɛ̃]
ucraniana (f)	Ukrainienne (f)	[ykrɛnjɛn]
ucraniano	ukrainien (adj)	[ykrɛnjɛ̃]

237. Asia

| Ásia (f) | Asie (f) | [azi] |
| asiático | asiatique (adj) | [azjatik] |

Vietname (m)	Vietnam (m)	[vjɛtnam]
vietnamita (m)	Vietnamien (m)	[vjɛtnamjɛ̃]
vietnamita (f)	Vietnamienne (f)	[vjɛtnamjɛn]
vietnamita	vietnamien (adj)	[vjɛtnamjɛ̃]

Índia (f)	Inde (f)	[ɛ̃d]
indiano (m)	Indien (m)	[ɛ̃djɛ̃]
indiana (f)	Indienne (f)	[ɛ̃djɛn]
indiano	indien (adj)	[ɛ̃djɛ̃]

Israel (m)	Israël (m)	[israɛl]
israelita (m)	Israélien (m)	[israeljɛ̃]
israelita (f)	Israélienne (f)	[israeljɛn]
israelita	israélien (adj)	[israeljɛ̃]

judeu (m)	Juif (m)	[ʒɥif]
judia (f)	Juive (f)	[ʒɥiv]
judeu	juif (adj)	[ʒɥif]
China (f)	Chine (f)	[ʃin]

chinês (m)	**Chinois** (m)	[ʃinwa]
chinesa (f)	**Chinoise** (f)	[ʃinwaz]
chinês	**chinois** (adj)	[ʃinwa]
coreano (m)	**Coréen** (m)	[kɔreɛ̃]
coreana (f)	**Coréenne** (f)	[kɔreɛn]
coreano	**coréen** (adj)	[kɔreɛ̃]
Líbano (m)	**Liban** (m)	[libɑ̃]
libanês (m)	**Libanais** (m)	[libanɛ]
libanesa (f)	**Libanaise** (f)	[libanɛz]
libanês	**libanais** (adj)	[libanɛ]
Mongólia (f)	**Mongolie** (f)	[mɔ̃gɔli]
mongol (m)	**Mongole** (m)	[mɔ̃gɔl]
mongol (f)	**Mongole** (f)	[mɔ̃gɔl]
mongol	**mongole** (adj)	[mɔ̃gɔl]
Malásia (f)	**Malaisie** (f)	[malɛzi]
malaio (m)	**Malaisien** (m)	[malɛzjɛ̃]
malaia (f)	**Malaisienne** (f)	[malɛzjɛn]
malaio	**malais** (adj)	[malɛ]
Paquistão (m)	**Pakistan** (m)	[pakistɑ̃]
paquistanês (m)	**Pakistanais** (m)	[pakistanɛ]
paquistanesa (f)	**Pakistanaise** (f)	[pakistanɛz]
paquistanês	**pakistanais** (adj)	[pakistanɛ]
Arábia (f) Saudita	**Arabie** (f) **Saoudite**	[arabi saudit]
árabe (m)	**Arabe** (m)	[arab]
árabe (f)	**Arabe** (f)	[arab]
árabe	**arabe** (adj)	[arab]
Tailândia (f)	**Thaïlande** (f)	[tajlɑ̃d]
tailandês (m)	**Thaïlandais** (m)	[tajlɑ̃dɛ]
tailandesa (f)	**Thaïlandaise** (f)	[tajlɑ̃dɛz]
tailandês	**thaïlandais** (adj)	[tajlɑ̃dɛ]
Taïwan (m)	**Taïwan** (m)	[tajwan]
taiwanês (m)	**Taïwanais** (m)	[tajwanɛ]
taiwanesa (f)	**Taïwanaise** (f)	[tajwanɛz]
taiwanês	**taïwanais** (adj)	[tajwanɛ]
Turquia (f)	**Turquie** (f)	[tyrki]
turco (m)	**Turc** (m)	[tyrk]
turca (f)	**Turque** (f)	[tyrk]
turco	**turc** (adj)	[tyrk]
Japão (m)	**Japon** (m)	[ʒapɔ̃]
japonês (m)	**Japonais** (m)	[ʒapɔnɛ]
japonesa (f)	**Japonaise** (f)	[ʒapɔnɛz]
japonês	**japonais** (adj)	[ʒapɔnɛ]
Afeganistão (m)	**Afghanistan** (m)	[afganistɑ̃]
Bangladesh (m)	**Bangladesh** (m)	[bɑ̃gladɛʃ]
Indonésia (f)	**Indonésie** (f)	[ɛ̃dɔnezi]

Jordânia (f)	Jordanie (f)	[ʒɔrdani]
Iraque (m)	Iraq (m)	[irak]
Irão (m)	Iran (m)	[irɑ̃]
Camboja (f)	Cambodge (m)	[kɑ̃bɔdʒ]
Kuwait (m)	Koweït (m)	[kɔwɛjt]

Laos (m)	Laos (m)	[laos]
Myanmar (m), Birmânia (f)	Myanmar (m)	[mjanmar]
Nepal (m)	Népal (m)	[nepal]
Emirados Árabes Unidos	Fédération (f) des Émirats Arabes Unis	[federasjɔ̃ dezemira arabzyni]

Síria (f)	Syrie (f)	[siri]
Palestina (f)	Palestine (f)	[palɛstin]
Coreia do Sul (f)	Corée (f) du Sud	[kɔre dy syd]
Coreia do Norte (f)	Corée (f) du Nord	[kɔre dy nɔr]

238. América do Norte

Estados Unidos da América	les États Unis	[lezeta zyni]
americano (m)	Américain (m)	[amerikɛ̃]
americana (f)	Américaine (f)	[amerikɛn]
americano	américain (adj)	[amerikɛ̃]

Canadá (m)	Canada (m)	[kanada]
canadiano (m)	Canadien (m)	[kanadjɛ̃]
canadiana (f)	Canadienne (f)	[kanadjɛn]
canadiano	canadien (adj)	[kanadjɛ̃]

México (m)	Mexique (m)	[mɛksik]
mexicano (m)	Mexicain (m)	[mɛksikɛ̃]
mexicana (f)	Mexicaine (f)	[mɛksikɛn]
mexicano	mexicain (adj)	[mɛksikɛ̃]

239. América Central do Sul

Argentina (f)	Argentine (f)	[arʒɑ̃tin]
argentino (m)	Argentin (m)	[arʒɑ̃tɛ̃]
argentina (f)	Argentine (f)	[arʒɑ̃tin]
argentino	argentin (adj)	[arʒɑ̃tɛ̃]

Brasil (m)	Brésil (m)	[brezil]
brasileiro (m)	Brésilien (m)	[breziljɛ̃]
brasileira (f)	Brésilienne (f)	[breziljɛn]
brasileiro	brésilien (adj)	[breziljɛ̃]

Colômbia (f)	Colombie (f)	[kɔlɔ̃bi]
colombiano (m)	Colombien (m)	[kɔlɔ̃bjɛ̃]
colombiana (f)	Colombienne (f)	[kɔlɔ̃bjɛn]
colombiano	colombien (adj)	[kɔlɔ̃bjɛ̃]
Cuba (f)	Cuba (f)	[kyba]
cubano (m)	Cubain (m)	[kybɛ̃]

| cubana (f) | Cubaine (f) | [kybɛn] |
| cubano | cubain (adj) | [kybɛ̃] |

Chile (m)	Chili (m)	[ʃili]
chileno (m)	Chilien (m)	[ʃiljɛ̃]
chilena (f)	Chilienne (f)	[ʃiljɛn]
chileno	chilien (adj)	[ʃiljɛ̃]

Bolívia (f)	Bolivie (f)	[bɔlivi]
Venezuela (f)	Venezuela (f)	[venezɥela]
Paraguai (m)	Paraguay (m)	[paragwɛ]
Peru (m)	Pérou (m)	[peru]

Suriname (m)	Surinam (m)	[syrinam]
Uruguai (m)	Uruguay (m)	[yrygwɛ]
Equador (m)	Équateur (m)	[ekwatœr]

Bahamas (f pl)	Bahamas (f pl)	[baamas]
Haiti (m)	Haïti (m)	[aiti]
República (f) Dominicana	République (f) Dominicaine	[repyblik dɔminikɛn]
Panamá (m)	Panamá (m)	[panama]
Jamaica (f)	Jamaïque (f)	[ʒamaik]

240. Africa

Egito (m)	Égypte (f)	[eʒipt]
egípcio (m)	Égyptien (m)	[eʒipsjɛ̃]
egípcia (f)	Égyptienne (f)	[eʒipsjɛn]
egípcio	égyptien (adj)	[eʒipsjɛ̃]

Marrocos	Maroc (m)	[marɔk]
marroquino (m)	Marocain (m)	[marɔkɛ̃]
marroquina (f)	Marocaine (f)	[marɔkɛn]
marroquino	marocain (adj)	[marɔkɛ̃]

Tunísia (f)	Tunisie (f)	[tynizi]
tunisino (m)	Tunisien (m)	[tynizjɛ̃]
tunisina (f)	Tunisienne (f)	[tynizjɛn]
tunisino	tunisien (adj)	[tynizjɛ̃]

Gana (f)	Ghana (m)	[gana]
Zanzibar (m)	Zanzibar (m)	[zɑ̃zibar]
Quénia (f)	Kenya (m)	[kenja]
Líbia (f)	Libye (f)	[libi]
Madagáscar (m)	Madagascar (f)	[madagaskar]

Namíbia (f)	Namibie (f)	[namibi]
Senegal (m)	Sénégal (m)	[senegal]
Tanzânia (f)	Tanzanie (f)	[tɑ̃zani]
África do Sul (f)	République (f) Sud-africaine	[repyblik sydafrikɛn]

africano (m)	Africain (m)	[afrikɛ̃]
africana (f)	Africaine (f)	[afrikɛn]
africano	africain (adj)	[afrikɛ̃]

241. Austrália. Oceania

Austrália (f)	Australie (f)	[ostrali]
australiano (m)	Australien (m)	[ostraljɛ̃]
australiana (f)	Australienne (f)	[ostraljɛn]
australiano	australien (adj)	[ostraljɛ̃]

Nova Zelândia (f)	Nouvelle Zélande (f)	[nuvɛl zelɑ̃d]
neozelandês (m)	Néo-Zélandais (m)	[neɔzelɑ̃dɛ]
neozelandesa (f)	Néo-Zélandaise (f)	[neɔzelɑ̃dɛz]
neozelandês	néo-zélandais (adj)	[neɔzelɑ̃dɛ]

| Tasmânia (f) | Tasmanie (f) | [tasmani] |
| Polinésia Francesa (f) | Polynésie (f) Française | [pɔlinezi frɑ̃sɛz] |

242. Cidades

Amesterdão	Amsterdam (f)	[amstɛrdam]
Ancara	Ankara (m)	[ɑ̃kara]
Atenas	Athènes (m)	[atɛn]

Bagdade	Bagdad (m)	[bagdad]
Banguecoque	Bangkok (m)	[bɑ̃kɔk]
Barcelona	Barcelone (f)	[barsəlɔn]
Beirute	Beyrouth (m)	[berut]
Berlim	Berlin (m)	[bɛrlɛ̃]

Bombaim	Bombay (m)	[bɔ̃bɛ]
Bona	Bonn (f)	[bɔn]
Bordéus	Bordeaux (f)	[bɔrdo]
Bratislava	Bratislava (m)	[bratislava]
Bruxelas	Bruxelles (m)	[brysɛl]
Bucareste	Bucarest (m)	[bykarɛst]
Budapeste	Budapest (m)	[bydapɛst]

Cairo	Caire (m)	[kɛr]
Calcutá	Calcutta (f)	[kalkyta]
Chicago	Chicago (f)	[ʃikago]
Cidade do México	Mexico (f)	[mɛksiko]
Copenhaga	Copenhague (f)	[kɔpənag]

Dar es Salaam	Dar es-Salaam (f)	[darɛssalam]
Deli	Delhi (f)	[deli]
Dubai	Dubaï (f)	[dybaj]
Dublin, Dublim	Dublin (f)	[dyblɛ̃]
Düsseldorf	Düsseldorf (f)	[dysɛldɔrf]
Estocolmo	Stockholm (m)	[stɔkɔlm]

Florença	Florence (f)	[flɔrɑ̃s]
Frankfurt	Francfort (f)	[frɑ̃kfɔr]
Genebra	Genève (f)	[ʒənɛv]
Haia	Hague (f)	[ag]
Hamburgo	Hambourg (f)	[ɑ̃bur]

| Hanói | Hanoi (f) | [anɔj] |
| Havana | Havane (f) | [avan] |

Helsínquia	Helsinki (f)	[ɛlsiŋki]
Hiroshima	Hiroshima (f)	[iroʃima]
Hong Kong	Hong Kong (m)	[ɔ̃gkɔ̃g]
Istambul	Istanbul (f)	[istɑ̃bul]
Jerusalém	Jérusalem (f)	[ʒeryzalɛm]
Kiev	Kiev (f)	[kjɛf]
Kuala Lumpur	Kuala Lumpur (f)	[kwalalumpur]
Lisboa	Lisbonne (f)	[lizbɔn]
Londres	Londres (m)	[lɔ̃dr]
Los Angeles	Los Angeles (f)	[lɔsɑ̃dʒələs]
Lion	Lyon (f)	[ljɔ̃]

Madrid	Madrid (f)	[madrid]
Marselha	Marseille (f)	[marsɛj]
Miami	Miami (f)	[miami]
Montreal	Montréal (f)	[mɔ̃real]
Moscovo	Moscou (f)	[mɔsku]
Munique	Munich (f)	[mynik]

Nairóbi	Nairobi (f)	[nɛrɔbi]
Nápoles	Naples (f)	[napl]
Nice	Nice (f)	[nis]
Nova York	New York (f)	[nujɔrk]

Oslo	Oslo (m)	[ɔslo]
Ottawa	Ottawa (m)	[ɔtawa]
Paris	Paris (m)	[pari]
Pequim	Pékin (m)	[pekɛ̃]
Praga	Prague (m)	[prag]

Rio de Janeiro	Rio de Janeiro (m)	[rijodədʒanɛro]
Roma	Rome (f)	[rɔm]
São Petersburgo	Saint-Pétersbourg (m)	[sɛ̃petɛrsbur]
Seul	Séoul (m)	[seul]
Singapura	Singapour (f)	[sɛ̃gapur]
Sydney	Sidney (m)	[sidnɛ]

Taipé	Taipei (m)	[tajbɛj]
Tóquio	Tokyo (m)	[tɔkjo]
Toronto	Toronto (m)	[tɔrɔ̃to]
Varsóvia	Varsovie (f)	[varsɔvi]
Veneza	Venise (f)	[vəniz]
Viena	Vienne (f)	[vjɛn]

| Washington | Washington (f) | [waʃiŋtɔn] |
| Xangai | Shanghai (m) | [ʃɑ̃gaj] |

243. Política. Governo. Parte 1

| política (f) | politique (f) | [pɔlitik] |
| político | politique (adj) | [pɔlitik] |

político (m)	homme (m) politique	[nɔm pɔlitik]
estado (m)	état (m)	[eta]
cidadão (m)	citoyen (m)	[sitwajɛ̃]
cidadania (f)	citoyenneté (f)	[sitwajɛnte]

| brasão (m) de armas | armoiries (f pl) nationales | [armwari nasjɔnal] |
| hino (m) nacional | hymne (m) national | [imn nasjɔnal] |

governo (m)	gouvernement (m)	[guvɛrnəmɑ̃]
Chefe (m) de Estado	chef (m) d'état	[ʃɛf deta]
parlamento (m)	parlement (m)	[parləmɑ̃]
partido (m)	parti (m)	[parti]

| capitalismo (m) | capitalisme (m) | [kapitalism] |
| capitalista | capitaliste (adj) | [kapitalist] |

| socialismo (m) | socialisme (m) | [sɔsjalism] |
| socialista | socialiste (adj) | [sɔsjalist] |

comunismo (m)	communisme (m)	[kɔmynism]
comunista	communiste (adj)	[kɔmynist]
comunista (m)	communiste (m)	[kɔmynist]

democracia (f)	démocratie (f)	[demɔkrasi]
democrata (m)	démocrate (m)	[demɔkrat]
democrático	démocratique (adj)	[demɔkratik]
Partido (m) Democrático	parti (m) démocratique	[parti demɔkratik]

| liberal (m) | libéral (m) | [liberal] |
| liberal | libéral (adj) | [liberal] |

| conservador (m) | conservateur (m) | [kɔ̃sɛrvatœr] |
| conservador | conservateur (adj) | [kɔ̃sɛrvatœr] |

república (f)	république (f)	[repyblik]
republicano (m)	républicain (m)	[repyblikɛ̃]
Partido (m) Republicano	parti (m) républicain	[parti repyblikɛ̃]

eleições (f pl)	élections (f pl)	[elɛksjɔ̃]
eleger (vt)	élire (vt)	[elir]
eleitor (m)	électeur (m)	[elɛktœr]
campanha (f) eleitoral	campagne (f) électorale	[kɑ̃paɲ elɛktɔral]

votação (f)	vote (m)	[vɔt]
votar (vi)	voter (vi)	[vɔte]
direito (m) de voto	droit (m) de vote	[drwa də vɔt]

candidato (m)	candidat (m)	[kɑ̃dida]
candidatar-se (vi)	poser sa candidature	[poze sa kɑ̃didatyr]
campanha (f)	campagne (f)	[kɑ̃paɲ]

| da oposição | d'opposition (adj) | [dɔpozisjɔ̃] |
| oposição (f) | opposition (f) | [ɔpozisjɔ̃] |

| visita (f) | visite (f) | [vizit] |
| visita (f) oficial | visite (f) officielle | [vizit ɔfisjɛl] |

internacional	international (adj)	[ɛ̃tɛrnasjɔnal]
negociações (f pl)	négociations (f pl)	[negɔsjasjɔ̃]
negociar (vi)	négocier (vi)	[negɔsje]

244. Política. Governo. Parte 2

sociedade (f)	société (f)	[sɔsjete]
constituição (f)	constitution (f)	[kɔ̃stitysjɔ̃]
poder (ir para o ~)	pouvoir (m)	[puvwar]
corrupção (f)	corruption (f)	[kɔrypsjɔ̃]

| lei (f) | loi (f) | [lwa] |
| legal | légal (adj) | [legal] |

| justiça (f) | justice (f) | [ʒystis] |
| justo | juste (adj) | [ʒyst] |

comité (m)	comité (m)	[kɔmite]
projeto-lei (m)	projet (m) de loi	[prɔʒɛ də lwa]
orçamento (m)	budget (m)	[bydʒɛ]
política (f)	politique (f)	[pɔlitik]
reforma (f)	réforme (f)	[refleʃir]
radical	radical (adj)	[radikal]

força (f)	puissance (f)	[pɥisɑ̃s]
poderoso	puissant (adj)	[pɥisɑ̃]
partidário (m)	partisan (m)	[partizɑ̃]
influência (f)	influence (f)	[ɛ̃flyɑ̃s]

regime (m)	régime (m)	[reʒim]
conflito (m)	conflit (m)	[kɔ̃fli]
conspiração (f)	complot (m)	[kɔ̃plo]
provocação (f)	provocation (f)	[prɔvɔkasjɔ̃]

derrubar (vt)	renverser (vt)	[rɑ̃vɛrse]
derrube (m), queda (f)	renversement (m)	[rɑ̃vɛrsəmɑ̃]
revolução (f)	révolution (f)	[revɔlysjɔ̃]

| golpe (m) de Estado | coup (m) d'État | [ku deta] |
| golpe (m) militar | coup (m) d'État militaire | [ku deta militɛr] |

crise (f)	crise (f)	[kriz]
recessão (f) económica	baisse (f) économique	[bɛs ekɔnɔmik]
manifestante (m)	manifestant (m)	[manifɛstɑ̃]
manifestação (f)	manifestation (f)	[manifɛstasjɔ̃]
lei (f) marcial	loi (f) martiale	[lwa marsjal]
base (f) militar	base (f) militaire	[baz militɛr]

| estabilidade (f) | stabilité (f) | [stabilite] |
| estável | stable (adj) | [stabl] |

exploração (f)	exploitation (f)	[ɛksplwatasjɔ̃]
explorar (vt)	exploiter (vt)	[ɛksplwate]
racismo (m)	racisme (m)	[rasism]

racista (m)	raciste (m)	[rasist]
fascismo (m)	fascisme (m)	[faʃism]
fascista (m)	fasciste (m)	[faʃist]

245. Países. Diversos

estrangeiro (m)	étranger (m)	[etrãʒe]
estrangeiro	étranger (adj)	[etrãʒe]
no estrangeiro	à l'étranger (adv)	[aletrãʒe]
emigrante (m)	émigré (m)	[emigre]
emigração (f)	émigration (f)	[emigrasjõ]
emigrar (vi)	émigrer (vi)	[emigre]
Ocidente (m)	Ouest (m)	[wɛst]
Oriente (m)	Est (m)	[ɛst]
Extremo Oriente (m)	Extrême Orient (m)	[ɛkstrɛm ɔrjã]
civilização (f)	civilisation (f)	[sivilizasjõ]
humanidade (f)	humanité (f)	[ymanite]
mundo (m)	monde (m)	[mõd]
paz (f)	paix (f)	[pɛ]
mundial	mondial (adj)	[mõdjal]
pátria (f)	patrie (f)	[patri]
povo (m)	peuple (m)	[pœpl]
população (f)	population (f)	[pɔpylasjõ]
gente (f)	gens (m pl)	[ʒɛ̃s]
nação (f)	nation (f)	[nasjõ]
geração (f)	génération (f)	[ʒenerasjõ]
território (m)	territoire (m)	[tɛritwar]
região (f)	région (f)	[reʒjõ]
estado (m)	état (m)	[eta]
tradição (f)	tradition (f)	[tradisjõ]
costume (m)	coutume (f)	[kutym]
ecologia (f)	écologie (f)	[ekɔlɔʒi]
índio (m)	indien (m)	[ɛ̃djɛ̃]
cigano (m)	bohémien (m)	[bɔemjɛ̃]
cigana (f)	bohémienne (f)	[bɔemjɛn]
cigano	bohémien (adj)	[bɔemjɛ̃]
império (m)	empire (m)	[ãpir]
colónia (f)	colonie (f)	[kɔlɔni]
escravidão (f)	esclavage (m)	[ɛsklavaʒ]
invasão (f)	invasion (f)	[ɛ̃vazjõ]
fome (f)	famine (f)	[famin]

246. Grupos religiosos mais importantes. Confissões

religião (f)	religion (f)	[rəliʒjõ]
religioso	religieux (adj)	[rəliʒjø]

crença (f)	foi (f)	[fwa]
crer (vt)	croire (vi)	[krwar]
crente (m)	croyant (m)	[krwajã]
ateísmo (m)	athéisme (m)	[ateism]
ateu (m)	athée (m)	[ate]
cristianismo (m)	christianisme (m)	[kristjanism]
cristão (m)	chrétien (m)	[kretjɛ̃]
cristão	chrétien (adj)	[kretjɛ̃]
catolicismo (m)	catholicisme (m)	[katɔlisism]
católico (m)	catholique (m)	[katɔlik]
católico	catholique (adj)	[katɔlik]
protestantismo (m)	protestantisme (m)	[prɔtɛstãtism]
Igreja (f) Protestante	Église (f) protestante	[egliz prɔtɛstãt]
protestante (m)	protestant (m)	[prɔtɛstã]
ortodoxia (f)	Orthodoxie (f)	[ɔrtɔdɔksi]
Igreja (f) Ortodoxa	Église (f) orthodoxe	[egliz ɔrtɔdɔks]
ortodoxo (m)	orthodoxe (m)	[ɔrtɔdɔks]
presbiterianismo (m)	Presbytérianisme (m)	[prɛsbiterjanism]
Igreja (f) Presbiteriana	Église (f) presbytérienne	[egliz prɛsbiterjɛn]
presbiteriano (m)	presbytérien (m)	[prɛsbiterjɛ̃]
Igreja (f) Luterana	Église (f) luthérienne	[egliz lyterjɛn]
luterano (m)	luthérien (m)	[lyterjɛ̃]
Igreja (f) Batista	Baptisme (m)	[batism]
batista (m)	baptiste (m)	[batist]
Igreja (f) Anglicana	Église (f) anglicane	[egliz ãglikan]
anglicano (m)	anglican (m)	[ãglikã]
mormonismo (m)	Mormonisme (m)	[mɔrmɔnism]
mórmon (m)	mormon (m)	[mɔrmõ]
Judaísmo (m)	judaïsme (m)	[ʒydaism]
judeu (m)	juif (m)	[ʒɥif]
budismo (m)	Bouddhisme (m)	[budism]
budista (m)	bouddhiste (m)	[budist]
hinduísmo (m)	hindouisme (m)	[ɛ̃duism]
hindu (m)	hindouiste (m)	[ɛ̃duist]
Islão (m)	islam (m)	[islam]
muçulmano (m)	musulman (m)	[myzylmã]
muçulmano	musulman (adj)	[myzylmã]
Xiismo (m)	Chiisme (m)	[ʃiism]
xiita (m)	chiite (m)	[ʃiit]
sunismo (m)	Sunnisme (m)	[synism]
sunita (m)	sunnite (m)	[synit]

247. Religiões. Padres

padre (m)	prêtre (m)	[prɛtr]
Papa (m)	Pape (m)	[pap]
monge (m)	moine (m)	[mwan]
freira (f)	bonne sœur (f)	[bɔn sœr]
pastor (m)	pasteur (m)	[pastœr]
abade (m)	abbé (m)	[abe]
vigário (m)	vicaire (m)	[vikɛr]
bispo (m)	évêque (m)	[evɛk]
cardeal (m)	cardinal (m)	[kardinal]
pregador (m)	prédicateur (m)	[predikatœr]
sermão (m)	sermon (m)	[sɛrmɔ̃]
paroquianos (pl)	paroissiens (m pl)	[parwasjɛ̃]
crente (m)	croyant (m)	[krwajɑ̃]
ateu (m)	athée (m)	[ate]

248. Fé. Cristianismo. Islão

Adão	Adam	[adɑ̃]
Eva	Ève	[ɛv]
Deus (m)	Dieu (m)	[djø]
Senhor (m)	le Seigneur	[lə sɛɲœr]
Todo Poderoso (m)	le Tout-Puissant	[lə tupɥisɑ̃]
pecado (m)	péché (m)	[peʃe]
pecar (vi)	pécher (vi)	[peʃe]
pecador (m)	pécheur (m)	[peʃœr]
pecadora (f)	pécheresse (f)	[peʃrɛs]
inferno (m)	enfer (m)	[ɑ̃fɛr]
paraíso (m)	paradis (m)	[paradi]
Jesus	Jésus	[ʒezy]
Jesus Cristo	Jésus Christ	[ʒezykri]
Espírito (m) Santo	le Saint Esprit	[lə sɛ̃tɛspri]
Salvador (m)	le Sauveur	[lə sovœr]
Virgem Maria (f)	la Sainte Vierge	[la sɛ̃t vjɛrʒ]
Diabo (m)	le Diable	[djabl]
diabólico	diabolique (adj)	[djabɔlik]
Satanás (m)	Satan	[satɑ̃]
satânico	satanique (adj)	[satanik]
anjo (m)	ange (m)	[ɑ̃ʒ]
anjo (m) da guarda	ange (m) gardien	[ɑ̃ʒ gardjɛ̃]
angélico	angélique (adj)	[ɑ̃ʒelik]

apóstolo (m)	apôtre (m)	[apotr]
arcanjo (m)	archange (m)	[arkɑ̃ʒ]
anticristo (m)	Antéchrist (m)	[ɑ̃tekrist]

Igreja (f)	Église (f)	[egliz]
Bíblia (f)	Bible (f)	[bibl]
bíblico	biblique (adj)	[biblik]

Velho Testamento (m)	Ancien Testament (m)	[ɑ̃sjɛ̃ tɛstamɑ̃]
Novo Testamento (m)	Nouveau Testament (m)	[nuvo tɛstamɑ̃]
Evangelho (m)	Évangile (m)	[evɑ̃ʒil]
Sagradas Escrituras (f pl)	Sainte Écriture (f)	[sɛ̃t ekrityr]
Céu (m)	Cieux (m pl)	[sjø]

mandamento (m)	commandement (m)	[kɔmɑ̃dmɑ̃]
profeta (m)	prophète (m)	[prɔfɛt]
profecia (f)	prophétie (f)	[prɔfesi]

Alá	Allah	[ala]
Maomé	Mahomet	[maɔmɛ]
Corão, Alcorão (m)	le Coran	[kɔrɑ̃]

mesquita (f)	mosquée (f)	[mɔske]
mulá (m)	mulla (m)	[mula]
oração (f)	prière (f)	[prijɛr]
rezar, orar (vi)	prier (vt)	[prije]

peregrinação (f)	pèlerinage (m)	[pɛlrinaʒ]
peregrino (m)	pèlerin (m)	[pɛlrɛ̃]
Meca (f)	La Mecque	[la mɛk]

igreja (f)	église (f)	[egliz]
templo (m)	temple (m)	[tɑ̃pl]
catedral (f)	cathédrale (f)	[katedral]
gótico	gothique (adj)	[gɔtik]
sinagoga (f)	synagogue (f)	[sinagɔg]
mesquita (f)	mosquée (f)	[mɔske]

capela (f)	chapelle (f)	[ʃapɛl]
abadia (f)	abbaye (f)	[abei]
convento (m)	couvent (m)	[kuvɑ̃]
mosteiro (m)	monastère (m)	[mɔnastɛr]

sino (m)	cloche (f)	[klɔʃ]
campanário (m)	clocher (m)	[klɔʃe]
repicar (vi)	sonner (vi)	[sɔ̃]

cruz (f)	croix (f)	[krwa]
cúpula (f)	coupole (f)	[kupɔl]
ícone (m)	icône (f)	[ikon]

alma (f)	âme (f)	[ɑm]
destino (m)	sort (m)	[sɔr]
mal (m)	mal (m)	[mal]
bem (m)	bien (m)	[bjɛ̃]
vampiro (m)	vampire (m)	[vɑ̃pir]

bruxa (f)	**sorcière** (f)	[sɔrsjɛr]
demónio (m)	**démon** (m)	[demɔ̃]
espírito (m)	**esprit** (m)	[ɛspri]
redenção (f)	**rachat** (m)	[raʃa]
redimir (vt)	**racheter** (vt)	[raʃte]
missa (f)	**messe** (f)	[mɛs]
celebrar a missa	**dire la messe**	[dir la mɛs]
confissão (f)	**confession** (f)	[kɔ̃fesjɔ̃]
confessar-se (vr)	**se confesser** (vp)	[sə kɔ̃fese]
santo (m)	**saint** (m)	[sɛ̃]
sagrado	**sacré** (adj)	[sakre]
água (f) benta	**l'eau bénite**	[lo benit]
ritual (m)	**rite** (m)	[rit]
ritual	**rituel** (adj)	[rityɛl]
sacrifício (m)	**sacrifice** (m)	[sakrifis]
superstição (f)	**superstition** (f)	[sypɛrstisjɔ̃]
supersticioso	**superstitieux** (adj)	[sypɛrstisjø]
vida (f) depois da morte	**vie** (f) **après la mort**	[vi aprɛ la mɔr]
vida (f) eterna	**vie** (f) **éternelle**	[vi etɛrnɛl]

TEMAS DIVERSOS

249. Várias palavras úteis

ajuda (f)	aide (f)	[ɛd]
barreira (f)	barrière (f)	[barjɛr]
base (f)	base (f)	[baz]
categoria (f)	catégorie (f)	[kategɔri]
causa (f)	cause (f)	[koz]
coincidência (f)	coïncidence (f)	[kɔɛ̃sidɑ̃s]
coisa (f)	chose (f)	[ʃoz]
começo (m)	début (m)	[dəbu]
cómodo (ex. poltrona ~a)	confortable (adj)	[kɔ̃fɔrtabl]
comparação (f)	comparaison (f)	[kɔ̃parɛzɔ̃]
compensação (f)	compensation (f)	[kɔ̃pɑ̃sasjɔ̃]
crescimento (m)	croissance (f)	[krwasɑ̃s]
desenvolvimento (m)	développement (m)	[devlɔpmɑ̃]
diferença (f)	différence (f)	[diferɑ̃s]
efeito (m)	effet (m)	[efɛ]
elemento (m)	élément (m)	[elemɑ̃]
equilíbrio (m)	balance (f)	[balɑ̃s]
erro (m)	faute (f)	[fot]
esforço (m)	effort (m)	[efɔr]
estilo (m)	style (m)	[stil]
exemplo (m)	exemple (m)	[ɛgzɑ̃p]
facto (m)	fait (m)	[fɛ]
fim (m)	fin (f)	[fɛ̃]
forma (f)	forme (f)	[fɔrm]
frequente	fréquent (adj)	[frekɑ̃]
fundo (ex. ~ verde)	fond (m)	[fɔ̃]
género (tipo)	type (m)	[tip]
grau (m)	degré (m)	[dəgre]
ideal (m)	idéal (m)	[ideal]
labirinto (m)	labyrinthe (m)	[labirɛ̃t]
modo (m)	mode (m)	[mɔd]
momento (m)	moment (m)	[mɔmɑ̃]
objeto (m)	objet (m)	[ɔbʒɛ]
obstáculo (m)	obstacle (m)	[ɔpstakl]
original (m)	original (m)	[ɔriʒinal]
padrão	standard (adj)	[stɑ̃dar]
padrão (m)	standard (m)	[stɑ̃dar]
paragem (pausa)	arrêt (m)	[arɛ]
parte (f)	part (f)	[par]

partícula (f)	particule (f)	[partikyl]
pausa (f)	pause (f)	[poz]
posição (f)	position (f)	[pozisjɔ̃]
princípio (m)	principe (m)	[prɛ̃sip]
problema (m)	problème (m)	[prɔblɛm]
processo (m)	processus (m)	[prɔsesys]
progresso (m)	progrès (m)	[prɔgrɛ]
propriedade (f)	propriété (f)	[prɔprijete]
reação (f)	réaction (f)	[reaksjɔ̃]
risco (m)	risque (m)	[risk]
ritmo (m)	tempo (m)	[tɛmpo]
segredo (m)	secret (m)	[səkrɛ]
série (f)	série (f)	[seri]
sistema (m)	système (m)	[sistɛm]
situação (f)	situation (f)	[sitɥasjɔ̃]
solução (f)	solution (f)	[sɔlysjɔ̃]
tabela (f)	tableau (m)	[tablo]
termo (ex. ~ técnico)	terme (m)	[tɛrm]
tipo (m)	genre (m)	[ʒɑ̃r]
urgente	urgent (adj)	[yrʒɑ̃]
urgentemente	d'urgence (adv)	[dyrʒɑ̃s]
utilidade (f)	utilité (f)	[ytilite]
variante (f)	version (f)	[vɛrsjɔ̃]
variedade (f)	choix (m)	[ʃwa]
verdade (f)	vérité (f)	[verite]
vez (f)	tour (m)	[tur]
zona (f)	zone (f)	[zon]

250. Modificadores. Adjetivos. Parte 1

aberto	ouvert (adj)	[uvɛr]
afiado	bien affilé (adj)	[bjɛn afile]
agradável	agréable (adj)	[agreabl]
agradecido	reconnaissant (adj)	[rəkɔnɛsɑ̃]
alegre	joyeux (adj)	[ʒwajø]
alto (ex. voz ~a)	fort (adj)	[fɔr]
amargo	amer (adj)	[amɛr]
amplo	spacieux (adj)	[spasjø]
antigo	ancien (adj)	[ɑ̃sjɛ̃]
apertado (sapatos ~s)	serré, étroit (adj)	[sere], [etrwa]
apropriado	convenu (adj)	[kɔ̃vny]
arriscado	risqué (adj)	[riske]
artificial	artificiel (adj)	[artifisjɛl]
azedo	aigre (adj)	[ɛgr]
baixo (voz ~a)	bas (adj)	[ba]
barato	bon marché (adj)	[bɔ̃ marʃe]

| belo | magnifique (adj) | [maɲifik] |
| bom | bon (adj) | [bɔ̃] |

bondoso	bon (adj)	[bɔ̃]
bonito	beau (adj)	[bo]
bronzeado	bronzé (adj)	[brɔ̃ze]
burro, estúpido	stupide (adj)	[stypid]
calmo	calme (adj)	[kalm]

cansado	fatigué (adj)	[fatige]
cansativo	fatiguant (adj)	[fatigɑ̃]
carinhoso	attentionné (adj)	[atɑ̃sjɔne]
caro	cher (adj)	[ʃɛr]
cego	aveugle (adj)	[avœgl]

central	central (adj)	[sɑ̃tral]
cerrado (ex. nevoeiro ~)	épais (adj)	[epɛ]
cheio (ex. copo ~)	plein (adj)	[plɛ̃]
civil	civil (adj)	[sivil]

clandestino	clandestin (adj)	[klɑ̃dɛstɛ̃]
claro	clair (adj)	[klɛr]
claro (explicação ~a)	clair (adj)	[klɛr]
compatível	compatible (adj)	[kɔ̃patibl]

comum, normal	ordinaire (adj)	[ɔrdinɛr]
congelado	surgelé (adj)	[syrʒəle]
conjunto	commun (adj)	[kɔmœ̃]
considerável	considérable (adj)	[kɔ̃siderabl]
contente	content (adj)	[kɔ̃tɑ̃]

contínuo	continu (adj)	[kɔ̃tiny]
contrário (ex. o efeito ~)	opposé (adj)	[ɔpoze]
correto (resposta ~a)	juste, correct (adj)	[ʒyst], [kɔrɛkt]
cru (não cozinhado)	cru (adj)	[kry]
curto	court (adj)	[kur]

de curta duração	court (adj)	[kur]
de sol, ensolarado	ensoleillé (adj)	[ɑ̃sɔleje]
de trás	arrière (adj)	[arjɛr]
denso (fumo, etc.)	dense (adj)	[dɑ̃s]
desanuviado	sans nuages (adj)	[sɑ̃ nɥaʒ]

descuidado	négligent (adj)	[negliʒɑ̃]
diferente	différent (adj)	[diferɑ̃]
difícil	difficile (adj)	[difisil]
difícil, complexo	difficile (adj)	[difisil]
direito	droit (adj)	[drwa]

distante	lointain (adj)	[lwɛ̃tɛ̃]
diverso	divers (adj)	[divɛr]
doce (açucarado)	sucré (adj)	[sykre]
doce (água)	douce (adj)	[dus]
doente	malade (adj)	[malad]
duro (material ~)	dur (adj)	[dyr]
educado	poli (adj)	[pɔli]

| encantador | gentil (adj) | [ʒãti] |
| enigmático | mystérieux (adj) | [misterjø] |

enorme	géant (adj)	[ʒeã]
escuro (quarto ~)	sombre (adj)	[sõbr]
especial	spécial (adj)	[spesjal]
esquerdo	gauche (adj)	[goʃ]
estrangeiro	étranger (adj)	[etrãʒe]

estreito	étroit (adj)	[etrwa]
exato	précis, exact (adj)	[presi], [ɛgzakt]
excelente	excellent (adj)	[ɛkselã]
excessivo	excessif (adj)	[ɛksesif]
externo	extérieur (adj)	[ɛksterjœr]

fácil	facile (adj)	[fasil]
faminto	affamé (adj)	[afame]
fechado	fermé (adj)	[fɛrme]
feliz	heureux (adj)	[œrø]
fértil (terreno ~)	fertile (adj)	[fɛrtil]

forte (pessoa ~)	fort (adj)	[for]
fraco (luz ~a)	faible (adj)	[fɛbl]
frágil	fragile (adj)	[fraʒil]
fresco	frais (adj)	[frɛ]
fresco (pão ~)	frais (adj)	[frɛ]

frio	froid (adj)	[frwa]
gordo	gras (adj)	[gra]
gostoso	bon, savoureux (adj)	[bõ], [savurø]
grande	grand (adj)	[grã]

gratuito, grátis	gratuit (adj)	[gratɥi]
grosso (camada ~a)	épais (adj)	[epɛ]
hostil	hostile (adj)	[ostil]
húmido	humide (adj)	[ymid]

251. Modificadores. Adjetivos. Parte 2

igual	le même, pareil (adj)	[lə mɛm], [parɛj]
imóvel	immobile (adj)	[imɔbil]
importante	important (adj)	[ɛ̃pɔrtã]
impossível	impossible (adj)	[ɛ̃pɔsibl]
incompreensível	indéchiffrable (adj)	[ɛ̃deʃifrabl]

indigente	miséreux (adj)	[mizerø]
indispensável	indispensable (adj)	[ɛ̃dispãsabl]
inexperiente	peu expérimenté (adj)	[pø ɛksperimãte]
infantil	d'enfant (adj)	[dãfã]

ininterrupto	continu (adj)	[kõtiny]
insignificante	peu important (adj)	[pø ɛ̃pɔrtã]
inteiro (completo)	entier (adj)	[ãtje]
inteligente	intelligent (adj)	[ɛ̃teliʒã]

interno	intérieur (adj)	[ɛ̃terjœr]
jovem	jeune (adj)	[ʒœn]
largo (caminho ~)	large (adj)	[larʒ]
legal	légal (adj)	[legal]
leve	léger (adj)	[leʒe]

limitado	limité (adj)	[limite]
limpo	propre (adj)	[prɔpr]
líquido	liquide (adj)	[likid]
liso	lisse (adj)	[lis]
liso (superfície ~a)	plat (adj)	[pla]

livre	libre (adj)	[libr]
longo (ex. cabelos ~s)	long (adj)	[lɔ̃]
maduro (ex. fruto ~)	mûr (adj)	[myr]
magro	maigre (adj)	[mɛgr]
magro (pessoa)	trop maigre (adj)	[tro mɛgr]

mais próximo	le plus proche	[lə ply prɔʃ]
mais recente	passé (adj)	[pɑse]
mate, baço	mat (adj)	[mat]
mau	mauvais (adj)	[movɛ]
meticuloso	méticuleux (adj)	[metikylø]

míope	myope (adj)	[mjɔp]
mole	mou (adj)	[mu]
molhado	trempé (adj)	[trɑ̃pe]
moreno	basané (adj)	[bazane]
morto	mort (adj)	[mɔr]

não difícil	facile (adj)	[fasil]
não é clara	pas clair (adj)	[pɑ klɛr]
não muito grande	pas grand (adj)	[pɑ grɑ̃]
natal (país ~)	natal (adj)	[natal]
necessário	nécessaire (adj)	[nesesɛr]

negativo	négatif (adj)	[negatif]
nervoso	nerveux (adj)	[nɛrvø]
normal	normal (adj)	[nɔrmal]
novo	neuf (adj)	[nœf]
o mais importante	le plus important	[lə plyzɛ̃pɔrtɑ̃]

obrigatório	obligatoire (adj)	[ɔbligatwar]
original	original (adj)	[ɔriʒinal]
passado	passé (adj)	[pɑse]
pequeno	petit (adj)	[pti]
perigoso	dangereux (adj)	[dɑ̃ʒrø]

permanente	permanent (adj)	[pɛrmanɑ̃]
perto	d'à côté, voisin	[da kote], [vwazɛ̃]
pesado	lourd (adj)	[lur]
pessoal	personnel (adj)	[pɛrsɔnɛl]
plano (ex. ecrã ~ a)	plat (adj)	[pla]

pobre	pauvre (adj)	[povr]
pontual	ponctuel (adj)	[pɔ̃ktɥɛl]

possível	**possible** (adj)	[pɔsibl]
pouco fundo	**peu profond** (adj)	[pø prɔfõ]
presente (ex. momento ~)	**présent** (adj)	[prezã]

prévio	**précédent** (adj)	[presedã]
primeiro (principal)	**principal** (adj)	[prẽsipal]
principal	**principal** (adj)	[prẽsipal]
privado	**privé** (adj)	[prive]

provável	**probable** (adj)	[prɔbabl]
próximo	**proche** (adj)	[prɔʃ]
público	**public** (adj)	[pyblik]
quente (cálido)	**très chaud** (adj)	[trɛ ʃo]

quente (morno)	**chaud** (adj)	[ʃo]
rápido	**rapide** (adj)	[rapid]
raro	**rare** (adj)	[rar]
remoto, longínquo	**éloigné** (adj)	[elwaɲe]
reto	**droit** (adj)	[drwa]

salgado	**salé** (adj)	[sale]
satisfeito	**satisfait** (adj)	[satisfɛ]
seco	**sec** (adj)	[sɛk]
seguinte	**suivant** (adj)	[sɥivã]
seguro	**sûr** (adj)	[syr]

similar	**similaire, pareil** (adj)	[similɛr], [parɛj]
simples	**simple** (adj)	[sẽpl]
soberbo	**parfait** (adj)	[parfɛ]
sólido	**solide** (adj)	[sɔlid]
sombrio	**sombre** (adj)	[sõbr]

sujo	**sale** (adj)	[sal]
superior	**suprême** (adj)	[syprɛm]
suplementar	**supplémentaire** (adj)	[syplemãtɛr]
terno, afetuoso	**tendre** (adj)	[tãdr]

tranquilo	**tranquille** (adj)	[trãkil]
transparente	**transparent** (adj)	[trãsparã]
triste (pessoa)	**triste** (adj)	[trist]
triste (um ar ~)	**triste** (adj)	[trist]
último	**dernier** (adj)	[dɛrnje]

único	**unique** (adj)	[ynik]
usado	**d'occasion** (adj)	[dɔkazjõ]
vazio (meio ~)	**vide** (adj)	[vid]
velho	**vieux** (adj)	[vjø]
vizinho	**voisin** (adj)	[vwazẽ]

500 VERBOS PRINCIPAIS

252. Verbos A-B

aborrecer-se (vr)	**s'ennuyer** (vp)	[sãnɥije]
abraçar (vt)	**serrer dans ses bras**	[sere dã se bra]
abrir (~ a janela)	**ouvrir** (vt)	[uvrir]
acalmar (vt)	**calmer** (vt)	[kalme]
acariciar (vt)	**caresser** (vt)	[karese]
acenar (vt)	**agiter** (vt)	[aʒite]
acender (~ uma fogueira)	**allumer** (vt)	[alyme]
achar (vt)	**penser** (vt)	[pãse]
acompanhar (vt)	**accompagner** (vt)	[akɔ̃paɲe]
aconselhar (vt)	**conseiller** (vt)	[kɔ̃seje]
acordar (despertar)	**réveiller** (vt)	[reveje]
acrescentar (vt)	**ajouter** (vt)	[aʒute]
acusar (vt)	**accuser** (vt)	[akyze]
adestrar (vt)	**dresser** (vt)	[drese]
adivinhar (vt)	**deviner** (vt)	[dəvine]
admirar (vt)	**admirer** (vt)	[admire]
advertir (vt)	**avertir** (vt)	[avɛrtir]
afirmar (vt)	**affirmer** (vt)	[afirme]
afogar-se (pessoa)	**se noyer** (vp)	[sə nwaje]
afugentar (vt)	**chasser** (vt)	[ʃase]
agir (vi)	**agir** (vi)	[aʒir]
agitar, sacudir (objeto)	**secouer** (vt)	[səkwe]
agradecer (vt)	**remercier** (vt)	[rəmɛrsje]
ajudar (vt)	**aider** (vt)	[ede]
alcançar (objetivos)	**atteindre** (vt)	[atɛ̃dr]
alimentar (dar comida)	**nourrir** (vt)	[nurir]
almoçar (vi)	**déjeuner** (vi)	[deʒœne]
alugar (~ o barco, etc.)	**louer** (vt)	[lwe]
alugar (~ um apartamento)	**louer** (vt)	[lwe]
amar (pessoa)	**aimer** (vt)	[eme]
amarrar (vt)	**ligoter** (vt)	[ligɔte]
ameaçar (vt)	**menacer** (vt)	[mənase]
amputar (vt)	**amputer** (vt)	[ãpyte]
anotar (escrever)	**noter** (vt)	[nɔte]
anular, cancelar (vt)	**annuler** (vt)	[anyle]
apagar (com apagador, etc.)	**effacer** (vt)	[efase]
apagar (um incêndio)	**éteindre** (vt)	[etɛ̃dr]
apaixonar-se de ...	**tomber amoureux**	[tɔ̃be amurø]

aparecer (vi)	apparaître (vi)	[aparɛtr]
aplaudir (vi)	applaudir (vi)	[aplodir]
apoiar (vt)	soutenir (vt)	[sutnir]
apontar para ...	viser (vt)	[vize]
apresentar (alguém a alguém)	présenter (vt)	[prezãte]
apresentar (Gostaria de ~)	présenter (vt)	[prezãte]
apressar (vt)	presser (vt)	[prese]
apressar-se (vr)	être pressé	[ɛtr prese]
aproximar-se (vr)	s'approcher (vp)	[saproʃe]
aquecer (vt)	chauffer (vt)	[ʃofe]
arrancar (vt)	arracher (vt)	[araʃe]
arranhar (gato, etc.)	griffer (vt)	[grife]
arrepender-se (vr)	regretter (vt)	[rəgrɛte]
arriscar (vt)	prendre un risque	[prãdr œ̃ risk]
arrumar, limpar (vt)	faire le ménage	[fɛr le menaʒ]
aspirar a ...	aspirer à ...	[aspire a]
assinar (vt)	signer (vt)	[siɲe]
assistir (vt)	assister (vt)	[asiste]
atacar (vt)	attaquer (vt)	[atake]
atar (vt)	attacher (vt)	[ataʃe]
atirar (vi)	tirer (vt)	[tire]
atracar (vi)	accoster (vi)	[akɔste]
aumentar (vi)	augmenter (vi)	[ogmãte]
aumentar (vt)	augmenter (vt)	[ogmãte]
avançar (sb. trabalhos, etc.)	progresser (vi)	[prɔgrese]
avistar (vt)	remarquer (vt)	[rəmarke]
baixar (guindaste)	abaisser (vt)	[abese]
barbear-se (vr)	se raser (vp)	[sə raze]
basear-se em ...	être basé (sur ...)	[ɛtr baze syr]
bastar (vi)	suffire (vi)	[syfir]
bater (espancar)	battre (vt)	[batr]
bater (vi)	frapper (vi)	[frape]
bater-se (vr)	se battre (vp)	[sə batr]
beber, tomar (vt)	boire (vt)	[bwar]
brilhar (vi)	briller (vi)	[brije]
brincar, jogar (crianças)	jouer (vi)	[ʒwe]
buscar (vt)	chercher (vt)	[ʃɛrʃe]

253. Verbos C-D

caçar (vi)	chasser (vi, vt)	[ʃase]
calar-se (parar de falar)	se taire (vp)	[sə tɛr]
calcular (vt)	compter (vt)	[kõte]
carregar (o caminhão)	charger (vt)	[ʃarʒe]
carregar (uma arma)	charger (vt)	[ʃarʒe]

casar-se (vr)	**se marier** (vp)	[sə marje]
causar (vt)	**être la cause de ...**	[ɛtr la koz də]
cavar (vt)	**creuser** (vt)	[krøze]

ceder (não resistir)	**céder** (vt)	[sede]
cegar, ofuscar (vt)	**aveugler** (vt)	[avœgle]
censurar (vt)	**reprocher** (vt)	[rəprɔʃe]
cessar (vt)	**cesser** (vt)	[sese]

chamar (~ por socorro)	**appeler** (vt)	[aple]
chamar (dizer em voz alta o nome)	**appeler** (vt)	[aple]
chegar (a algum lugar)	**atteindre** (vt)	[atɛ̃dr]
chegar (sb. comboio, etc.)	**arriver** (vi)	[arive]

cheirar (tem o cheiro)	**sentir** (vi, vt)	[sɑ̃tir]
cheirar (uma flor)	**sentir** (vt)	[sɑ̃tir]
chorar (vi)	**pleurer** (vi)	[plœre]
citar (vt)	**citer** (vt)	[site]

colher (flores)	**cueillir** (vt)	[kœjir]
colocar (vt)	**mettre** (vt)	[mɛtr]
combater (vi, vt)	**combattre** (vi)	[kɔ̃batr]
começar (vt)	**commencer** (vt)	[kɔmɑ̃se]

comer (vt)	**manger** (vi, vt)	[mɑ̃ʒe]
comparar (vt)	**comparer** (vt)	[kɔ̃pare]
compensar (vt)	**compenser** (vt)	[kɔ̃pɑ̃se]
competir (vi)	**concurrencer** (vt)	[kɔ̃kyrɑ̃se]

complicar (vt)	**compliquer** (vt)	[kɔ̃plike]
compor (vt)	**composer** (vt)	[kɔ̃poze]
comportar-se (vr)	**se conduire** (vp)	[sə kɔ̃dɥir]
comprar (vt)	**acheter** (vt)	[aʃte]

compreender (vt)	**comprendre** (vt)	[kɔ̃prɑ̃dr]
comprometer (vt)	**compromettre** (vt)	[kɔ̃prɔmɛtr]
concentrar-se (vr)	**se concentrer** (vp)	[sə kɔ̃sɑ̃tre]
concordar (dizer "sim")	**être d'accord**	[ɛtr dakɔr]

condecorar (dar medalha)	**décorer** (vt)	[dekɔre]
conduzir (~ o carro)	**conduire une voiture**	[kɔ̃dɥir yn vwatyr]
confessar-se (criminoso)	**avouer** (vi, vt)	[avwe]
confiar (vt)	**avoir confiance**	[avwar kɔ̃fjɑ̃s]

confundir (equivocar-se)	**confondre** (vt)	[kɔ̃fɔ̃dr]
conhecer (vt)	**connaître** (vt)	[kɔnɛtr]
conhecer-se (vr)	**faire connaissance**	[fɛr kɔnɛsɑ̃s]
consertar (vt)	**remettre en ordre**	[rəmɛtr anɔrdr]

consultar ...	**consulter ...**	[kɔ̃sylte]
contagiar-se com ...	**attraper** (vt)	[atrape]
contar (vt)	**raconter** (vt)	[rakɔ̃te]
contar com ...	**compter sur ...**	[kɔ̃te syr]
continuar (vt)	**continuer** (vt)	[kɔ̃tinɥe]
contratar (vt)	**embaucher** (vt)	[ɑ̃boʃe]

controlar (vt)	**contrôler** (vt)	[kɔ̃trole]
convencer (vt)	**convaincre** (vt)	[kɔ̃vɛ̃kr]
convidar (vt)	**inviter** (vt)	[ɛ̃vite]
cooperar (vi)	**coopérer** (vi)	[kɔɔpere]
coordenar (vt)	**coordonner** (vt)	[kɔɔrdɔne]
corar (vi)	**rougir** (vi)	[ruʒir]
correr (vi)	**courir** (vi)	[kurir]
corrigir (vt)	**corriger** (vt)	[kɔriʒe]
cortar (com um machado)	**couper** (vt)	[kupe]
cortar (vt)	**couper** (vt)	[kupe]
cozinhar (vt)	**préparer** (vt)	[prepare]
crer (pensar)	**croire** (vi, vt)	[krwar]
criar (vt)	**créer** (vt)	[kree]
cultivar (vt)	**cultiver** (vt)	[kyltive]
cuspir (vi)	**cracher** (vi)	[kraʃe]
custar (vt)	**coûter** (vt)	[kute]
dar (vt)	**donner** (vt)	[dɔne]
dar banho, lavar (vt)	**baigner** (vt)	[beɲe]
datar (vi)	**dater de ...**	[date də]
decidir (vt)	**décider** (vt)	[deside]
decorar (enfeitar)	**décorer** (vt)	[dekɔre]
dedicar (vt)	**dédier** (vt)	[dedje]
defender (vt)	**défendre** (vt)	[defãdr]
defender-se (vr)	**se défendre** (vp)	[sə defãdr]
deixar (~ a mulher)	**quitter** (vt)	[kite]
deixar (esquecer)	**laisser** (vt)	[lese]
deixar (permitir)	**permettre** (vt)	[pɛrmɛtr]
deixar cair (vt)	**faire tomber**	[fɛr tɔ̃be]
denominar (vt)	**appeler** (vt)	[aple]
denunciar (vt)	**dénoncer** (vt)	[denɔ̃se]
depender de ... (vi)	**dépendre de ...**	[depãdr də]
derramar (vt)	**renverser** (vt)	[rãvɛrse]
derramar-se (vr)	**se renverser** (vp)	[sə rãvɛrse]
desaparecer (vi)	**disparaître** (vi)	[disparɛtr]
desatar (vt)	**détacher** (vt)	[detaʃe]
desatracar (vi)	**larguer les amarres**	[large lezamar]
descansar (um pouco)	**se reposer** (vp)	[sə rəpoze]
descer (para baixo)	**descendre** (vi)	[desãdr]
descobrir (novas terras)	**découvrir** (vt)	[dekuvrir]
descolar (avião)	**décoller** (vi)	[dekɔle]
desculpar (vt)	**excuser** (vt)	[ɛkskyze]
desculpar-se (vr)	**s'excuser** (vp)	[sɛkskyze]
desejar (vt)	**désirer** (vt)	[dezire]
desempenhar (vt)	**jouer** (vi, vt)	[ʒwe]
desligar (vt)	**éteindre** (vt)	[etɛ̃dr]
desprezar (vt)	**mépriser** (vt)	[meprize]

destruir (documentos, etc.)	**détruire** (vt)	[detrµir]
dever (vi)	**devoir** (v aux)	[dǝvwar]
devolver (vt)	**renvoyer** (vt)	[rãvwaje]
direcionar (vt)	**diriger** (vt)	[diriʒe]
dirigir (~ uma empresa)	**diriger** (vt)	[diriʒe]
dirigir-se	**s'adresser** (vp)	[sadrese]
(a um auditório, etc.)		
discutir (notícias, etc.)	**discuter** (vt)	[diskyte]
distribuir (folhetos, etc.)	**diffuser** (vt)	[difyze]
distribuir (vt)	**distribuer** (vt)	[distribµe]
divertir (vt)	**amuser** (vt)	[amyze]
divertir-se (vr)	**s'amuser** (vp)	[samyze]
dividir (mat.)	**diviser** (vt)	[divize]
dizer (vt)	**dire** (vt)	[dir]
dobrar (vt)	**doubler** (vt)	[duble]
duvidar (vt)	**douter** (vt)	[dute]

254. Verbos E-J

elaborar (uma lista)	**dresser** (vt)	[drese]
elevar-se acima de ...	**dominer** (vt)	[dɔmine]
eliminar (um obstáculo)	**éliminer** (vt)	[elimine]
embrulhar (com papel)	**envelopper** (vt)	[ãvlɔpe]
emergir (submarino)	**faire surface**	[fɛr syrfas]
emitir (vt)	**répandre** (vt)	[repãdr]
empreender (vt)	**entreprendre** (vt)	[ãtrǝprãdr]
empurrar (vt)	**pousser** (vt)	[puse]
encabeçar (vt)	**être en tête (de ...)**	[ɛtr ã tɛt dǝ]
encher (~ a garrafa, etc.)	**remplir** (vt)	[rãplir]
encontrar (achar)	**trouver** (vt)	[truve]
enganar (vt)	**tromper** (vt)	[trɔ̃pe]
ensinar (vt)	**apprendre** (vt)	[aprãdr]
entrar (na sala, etc.)	**entrer** (vi)	[ãtre]
enviar (uma carta)	**envoyer** (vt)	[ãvwaje]
equipar (vt)	**équiper** (vt)	[ekipe]
errar (vi)	**se tromper** (vp)	[sǝ trɔ̃pe]
escolher (vt)	**choisir** (vt)	[ʃwazir]
esconder (vt)	**cacher** (vt)	[kaʃe]
escrever (vt)	**écrire** (vt)	[ekrir]
escutar (vt)	**écouter** (vt)	[ekute]
escutar atrás da porta	**écouter aux portes**	[ekute o pɔrt]
esmagar (um inseto, etc.)	**écraser** (vt)	[ekraze]
esperar (contar com)	**s'attendre** (vp)	[satãdr]
esperar (o autocarro, etc.)	**attendre** (vt)	[atãdr]
esperar (ter esperança)	**espérer** (vi)	[ɛspere]

espreitar (vi)	épier (vt)	[epje]
esquecer (vt)	oublier (vt)	[ublije]
estar	se trouver (vp)	[sə truve]
estar convencido	être convaincu de …	[ɛtr kɔ̃vɛ̃ky]
estar deitado	être allongé	[ɛtr alɔ̃ʒe]
estar perplexo	être perplexe	[ɛtr pɛrplɛks]
estar sentado	être assis	[ɛtr asi]
estremecer (vi)	tressaillir (vi)	[tresajir]
estudar (vt)	étudier (vt)	[etydje]
evitar (vt)	éviter (vt)	[evite]
examinar (vt)	examiner (vt)	[ɛgzamine]
exigir (vt)	exiger (vt)	[ɛgziʒe]
existir (vi)	exister (vi)	[ɛgziste]
explicar (vt)	expliquer (vt)	[ɛksplike]
expressar (vt)	exprimer (vt)	[ɛksprime]
expulsar (vt)	exclure, expulser (vt)	[ɛksklyr], [ɛkspylse]
facilitar (vt)	faciliter (vt)	[fasilite]
falar com …	parler avec …	[parle avɛk]
faltar a …	manquer (vt)	[mɑ̃ke]
fascinar (vt)	charmer (vt)	[ʃarme]
fatigar (vt)	fatiguer (vt)	[fatige]
fazer (vt)	faire (vt)	[fɛr]
fazer lembrar	rappeler (vt)	[raple]
fazer piadas	plaisanter (vi)	[plɛzɑ̃te]
fazer uma tentativa	tenter (vt)	[tɑ̃te]
fechar (vt)	fermer (vt)	[fɛrme]
felicitar (dar os parabéns)	féliciter (vt)	[felisite]
ficar cansado	être fatigué	[ɛtr fatige]
ficar em silêncio	garder le silence	[garde lə silɑ̃s]
ficar pensativo	devenir pensif	[dəvnir pɑ̃sif]
forçar (vt)	forcer (vt)	[fɔrse]
formar (vt)	former (vt)	[fɔrme]
fotografar (vt)	photographier (vi, vt)	[fɔtɔgrafje]
gabar-se (vr)	se vanter (vp)	[sə vɑ̃te]
garantir (vt)	garantir (vt)	[garɑ̃tir]
gostar (apreciar)	plaire à …	[plɛr a]
gostar (vt)	aimer (vt)	[eme]
gritar (vi)	crier (vi)	[krije]
guardar (cartas, etc.)	garder (vt)	[garde]
guardar (no armário, etc.)	ranger (vt)	[rɑ̃ʒe]
guerrear (vt)	faire la guerre	[fɛr la gɛr]
herdar (vt)	hériter (vt)	[erite]
iluminar (vt)	éclairer (vt)	[eklere]
imaginar (vt)	imaginer (vt)	[imaʒine]
imitar (vt)	imiter (vt)	[imite]
implorar (vt)	supplier (vt)	[syplije]

importar (vt)	importer (vt)	[ɛ̃pɔrte]
indicar (orientar)	indiquer (vt)	[ɛ̃dike]
indignar-se (vr)	s'indigner (vp)	[sɛ̃diɲe]

infetar, contagiar (vt)	contaminer (vt)	[kɔ̃tamine]
influenciar (vt)	influer (vt)	[ɛ̃flye]
informar (fazer saber)	annoncer (vt)	[anɔ̃se]
informar (vt)	informer (vt)	[ɛ̃fɔrme]

informar-se (~ sobre)	se renseigner (sur ...)	[sə rãseɲe]
inscrever (na lista)	inscrire (vt)	[ɛ̃skrir]
inserir (vt)	insérer (vt)	[ɛ̃sere]
insinuar (vt)	faire allusion	[fɛr alyzjɔ̃]

insistir (vi)	insister (vi)	[ɛ̃siste]
inspirar (vt)	inspirer (vt)	[ɛ̃spire]
instruir (vt)	instruire (vt)	[ɛ̃strɥir]
insultar (vt)	insulter (vt)	[ɛ̃sylte]

interessar (vt)	intéresser (vt)	[ɛ̃terese]
interessar-se (vr)	s'intéresser à ...	[sɛ̃terese a]
intervir (vi)	intervenir (vi)	[ɛ̃tɛrvənir]
invejar (vt)	envier (vt)	[ãvje]

inventar (vt)	inventer (vt)	[ɛ̃vãte]
ir (a pé)	aller (vi)	[ale]
ir (de carro, etc.)	aller (vi)	[ale]
ir nadar	se baigner (vp)	[sə beɲe]

ir para a cama	aller se coucher	[ale sə kuʃe]
irritar (vt)	irriter (vt)	[irite]
irritar-se (vr)	s'irriter (vp)	[sirite]
isolar (vt)	isoler (vt)	[izɔle]

jantar (vi)	dîner (vi)	[dine]
jogar, atirar (vt)	jeter (vt)	[ʒəte]
juntar, unir (vt)	unir, réunir (vt)	[ynir], [reynir]
juntar-se a ...	se joindre (vp)	[sə ʒwɛ̃dr]

255. Verbos L-P

lançar (novo projeto)	lancer (vt)	[lɑ̃se]
lavar (vt)	laver (vt)	[lave]
lavar a roupa	faire la lessive	[fɛr la lɛsiv]
lavar-se (vr)	se laver (vp)	[sə lave]

lembrar (vt)	se rappeler (vp)	[sə raple]
ler (vt)	lire (vi, vt)	[lir]
levantar-se (vr)	se lever (vp)	[sə ləve]
levar (ex. leva isso daqui)	emporter (vt)	[ãpɔrte]

libertar (cidade, etc.)	libérer (vt)	[libere]
ligar (o radio, etc.)	allumer (vt)	[alyme]
limitar (vt)	limiter (vt)	[limite]

limpar (eliminar sujeira)	**nettoyer** (vt)	[nɛtwaje]
limpar (vt)	**enlever la boue**	[ɑ̃lve la bu]
lisonjear (vt)	**flatter** (vt)	[flate]
livrar-se de ...	**se débarrasser de ...**	[sə debarase də]
lutar (combater)	**lutter (contre ...)**	[lyte kɔ̃tr]
lutar (desp.)	**lutter** (vi)	[lyte]
marcar (com lápis, etc.)	**marquer** (vt)	[marke]
matar (vt)	**tuer** (vt)	[tɥe]
memorizar (vt)	**mémoriser** (vt)	[memɔrize]
mencionar (vt)	**mentionner** (vt)	[mɑ̃sjɔne]
mentir (vi)	**mentir** (vi)	[mɑ̃tir]
merecer (vt)	**mériter** (vt)	[merite]
mergulhar (vi)	**plonger** (vi)	[plɔ̃ʒe]
misturar (combinar)	**mélanger** (vt)	[melɑ̃ʒe]
morar (vt)	**habiter** (vt)	[abite]
mostrar (vt)	**montrer** (vt)	[mɔ̃tre]
mover (arredar)	**déplacer** (vt)	[deplase]
mudar (modificar)	**changer** (vt)	[ʃɑ̃ʒe]
multiplicar (vt)	**multiplier** (vt)	[myltiplije]
nadar (vi)	**nager** (vi)	[naʒe]
negar (vt)	**nier** (vt)	[nje]
negociar (vi)	**négocier** (vi)	[negɔsje]
nomear (função)	**nommer** (vt)	[nɔme]
obedecer (vt)	**obéir** (vt)	[ɔbeir]
objetar (vt)	**objecter** (vt)	[ɔbʒɛkte]
observar (vt)	**observer** (vt)	[ɔpsɛrve]
ofender (vt)	**offenser** (vt)	[ɔfɑ̃se]
olhar (vt)	**regarder** (vi, vt)	[rəgarde]
omitir (vt)	**omettre** (vt)	[ɔmɛtr]
ordenar (mil.)	**ordonner** (vt)	[ɔrdɔne]
organizar (evento, etc.)	**organiser** (vt)	[ɔrganize]
ousar (vt)	**oser** (vt)	[oze]
ouvir (vt)	**entendre** (vt)	[ɑ̃tɑ̃dr]
pagar (vt)	**payer** (vi, vt)	[peje]
parar (para descansar)	**s'arrêter** (vp)	[sarete]
parecer-se (vr)	**ressembler à ...**	[rəsɑ̃ble a]
participar (vi)	**participer** (vi)	[partisipe]
partir (~ para o estrangeiro)	**partir** (vi)	[partir]
passar (vt)	**dépasser** (vt)	[depase]
passar a ferro	**repasser** (vt)	[rəpase]
pecar (vi)	**pécher** (vi)	[peʃe]
pedir (comida)	**commander** (vi, vt)	[kɔmɑ̃de]
pedir (um favor, etc.)	**demander** (vt)	[dəmɑ̃de]
pegar (tomar com a mão)	**attraper** (vt)	[atrape]
pegar (tomar)	**prendre** (vt)	[prɑ̃dr]
pendurar (cortinas, etc.)	**accrocher** (vt)	[akrɔʃe]

penetrar (vt)	**pénétrer** (vt)	[penetre]
pensar (vt)	**penser** (vi, vt)	[pɑ̃se]
pentear-se (vr)	**se peigner** (vp)	[sə peɲe]
perceber (ver)	**apercevoir** (vt)	[apɛrsəvwar]
perder (o guarda-chuva, etc.)	**perdre** (vt)	[pɛrdr]
perdoar (vt)	**pardonner** (vt)	[pardɔne]
permitir (vt)	**permettre** (vt)	[pɛrmɛtr]
pertencer a ...	**appartenir à ...**	[apartənir a]
perturbar (vt)	**déranger** (vt)	[derɑ̃ʒe]
pesar (ter o peso)	**peser** (vi)	[pəze]
pescar (vt)	**pêcher** (vt)	[peʃe]
planear (vt)	**planifier** (vt)	[planifje]
poder (vi)	**pouvoir** (v aux)	[puvwar]
pôr (posicionar)	**mettre** (vt)	[mɛtr]
possuir (vt)	**posséder** (vt)	[pɔsede]
predominar (vi, vt)	**prédominer** (vi)	[predɔmine]
preferir (vt)	**préférer** (vt)	[prefere]
preocupar (vt)	**inquiéter** (vt)	[ɛ̃kjete]
preocupar-se (vr)	**s'inquiéter** (vp)	[sɛ̃kjete]
preocupar-se (vr)	**s'inquiéter** (vp)	[sɛ̃kjete]
preparar (vt)	**préparer** (vt)	[prepare]
preservar (ex. ~ a paz)	**préserver** (vt)	[prezɛrve]
prever (vt)	**prévoir** (vt)	[prevwar]
privar (vt)	**priver** (vt)	[prive]
proibir (vt)	**interdire** (vt)	[ɛ̃tɛrdir]
projetar, criar (vt)	**concevoir, créer** (vt)	[kɔ̃səvwar], [kree]
prometer (vt)	**promettre** (vt)	[prɔmɛtr]
pronunciar (vt)	**prononcer** (vt)	[prɔnɔ̃se]
propor (vt)	**proposer** (vt)	[prɔpoze]
proteger (a natureza)	**protéger** (vt)	[prɔteʒe]
protestar (vi)	**protester** (vi, vt)	[prɔtɛste]
provar (~ a teoria, etc.)	**prouver** (vt)	[pruve]
provocar (vt)	**provoquer** (vt)	[prɔvɔke]
publicitar (vt)	**faire de la publicité**	[fɛr də la pyblisite]
punir, castigar (vt)	**punir** (vt)	[pynir]
puxar (vt)	**tirer** (vt)	[tire]

256. Verbos Q-Z

quebrar (vt)	**briser, casser** (vt)	[brize], [kase]
queimar (vt)	**brûler** (vt)	[bryle]
queixar-se (vr)	**se plaindre** (vp)	[sə plɛ̃dr]
querer (desejar)	**vouloir** (vt)	[vulwar]
rachar-se (vr)	**se fendre** (vp)	[sə fɑ̃dr]
realizar (vt)	**réaliser** (vt)	[realize]

recomendar (vt)	recommander (vt)	[rəkɔmɑ̃de]
reconhecer (identificar)	reconnaître (vt)	[rəkɔnɛtr]
reconhecer (o erro)	reconnaître (vt)	[rəkɔnɛtr]
recordar, lembrar (vt)	se souvenir (vp)	[sə suvnir]
recuperar-se (vr)	se rétablir (vp)	[sə retablir]
recusar (vt)	refuser (vt)	[rəfyze]
reduzir (vt)	diminuer (vt)	[diminɥe]
refazer (vt)	refaire (vt)	[rəfɛr]
reforçar (vt)	renforcer (vt)	[rɑ̃fɔrse]
refrear (vt)	retenir (vt)	[rətənir]
regar (plantas)	arroser (vt)	[aroze]
remover (~ uma mancha)	enlever (vt)	[ɑ̃lve]
reparar (vt)	réparer (vt)	[repare]
repetir (dizer outra vez)	répéter (vt)	[repete]
reportar (vt)	faire un rapport	[fɛr œ̃ rapɔr]
repreender (vt)	gronder (vt)	[grɔ̃de]
reservar (~ um quarto)	réserver (vt)	[rezɛrve]
resolver (o conflito)	régler (vt)	[regle]
resolver (um problema)	résoudre (vt)	[rezudr]
respirar (vi)	respirer (vi)	[rɛspire]
responder (vt)	répondre (vi, vt)	[repɔ̃dr]
rezar, orar (vi)	prier (vt)	[prije]
rir (vi)	rire (vi)	[rir]
romper-se (corda, etc.)	se rompre (vp)	[sə rɔ̃pr]
roubar (vt)	voler (vt)	[vɔle]
saber (vt)	savoir (vt)	[savwar]
sair (~ de casa)	sortir (vi)	[sɔrtir]
sair (livro)	paraître (vi)	[parɛtr]
salvar (vt)	sauver (vt)	[sove]
satisfazer (vt)	satisfaire (vt)	[satisfɛr]
saudar (vt)	saluer (vt)	[salɥe]
secar (vt)	sécher (vt)	[seʃe]
seguir ...	suivre ...	[sɥivr]
selecionar (vt)	sélectionner (vt)	[selɛksjɔne]
semear (vt)	semer (vt)	[səme]
sentar-se (vr)	s'asseoir (vp)	[saswar]
sentenciar (vt)	condamner (vt)	[kɔ̃dane]
sentir (~ perigo)	ressentir (vt)	[rəsɑ̃tir]
ser diferente	être différent	[ɛtr diferɑ̃]
ser indispensável	être indispensable	[ɛtr ɛ̃dispɑ̃sabl]
ser necessário	être nécessaire	[ɛtr nesesɛr]
ser preservado	se conserver (vp)	[sə kɔ̃sɛrve]
ser, estar	être (vi)	[ɛtr]
servir (restaurant, etc.)	servir (vt)	[sɛrvir]
servir (roupa)	aller bien	[ale bjɛ̃]

significar (palavra, etc.)	**signifier** (vt)	[siɲifje]
significar (vt)	**signifier** (vt)	[siɲifje]
simplificar (vt)	**simplifier** (vt)	[sɛ̃plifje]
sobrestimar (vt)	**surestimer** (vt)	[syrɛstime]
sofrer (vt)	**souffrir** (vi)	[sufrir]
sonhar (vi)	**rêver** (vi)	[rɛve]
sonhar (vt)	**rêver** (vi)	[rɛve]
soprar (vi)	**souffler** (vi)	[sufle]
sorrir (vi)	**sourire** (vi)	[surir]
subestimar (vt)	**sous-estimer** (vt)	[suzɛstime]
sublinhar (vt)	**souligner** (vt)	[suliɲe]
sujar-se (vr)	**se salir** (vp)	[sə salir]
supor (vt)	**supposer** (vt)	[sypoze]
suportar (as dores)	**supporter** (vt)	[sypɔrte]
surpreender (vt)	**étonner** (vt)	[etɔne]
surpreender-se (vr)	**s'étonner** (vp)	[setɔne]
suspeitar (vt)	**suspecter** (vt)	[syspɛkte]
suspirar (vi)	**soupirer** (vi)	[supire]
tentar (vt)	**essayer** (vt)	[eseje]
ter (vt)	**avoir** (vt)	[avwar]
ter medo	**avoir peur**	[avwar pœr]
terminar (vt)	**finir** (vt)	[finir]
tirar (vt)	**enlever** (vt)	[ɑ̃lve]
tirar cópias	**faire des copies**	[fɛr de kɔpi]
tirar uma conclusão	**tirer une conclusion**	[tire yn kɔ̃klyzjɔ̃]
tocar (com as mãos)	**toucher** (vt)	[tuʃe]
tomar emprestado	**emprunter** (vt)	[ɑ̃prœ̃te]
tomar nota	**prendre en note**	[prɑ̃dr ɑ̃ nɔt]
tomar o pequeno-almoço	**prendre le petit déjeuner**	[prɑ̃dr ləpti deʒœne]
tornar-se (ex. ~ conhecido)	**devenir** (vi)	[dəvnir]
trabalhar (vi)	**travailler** (vi)	[travaje]
traduzir (vt)	**traduire** (vt)	[tradɥir]
transformar (vt)	**transformer** (vt)	[trɑ̃sfɔrme]
tratar (a doença)	**soigner** (vt)	[swaɲe]
trazer (vt)	**amener, apporter** (vt)	[amne], [apɔrte]
treinar (pessoa)	**entraîner** (vt)	[ɑ̃trene]
treinar-se (vr)	**s'entraîner** (vp)	[sɑ̃trene]
tremer (de frio)	**trembler** (vi)	[trɑ̃ble]
trocar (vt)	**s'échanger (des ...)**	[seʃɑ̃ʒe de]
trocar, mudar (vt)	**changer** (vt)	[ʃɑ̃ʒe]
usar (uma palavra, etc.)	**employer** (vt)	[ɑ̃plwaje]
utilizar (vt)	**se servir de ...**	[sə sɛrvir də]
vacinar (vt)	**vacciner** (vt)	[vaksine]
vender (vt)	**vendre** (vt)	[vɑ̃dr]
verter (encher)	**verser** (vt)	[vɛrse]
vingar (vt)	**se venger** (vp)	[sə vɑ̃ʒe]

virar (ex. ~ à direita)	**tourner** (vi)	[turne]
virar (pedra, etc.)	**retourner** (vt)	[rəturne]
virar as costas	**se détourner** (vp)	[sə deturne]
viver (vi)	**vivre** (vi)	[vivr]
voar (vi)	**voler** (vi)	[vɔle]
voltar (vi)	**revenir** (vi)	[rəvnir]
votar (vi)	**voter** (vi)	[vɔte]
zangar (vt)	**fâcher** (vt)	[faʃe]
zangar-se com ...	**se fâcher (contre ...)**	[sə faʃe kɔ̃tr]
zombar (vt)	**se moquer** (vp)	[sə mɔke]